V
H
S

Planung, Durchführung und Auswertung von Sportunterricht

Von

Rainer Schröter

3. unveränderte Auflage

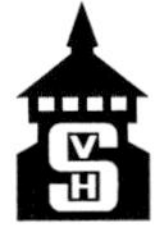

Schneider Verlag Hohengehren GmbH

Umschlaggestaltung: Gabriele Majer, Aichwald

Umschlagbild: © Boris Rydposov – stock.adobe.com

Gedruckt auf umweltfreundlichem Papier (chlor- und säurefrei hergestellt).

Bibliografische Information der Deutschen Nationalbibliothek

Die Deutsche Nationalbibliothek verzeichnet diese Publikation in der Deutschen Nationalbibliografie; detaillierte bibliografische Daten sind im Internet über ›http://dnb.dnb.de‹ abrufbar.

ISBN: 978-3-8340-1942-4

Schneider Verlag Hohengehren, Wilhelmstr. 13,
D-73666 Baltmannsweiler
www.paedagogik.de

Printed in Germany – Druck: Format Druck, Stuttgart

Inhaltsverzeichnis

1. Einleitung

1.1 Vorbemerkungen

Ausgehend von dem allgemeinen Unterrichtskonzept des erziehenden Sportunterrichts mit der zentralen übergreifenden Zielsetzung, Schüler[1] zu einer umfassenden Handlungsfähigkeit im Sport zu befähigen, sollen wesentliche Aspekte von Planung, Durchführung und Auswertung von Sportunterricht unter Berücksichtigung von im Sportunterricht häufig auftretenden Problemen behandelt werden. Dies geschieht auf der Ebene des konkreten Unterrichtsgeschehens, also der von Unterrichtseinheiten bzw. -stunden, der Ebene, die von Bräutigam als Umriss- und Prozessplanung bezeichnet wird (Bräutigam, 2006, S. 154/155).

Die Ausführungen greifen typische Problembereiche auf und behandeln, wie die Forderungen nach einem modernen Sportunterricht umgesetzt werden können und welche Voraussetzungen dafür geschaffen werden müssen.

Die theoriegeleiteten Ausführungen werden dabei verbunden mit konkreten Beispielen aus langjähriger Unterrichtserfahrung und sollen helfen, Unterrichtsplanungen zu erleichtern und zu strukturieren, häufige Knackpunkte zu erkennen, Anregungen für die Durchführung von Sportunterricht zu geben sowie Möglichkeiten zur Auswertung aufzuzeigen.

Um allerdings einer falschen Erwartungshaltung von vornherein vorzubeugen, die im Verlauf der Erörterungen vorgestellten Vorschläge zur Unterrichtsgestaltung beziehen sich auf konkrete Unterrichtssituationen mit ganz bestimmten Lerngruppen und können daher nicht als einfach zu übernehmende Handlungsanweisungen verstanden werden. Sie sind vielmehr als Anregungen zu verstehen, die mit eigenen Vorstellungen und konkreten Unterrichtssituationen vor Ort in Einklang gebracht werden müssen und den eigenen Lerngruppen anzupassen sind.

Planungsrealität

Es besteht eine deutliche Diskrepanz zwischen dem, was theoretisch wünschenswert ist, was z. B. in der Referendarausbildung an Planungsaufwand gefordert wird bzw. nachgewiesen werden soll, und der Realität an den Schulen, wo bei einem Stundenumfang von 24 bis 28 Unterrichtsstunden der Planungsaufwand verständlicherweise und notgedrungen reduziert werden muss. Die Aussagen befragter Sportlehrkräfte dazu sprechen eine deutliche Sprache. Ehrliche Antworten von erfahrenen Sportlehrkräften ergeben beispielsweise, dass Planungsüberlegungen für bevorstehende Sportstunden manchmal z. B. erst auf der Fahrt zur Schule vorgenommen werden. Sie verlassen sich dabei auf ihr vielfältiges Erfahrungswissen, das

[1] Im Folgenden wird der Begriff „Schüler“ synonym für beide Geschlechter verwendet.

ihnen erlaubt, auf bewährte Stundenentwürfe zurückzugreifen (vgl. u. a. Bräutigam, 2006; Crum, 1982).

Manche Sportlehrkräfte haben bei einem Vorgehen wie dem oben skizzierten vielleicht sogar manchmal oder öfters ein schlechtes Gewissen. Gedanken wie *„eigentlich werde ich den Schülern mit meiner Vorbereitung und dem daraus resultierenden Unterricht nicht gerecht"* mögen ihnen dann durch den Kopf gehen.

Andere kommen nach dem Unterricht vielleicht zu dem Schluss *„Geht doch! – Die Kinder waren gut beschäftigt, es hat ihnen auch Spaß gemacht. Also kann ich mich zufrieden anderen Aufgaben zuwenden"*. Die Frage jedoch, was die Schüler in einer derartigen, von bloßer Beschäftigung geprägten Stunde gelernt haben, oder ob sie überhaupt etwas von dem gelernt haben, was eigentlich vermittelt werden sollte, wird bei einer derartigen „Selbstreflexion" nicht gestellt!

Szenarien wie die oben beschriebenen mögen zugespitzt sein und können mit Sicherheit nicht verallgemeinert werden, sie weisen aber doch auf ein gravierendes Problem im Sportlehreralltag hin – die Diskrepanz zwischen einem eigentlich als sinnvoll erachteten notwendigen Planungsaufwand und der begrenzten Zeit, die neben den vielen Belastungen im Lehreralltag für die Unterrichtsvorbereitung realistischerweise bleibt (vgl. u. a. Miethling, 2000; Frommel, 2006). Miethling spricht in diesem Zusammenhang von „Schutzmechanismen als Überlebensstrategien" und meint damit, dass durch den Rückgriff auf traditionelle Vermittlungsformen nach dem Schema *der Lehrer gibt Anweisungen, die Schüler versuchen, diese umzusetzen,* Lehrkräfte mit der Zeit z. T. dazu neigen, ihren Unterricht weniger anspruchsvoll auszuüben (Miethling, 2000, S. 46). Der Vorwurf an die in der Praxis des Unterrichtsalltags stehenden Lehrkräfte ist demnach, dass sie unreflektiert auf traditionelle oder gewohnheitsmäßige Strategien zurückgreifen, während diese Lehrkräfte sich gleichzeitig von der Wissenschaft allein gelassen und unverstanden fühlen, deren pädagogische Ansprüche an die Unterrichtspraxis als zu unrealistisch kritisiert werden, da im täglichen Unterricht auftretenden Probleme von Seiten der Theorie nicht oder nicht hinreichend berücksichtigt werden (vgl. Söll, 2008, S. 11). Darin zeigt sich die Diskrepanz zwischen den Ansprüchen an Schulsport durch die von Seiten der Wissenschaft formulierten Planungsdidaktiken, die angeben, wie Unterricht gestaltet werden sollte und der so genannten Anwendungsdidaktik, die den realen Unterricht in den Blick nimmt, Schwächen benennt und Lösungen vorschlägt. Scherler beklagt in diesem Zusammenhang ein Übergewicht an Planungsdidaktik und fordert daher mehr Anwendungsdidaktik (vgl. Scherler, 2006, S. 295). Es geht also darum, diese Gegensätze auszugleichen und den Sportlehrkräften realistische Vorschläge für ihre Arbeit an den Schulen anzubieten (vgl. Schulz, 2007, S. 323).

Deshalb soll im Folgenden der Versuch unternommen werden, zwischen den formulierten Ansprüchen und der Unterrichtswirklichkeit zu vermitteln und aufzuzeigen, wie z. B. Forderungen nach Kompetenzorientierung, Unterrichtsöffnung oder Schülermitgestaltung im Sportunterricht verwirklicht werden können.

1.2 Besonderheiten bei der Planung von Sportunterricht

Im Gegensatz zu den meisten anderen Fächern können Sportlehrkräfte nicht auf Lehrbücher zurückgreifen, die ihnen ein strukturiertes Vorgehen mit einer sinnvollen Progression versprechen und von allen Lehrkräften des Faches an einer Schule verwendet werden.

Zudem wirken sich die von Lerngruppe zu Lerngruppe oft sehr unterschiedlichen Voraussetzungen besonders stark im Sportunterricht aus. Als Beispiele sollen hier körperliche Unterschiede, verschieden stark ausgeprägte Sporterfahrungen und Interessen sowie der ganz verschieden ausfallende Anteil von Jungen und Mädchen in einer Klasse ausreichen.

Diese von Lerngruppe zu Lerngruppe stark variierenden Variablen machen es schwierig, wenn nicht unmöglich, vorgefertigte Stundenvorschläge, wie sie angeboten werden, zu übernehmen. Ob so ein festes Konzept für die gerade zu unterrichtende Lerngruppe überhaupt annähernd in Frage kommen könnte, müsste bei dem Anspruch, den Lernenden, der Sache und den damit verbundenen Zielen gerecht zu werden, zunächst auf jeden Fall kritisch untersucht werden.

In dem Zusammenhang sei ein Stundenvorschlag für eine Basketballstunde erwähnt, in dem sehr detaillierte methodische Schritte angeboten wurden, mit denen die Schüler intensiv beschäftigt – und zum Schwitzen gebracht werden konnten, was ja z. T. immer noch als ein wichtiges Kriterium für guten Sportunterricht angesehen wird aber kein Selbstzweck sein sollte. Es wurde danach viel gedribbelt und am Ende stand ein Gruppenwettkampf von Standwürfen. Die Schüler waren in der Stunde fraglos intensiv beschäftigt, vielen hat es wahrscheinlich auch Spaß gemacht. Aber wohin sollte diese Stunde führen? Welche Ziele sollten verfolgt/ erreicht werden, welche Kompetenzen gefördert werden?

Basketball ist ein Mannschaftsspiel, die intensive Schulung des Dribblings jedoch fördert nicht gerade das mannschaftsdienliche Spiel, den Blick für den Nebenmann, sondern das individuelle Durchsetzen. Und welcher Zusammenhang ist für die Schüler zwischen den Dribblings und den Standwürfen zu erkennen? Hier wird der Unterschied zwischen bloßer Beschäftigung und einem planvollen, zielgerichteten Unterricht sehr deutlich.

Wie problematisch die unkritische Übernahme von vorgefertigten Stundenvorschlägen sein kann, verdeutlicht auch Bettina Wurzel anhand einer sogenannten „Top-Ten“ Stunde zum Thema „Volleyball – Pritschen und Baggern“. Auch dort werden Übungen (ohne erkennbare Zielrichtung und Aufbauprinzipien) aneinander gereiht, die z. T. auch noch ein falsches Verhalten fördern (z. B. aktiven Armeinsatz beim

Baggern), ohne dass ein sinnvoller Stundenaufbau zu erkennen ist und ohne den Schülern Spielerfahrungen zu ermöglichen oder die Funktion der einzelnen Techniken im Spiel mit zu vermitteln (Wurzel, 2005, S. 161).

Kein Wunder, dass Schüler laut Sprintstudie ihren Sportunterricht u. a. häufig als nicht zufrieden stellend kritisieren (zu wenig abwechslungsreich und zu geringe Anforderungen) (Brettschneider u. a., 2005, S. 230).

Die ungeprüfte Übernahme von vorgefertigten Stundenvorschlägen wird, wie in den Beispielen gezeigt, häufig weder den aktuell zu unterrichtenden Lerngruppen noch dem Lehrplan gerecht.

1.3 Wie können Probleme gelöst werden?

Zur Bedeutung der Lernstandserhebung

Voraussetzung für eine die Lehrkraft wie auch die Lerngruppe zufrieden stellende professionelle und effektive Unterrichtsplanung ist zunächst, sich klar zu machen, welche den Unterricht betreffende Aspekte bei den Planungsentscheidungen zu berücksichtigen sind. Sodann ist zu klären, welches die richtigen Fragen dazu sind, denn den Entscheidungen muss eine Analyse des bisherigen Unterrichts sowie des möglichen Inhalts des nächsten Unterrichts und dessen Struktur (der Sache und ihrer Struktur) vorausgehen. Diese Analyse sollte neben den Rahmenbedingungen vor allem den bisher erreichten Lernstand erfassen, die mit dem vorgesehenen Inhalt realisierbaren Ziele / Teil-Kompetenzen bzw. die in Frage kommenden Inhalte in den Blick bekommen, mit denen die als nächstes anzustrebenden Ziele / Teil-Kompetenzen erreicht werden können. Die Analyse sollte aber auch die bei der Vermittlung der Sache möglicherweise auftretenden Probleme der Schüler berücksichtigen. Nur so ist der Gefahr zu begegnen, über die Köpfe der Schüler hinweg zu planen.

Um diese Gefahr zu verdeutlichen hier ein Beispiel:

Anstatt von den Fähigkeiten der Schüler auszugehen, wird häufig ein starres, auf den ersten Blick formal sogar logisch erscheinendes Konzept entwickelt. Wenn z. B. eine 6 Doppelstunden umfassende Volleyballeinheit geplant wird, kann diese etwa folgendermaßen aussehen. 1. Doppelstunde: Einführung Pritschen, 2. Doppelstunde: Einführung Baggern, 3. Doppelstunde: Einführung Aufschlag von unten, 4. Doppelstunde: Spielen mit Anwendung der drei Grundtechniken in der Formation 4:4, 5. Doppelstunde: Einführung Angriffsschlag, 6. Stunde: Überprüfung und Spiel 6:6.

Wenn Sie meinen, das sei absurd, haben Sie zweifellos Recht, denn mit der Einführung einer Technik ist deren Beherrschung noch lange nicht garantiert. Dennoch ist ein diesem Beispiel entsprechendes Vorgehen unter Vernachlässigung der Festigung neu erlernter Bewegungen zumindest in Abwandlungen immer wieder zu beobachten. Was können die Schüler in einem derartigen Programm gelernt haben? *Volleyball ist offenbar sehr kompliziert und die Techniken sind sehr schwierig. Das Pritschen ist ungewöhnlich, das Baggern meist sehr schmerzhaft. Erfolgserlebnisse sind eher zufällig und ein Zusammenspiel ist daher kaum möglich.* Volleyball wird deshalb also möglicherweise als frustrierend empfunden. Das sind jedoch nicht die Erfahrungen, die mit der Vermittlung von Volleyball intendiert sind.

Eine wirkliche Erfassung des Lernstandes einer konkreten Lerngruppe ist ohne den Rückgriff auf die Struktur des vermittelten Lerngegenstandes nicht denkbar. Eine sorgfältige Sachstrukturanalyse unter Berücksichtigung der Schülerperspektive kann natürlich recht aufwändig sein. Allerdings ist dabei zu bedenken, dass z.B. eine genaue Lernstandsanalyse die weitere Planung und das weitere methodische Vorgehen erheblich erleichtern, da sich aus ihr z.B. die als nächstes anzustrebenden Ziele fast zwangsläufig ergeben.

Wenn die Lernstandsanalyse beispielsweise ergibt, dass das Baggern noch sehr unkontrolliert und ungenau erfolgt und die Lernenden häufig über schmerzende Unterarme klagen, sind zunächst die Ursachen zu klären. Dabei helfen Fragen wie *Welche Fehler treten immer wieder auf? Welche Ursachen können dafür verantwortlich sein?*

Bei der Erforschung der Fehlerursachen stellt man z.B. fest, dass statt einer Bewegung aus den gebeugten Beinen heraus ein aktiver Armeinsatz und gebeugte Arme für das ungenaue Zuspiel und das Schmerzempfinden verantwortlich sind. *Warum aber treten gerade diese Fehler gehäuft auf? Fehlt den Schülern noch eine genaue Bewegungsvorstellung oder sind die Ursachen eher bei der Ausführung der angebotenen Übungsformen zu suchen?*

Bei genauerem Hinsehen kann man dann z.B. feststellen, dass bei Partnerübungen der Ball zu flach, d.h. nicht im hohen Bogen zugespielt wird, was den aktiven Armeinsatz geradezu erfordert, wenn der Ball über Kopfhöhe zum Partner zurückgebaggert werden soll. Der Grund für gebeugte Arme beim Baggern ist meist darin zu sehen, dass die Übenden zu dicht an den zugespielten Ball heranlaufen bzw. der zugeworfene/-gespielte Ball zu dicht an den Adressaten gespielt wird.

Als Schlussfolgerungen aus derartigen Erkenntnissen ergeben sich dann für die weitere Planung etwa, dass

- über die Vermittlung einer genauen Bewegungsvorstellung hinaus der Ursache-Wirkungszusammenhang eines aktiven Armeinsatzes und eines zu geringen Abstands zum Ball verdeutlicht werden muss,
- die Notwendigkeit eines Zuspiels mit hoher Spitze betont werden muss,
- das Zuspiel zu den Baggernden so erfolgen sollte, dass die Übenden einen Schritt auf den Ball zu machen müssen.

Um zu aussagekräftigen Erkenntnissen über die Lernausgangslage einer Gruppe zu gelangen, ist ein Rückgriff auf eine umfassende **Sachstrukturanalyse** eines Inhalts wie dem beschriebenen Bewegungsbeispiel sehr hilfreich, indem die eigentliche Sachstruktur in Verbindung mit den Voraussetzungen und Möglichkeiten einer konkreten Lerngruppe gesehen wird. Durch diese Verbindung wird die Aufmerksamkeit der Lehrkraft auf mögliche Lernschwierigkeiten gelenkt sowie auf voraussichtlich auftretende Fehler und deren Ursachen.

Gleichzeitig wird dadurch auch die Aufmerksamkeit des Lehrenden auf evtl. notwendig werdende Korrekturhinweise gelenkt und die Festlegung realistischer Ziele erleichtert.

Selbst wenn die Lernausgangslage einer Lerngruppe im Abgleich mit einer Sachstrukturanalyse in wesentlichen Zügen erarbeitet wurde, kann es zu Planungsfehlern kommen, wenn aus der vorgenommenen Analyse nicht die richtigen Konsequenzen gezogen werden. Schließlich ist diese Analyse kein Selbstzweck. Deshalb sollte man als Lehrkraft grundsätzlich Schlussfolgerungen aus der Analyse der Lernausgangslage ziehen, die eine Verdichtung der angestellten Überlegungen darstellen. Derartige Konsequenzen aus der Lernstandsanalyse sowie aus den weiteren Voraussetzungen der Lerngruppe, die für die geplante Stunde relevant sind, sollten schriftlich festgehalten werden, damit sie gezielt in die weiteren Planungsüberlegungen aufgenommen werden können und wichtige Erkenntnisse nicht etwa in Vergessenheit geraten.

Wenn in der Lerngruppenanalyse z. B. kritisch festgestellt wird, dass einige Schüler mit Vereinserfahrungen dazu neigen, sich in den Vordergrund zu drängen, später aber genau diese Schüler bei einer Gruppenarbeit zur Entwicklung von Lösungsvorschlägen für ein erkanntes Problem als Experten eingesetzt werden, wird genau dieses vorher erkannte Fehlverhalten verstärkt. Denn erstens werden die erwähnten Schüler den anderen die eigentlich zu entwickelnden Lösungen vorgeben und zweitens werden sie in ihrem kritisierten Verhalten noch bestärkt.

Aus den nicht nur für den hier angeführten themenspezifischen Bereich erarbeiteten Konsequenzen ergibt sich dann, welche Ziele als nächstes konkret verfolgt werden bzw. welche Kompetenzen in Einklang mit dem aktuellen Lehrplan und Schulcurriculum vertiefend geübt werden sollten.

Um den Planungsaufwand insgesamt zu reduzieren, bietet sich die um die Schülerperspektive erweiterte Sachstrukturanalyse als Planungshilfe an, die all die oben angesprochenen Planungsaspekte einschließlich der in der Regel anfangs auftretenden Fehler in den Blick nimmt. Einmal durchgeführt, kann immer wieder auf diese Analyse zurückgegriffen werden. Neu zu bedenken ist dann nur noch die Abstimmung auf die jeweilige Lerngruppe und deren Lernbedingungen.

Mit anderen Worten, das Rad muss dann nicht immer wieder neu erfunden werden, was den jeweiligen Planungsaufwand erheblich reduzieren kann.

Um Missverständnisse zu vermeiden, veranschaulicht wurde mit diesen Ausführungen quasi exemplarisch nur ein Teilbereich einer Lernstandsanalyse. Ein ausführliches Planungsbeispiel zum *Hohen Aufschlag im Badminton* mit dazu gehörender Sachstrukturanalyse und entsprechenden Fragestellungen für die weiteren Planungsaspekte sowie weitere Beispiele zur Sachstrukturanalyse von gängigen Bewegungsinhalten finden sich in späteren Abschnitten und im Anhang.

2. Zur Planung von Sportunterricht

Durch die bisherigen Ausführungen ist bereits deutlich geworden, dass die Berücksichtigung der Situation der Lernenden und ihrer Befindlichkeit für einen erfolgreichen Unterricht von großer Bedeutung ist.

Zugleich wurde bereits angesprochen, wie hilfreich und entlastend eine umfassende Sachstrukturanalyse im Zusammenhang mit Unterrichtsplanung sein kann. Dass moderner Sportunterricht bei der Planung von Unterricht eine erweiterte Sachstrukturanalyse geradezu erfordert, die sachanalytische Erwägungen mit der Schülerperspektive verbindet und ganz unterschiedliche Planungsaspekte berücksichtigt, die über die Vermittlung von Bewegungsfertigkeiten und taktischem Verhalten hinausgeht, soll hier erläutert werden. Entscheidend ist dabei auch, welchen Zweck die Auseinandersetzung mit der Struktur einer Sache erfüllen soll.

2.1 Die Bedeutung der Sachstrukturanalyse bei der Planung von Unterricht

Das klassische Verständnis

Der Begriff der Sachstrukturanalyse ist weithin in Verruf geraten. Zu Unrecht, vorausgesetzt man beschränkt sich nicht auf die bloße Analyse von Bewegungsstrukturen. Der Grund für die negative Besetzung des Begriffs ist vielmehr, dass die Sachstrukturanalyse verbunden wird mit einem inzwischen überholten Unterrichtskonzept, in dem dieses Instrument genutzt wird, um zu einem möglichst effektiven methodischen Vorgehen zu gelangen, wie dies z. B. in methodischen Übungsreihen zum Ausdruck kommt (vgl. Söll, 2008, S. 123). In der Unterrichtspraxis führt das dann zu maßgeschneiderten Methodenkonzeptionen für ganz bestimmte Situationen, die stark lehrerzentriert sind (ebd., S. 199), so der Tenor. Mit anderen Worten, die Sachstrukturanalyse dient in diesem Zusammenhang nur dazu, den effektivsten Vermittlungsweg für eine genormte Bewegung zu ergründen. Nach einem derartigen Verständnis wird die Sachstrukturanalyse also erst bei der Planung des methodischen Vorgehens relevant und im Hinblick auf die Vermittlung sportlicher Bewegungsfertigkeiten eingesetzt. Die Impulse gehen von der Lehrkraft aus und die Schüler reagieren nur darauf. Sie müssen sich also nicht aktiv bzw. bewusst mit den gegebenen Anweisungen auseinandersetzen. Partizipationsmöglichkeiten bleiben ihnen verschlossen, wenn ihnen die gedanklichen Teilhabe und damit eine Mitgestaltung verwehrt bleibt (vgl. Laging, 2007, S. 123).

Mit der inzwischen allgemein akzeptierten Ausrichtung des Sportunterrichts an der übergeordneten Leitidee, die Schüler in einem mehrperspektivisch ausgerichteten, erziehenden Unterricht im Sport handlungs- und problemlösungsfähig zu machen, lässt sich dieser Ansatz nicht vereinbaren (vgl. Scherer, 2001, S. 9).

2.1.1 Einflussgrößen auf die Planung

Unterricht wird bekanntlich bestimmt durch die wechselseitige Beziehung zwischen verschiedenen Einflussgrößen. Unbestritten ist dabei die Interdependenz von Ziel, Inhalt und Methode. Hinzu kommt aber auch das sich gegenseitig beeinflussende Verhalten der beteiligten Personen. Lehrimpulse führen zu Reaktionen der Lernenden, deren Aktivitäten dann wiederum das Verhalten der Lehrenden beeinflussen. Beide Seiten sind also Akteure im Unterricht. Klingberg bezeichnet deshalb Unterrichtsprozesse als „pädagogisch intendierte, methodisch instrumentierte Vorgänge der Vermittlung von Inhalten im interdependenten Bezug von Lehren und Lernen“ (Klingberg, 1997, S. 4) und spricht daher von den Lehrenden und Lernenden als dem „kollektiven Subjekt“ des Unterrichts (ebd., S. 11).

Diese kollektive Verantwortung von Lehrern und Schülern kann jedoch nur funktionieren, wenn die Lernenden mit ihren Voraussetzungen und Befindlichkeiten von den Lehrenden bei der Planung von Unterricht berücksichtigt und die Schüler gedanklich in den Unterricht einbezogen werden. Nur unter diesen Voraussetzungen kann der Lehrende als „Vermittler“ von Lernprozessen wirklich als vermittelnde Instanz zwischen dem Lerngegenstand und den Lernenden auftreten (vgl. ebd., S. 14).

Wenn ein Lehrer beispielsweise seinen Schülern eine Bewegungsaufgabe stellt und sie nach der Erprobungsphase nach ihren Bewegungserfahrungen fragt, erfährt er bei dieser Interaktion z. B. von Problemen, die die Lerngruppe insgesamt oder einzelne Teilgruppen im Bewegungsvollzug festgestellt haben und kann aufgrund der erhaltenen Information das Unterrichtsgeschehen durch Zusatzimpulse und/oder veränderte Aufgabenstellungen optimieren.

Für die Unterrichtsplanung folgt daraus, dass Ziel, Inhalt und Methode nicht nur sachanalytisch zu untersuchen sind, sondern diese Aspekte vor allem auch aus der Perspektive der Lernenden betrachtet werden müssen, was dann wiederum die Sicht der Lehrenden auf Ziel, Inhalt und Methode beeinflusst. Der planende Lehrer muss also der Sache und den Schülern gerecht werden.

Hummel/Rausch setzen bei der Auswahl von geeigneten Inhalten für den Sportunterricht u. a. auf „didaktisch-pragmatische Umsetzbarkeitskriterien im Lichte des unter vorhandenen Gegebenheiten als „machbar“ Erscheinenden“ (1995, S. 82/83). Kriterien für die Auswahl sind dabei Aspekte wie sie Balz z. B. formuliert hat. Er nennt neben dem pädagogischen Konzept, dem Erziehungsziel und den heute und zukünftig notwendigen Qualifikationen u. a. die Voraussetzungen, Fähigkeiten, Erwartungen, Bedürfnisse der Schüler, die die Sache bestimmenden Strukturen und die damit verbundenen Anforderungen (Balz, 1995, S. 39). Durch die damit einhergehende Reduktion auf eine unterrichtpraktische Ebene werden Inhalte dann erst unter Einschluss von Zielperspektiven zu Unterrichtsthemen (vgl. Hummel/ Rausch, 1995, S. 83).

Sach- und Sachstrukturanalyse sind dabei unverzichtbare Bestandteile von Unterrichtsplanung, da diese Analysen nicht nur wesentliche Entscheidungsgrundlagen auf der unterrichtspraktischen Ebene sind, sondern auch die Inhalts-, Ziel- und Methodenwahl beeinflussen.

Erweitertes Verständnis der Sachstrukturanalyse

Wenn Schüler generell als aktiv Beteiligte den Sportunterricht auf ganz unterschiedliche Weise mit beeinflussen und damit auch eine Subjektposition einnehmen, dann lohnt es sich, diesen ohnehin bestehenden Einfluss auf das Unterrichtsgeschehen bei der Planung von Unterricht zu beachten und zu versuchen, die Entwicklung dieser Subjektposition über Mitverantwortung und Mitgestaltung zu fördern (vgl. Klingberg, 1997, S. 60). Voraussetzungen für eine zielgerichtete Selbsttätigkeit und den Aufbau von Methodenkompetenz sind allerdings, wie bereits erwähnt, die Berücksichtigung der Schülerperspektive und eine gedanklichen Mitnahme der Lernenden durch die Lehrenden.

H. Meyer bezeichnet die Methodenkompetenz von Schülern als die „Fähigkeit, den eigenen Arbeits- und Lernprozess bewusst, zielorientiert, ökonomisch und kreativ zu gestalten" (Meyer, 1999, S. 107). Wenn es also ein wesentliches Ziel des Unterrichts ist, dass Schüler den Lernprozess ihres Bewegungslernens selbst steuern können sollen, dann muss ihnen die Struktur des jeweiligen Lerngegenstandes, der funktionale Zusammenhang von Teilbewegungen und die Handlungssituationen, in denen die Bewegung zum Einsatz kommen soll, bewusst gemacht werden ebenso wie die Voraussetzungen für einen erfolgreichen Einsatz der Zielbewegung, was, wie z.B. der Unterricht in den Sportspielen immer wieder zeigt, ohne taktische Kenntnisse, das Kennen der Grundidee eines Spiels und unterstützende Techniken nicht gelingen kann.

Für die Lehrkraft bedeutet dies im Hinblick auf die dafür zu entwickelnden Inszenierungsformen, dass sie sich intensiv mit dem möglichen Lerninhalt, dessen Voraussetzungen, möglichen Vermittlungsproblemen und den mit der Sache vermittelbaren Kompetenzen auseinander gesetzt haben, sprich, im Hinblick auf die Lerngruppe analysiert haben muss.

Nehmen wir in diesem Zusammenhang das Beispiel der Stützsprünge (Söll, 2008, S. 298 ff.). Wenn dabei Analysen wie die der Bewegung *Sprunghocke* tatsächlich nur zum Feststellen des effektivsten Lehrwegs führen, ist Kritik gerechtfertigt (vgl. Laging, 2007, S. 123). Wenn die Sachstrukturanalyse aber durchgeführt wird, um sich nicht nur über die einzelnen Bewegungsbestandteile und deren Funktion Klarheit zu verschaffen, sondern auch über die damit verbundenen möglichen Lernschwierigkeiten technischer Art (z.B. Absprung/1. Flugphase, 2. Flugphase/Landung) oder Ängste (z.B. Angst vor Überforderung – vor Verletzung) und gleichzeitig auch die über die reine Technikschulung hinausgehenden thematischen Möglichkeiten in den Blick kommen (z.B. Flugerlebnisse, Überwindung von Ängsten, Helfen und Sichern), dann eröffnen sich unter Berücksichtigung der Schülerperspektive (einschließlich der Vorerfahrungen der Zielgruppe) neben methodischen auch weitere didaktische Perspektiven.

Auf der unterrichtspraktischen Ebene geht es also darum, strukturelle Überlegungen zu Bewegungsbestandteilen auch aus der Schülersicht zu betrachten und aus diesem Blickwinkel didaktische Möglichkeiten zu eruieren.

Bezogen auf die Stützsprünge wird dabei z. B. deutlich, dass Schüler bei der Sprunghocke zunächst keine zweite Flugphase sehen, sich aber wundern, warum die Landung bei diesem Sprung von der Hilfestellung und auch von den Springern selbst als sehr problematisch, weil unkontrolliert, wahrgenommen wird. Erst aus der Verbindung von Sachstrukturanalyse und Schülerperspektive wird dem planenden Lehrer bewusst, dass den Schülern die Funktion und Notwendigkeit der zweiten Flugphase für eine sichere Landung zu verdeutlichen ist, die Lerngruppe also gedanklich mitgenommen werden muss.

Folgen unzureichender Analysen

Wie stark die Vernachlässigung einer gründlichen Sachstrukturanalyse aus der Schülerperspektive zu verfehlten Planungsentscheidungen führen und Unterrichtserfolge verhindern kann, zeigen auch die folgenden Beispiele.

Lehrer A will in Klasse 12 den direkten Block im Basketball ohne das Abrollen einführen, um die Lerngruppe nicht zu überfordern. Er wundert sich aber, dass Lernerfolge ausbleiben. Stattdessen sieht er vermehrt Schrittfehler und Fehlabgaben.

Lehrer B möchte zur Verbesserung des Schlagwurfs in Klasse 6 aus Motivationsgründen variantenreiche Aufgaben stellen. Er bietet deshalb Würfe auf Ziele am Boden und in Augenhöhe an. Doch der erwartete Lernerfolg bleibt dann bei Würfen auf Weite aus.

Lehrerin C möchte in Klasse 8 das untere Zuspiel im VB verbessern und stellt die Aufgabe, einen aus etwa 2 m nur in Augenhöhe zugeworfenen Ball über den Partner auf eine hohe Markierung an der Wand zu spielen. Sie muss aber feststellen, dass die Schüler trotz visueller Unterstützung durch eine bildliche Darstellung, die die Übung genau so, wie beschrieben, darstellt, unter Vernachlässigung der Beinbeugung eine starke Ausholbewegung mit den Armen durchführen mit dem Ergebnis, dass im Spiel die gebaggerten Bälle unkontrolliert ins Netz oder direkt übers Netz gespielt werden.

Lehrer D beobachtet seine Lerngruppe beim Lauf über die Hürden und ruft ihnen immer wieder zu *„Du springst"*. Ein verbessertes Bewegungsverhaltens kann er aber im Verlauf der Stunde nicht feststellen.

In all diesen Fällen kann eine Sachstrukturanalyse, die die wahrscheinlichen Lernschwierigkeiten und typische Anfangsfehler mit in den Blick nimmt, Fehlentscheidungen bzw. Fehlverhalten, wie die oben beschriebenen, verhindern helfen.

Beim direkten Block z. B. führt eine genaue Analyse zu der Erkenntnis, dass erst das Abrollen die beabsichtigte Überzahlsituation schafft, die einen erfolgreichen Abschluss ermöglicht und den Lernenden den Sinn dieser taktischen Maßnahme vor Augen führt.

Lehrer B käme zu der Einsicht, dass die vorgesehenen Aufgaben eine Verbesserung der Schlagwurftechnik keinesfalls fördern, da für die Lösung dieser Aufgaben weder die gewünschte Wurfauslage noch ein Stemmschritt notwendig ist und die anzustrebende Flugbahn sogar verhindert wird.

Lehrerin C würde erkennen, dass die zu erwartenden Anfangsfehler *zu starker Armeinsatz* und *keine bzw. zu geringe Beinbeugung*, was das notwendige *unter-den-Ball-gehen* verhindert aber Voraussetzung ist, um den Ball innerhalb des eigenen Teams kontrolliert weiterspielen zu können, durch ihre Übungsauswahl und die entsprechende bildliche Darstellung geradezu verstärkt werden. Gleichzeitig würde ihr auffallen, dass das zum Einsatz vorgesehene Bildmaterial auf seine Eignung hin kritisch überprüft werden muss.

Lehrer D könnte sein Korrekturverhalten wesentlich effektiver gestalten, wenn er bei der Analyse des Lerngegenstande typische Anfängerfehler mit erfasste. Denn dann würde er beim Beobachten nicht bloß Fehlersymptome ansprechen wie das Springen über die Hürden, sondern den Schülern die Fehlerursachen nennen können – in diesem Fall das zu dichte Heranlaufen an die Hürden.

Diese Beispiele zeigen, wie wichtig es ist, eine sorgfältige Analyse der Sache aus der Sicht der Schüler vorzunehmen als Voraussetzung dafür, auch die Belange der Lernenden vorausschauend mit berücksichtigen zu können, Planungsfehler und falsche Annahmen zu vermeiden sowie im Unterrichtsverlauf bei auftretenden Problemen die richtigen Impulse geben zu können.

Der Zusammenhang von Sachstruktur und Sachanalyse

Im Zusammenhang mit kompetenzorientierter Unterrichtsplanung – aber nicht nur dort – ist eine sorgfältige Sachstrukturanalyse gleich in mehrfacher Hinsicht hilfreich.

Am Anfang der planerischen Überlegungen eher als *Sachanalyse* eingesetzt, kann sie zunächst Aufschluss geben über denkbare Themen, die damit vermittelbaren Kompetenzen bzw. Ziele, mögliche didaktische Schwerpunkte oder den sinnvollen Aufbau einer Unterrichtsreihe. Das setzt jedoch voraus, dass man die denkbaren

Interessen der Bezugsgruppe an der Sache, ihre Vorerfahrungen und möglichen Lernprobleme mit dem Lerngegenstand mit einbezieht. Dann kann der in Frage kommende Lerninhalt auch im Hinblick auf seinen möglichen Beitrag zum Thema der Unterrichtseinheit oder Teilaspekten davon in den Blick kommen, vor allem aber auch im Hinblick auf das Ziel einer ganzheitlichen Handlungsfähigkeit.

Auch wenn es im Sinne von Schülerorientierung und Öffnung von Unterricht darum geht, für die Lernenden lohnende „sachbezogene Herausforderungen“ zu finden (Laging, 2007, S. 124), ist es notwendig, den Sachgegenstand mitinterpretierend im Hinblick auf Zugangsmöglichkeiten und denkbare Lernprobleme zu analysieren (vgl. Funke-Wienecke, 1995, S. 14). Erst durch die genaue Analyse der Sachstruktur kann diese Mitinterpretation gelingen, indem die möglichen Probleme bei derartigen Herausforderungen, eine thematische Festlegung, notwendige Voraussetzungen auf Seiten der Schüler oder Lernhemmnisse in den Blick geraten und den Unterrichtenden so bei der Inszenierung von Herausforderungen die Basis liefern für gedankliche Anstöße bzw. Zusatzimpulse, die im Verlauf des Unterrichtsprozesses notwendig werden können.

Unter dem Gesichtspunkt von Mehrperspektivität gewinnt die über die Bewegungsstruktur hinausgehende Analyse zusätzlich an Bedeutung, da es hier darum geht, zu einem Lerngegenstand neben der Sache selbst auch deren Eignung für weiter gehende Ziele im Sinne einer ganzheitlichen Handlungskompetenz – z. B. zur Förderung von Methoden- Selbst- und Sozialkompetenz – zu eruieren. Wenn die Sachsstrukturanalyse über Fragen erweitert wird wie *Was können Schüler an einem Inhalt lernen außer der Bewegung selbst? Welche Interessen und Bedürfnisse können damit befriedigt werden?*, können weitere Aspekte in den Blick geraten wie z. B.:

- Die Faszination eines Spiels erfahren,
- das positive Erlebnis eines gelungenen Zusammenspiels,
- die erfolgreiche Umsetzung eines gemeinsam geplanten Spielzugs,
- Selbstbestätigung durch die erfolgreiche Anwendung einer erlernten Technik,
- die zufrieden stellende Erfahrung, die Voraussetzung für den Erfolg eines Partners geschaffen zu haben (z. B. durch Block, Sperre, Täuschungshandlung, Hilfestellung),
- die sinnvolle Organisation eines Kraftzirkels,
- die Aussagekraft von Pulsmessungen (Ruhe- und Belastungspuls) über den eigenen Fitnesszustand.

Man kann aber auch erfahren, an welchen Stellen der Vermittlung die Lernenden ihren Unterricht selbst steuern können und wo dagegen eher nicht.

Unverzichtbar ist die Sachstrukturanalyse, wie bereits erörtert, auch bei einer sorgfältigen Lernzustandsanalyse – nicht nur im Bereich der Sachkompetenz –, wenn es gilt, den genauen Grad der bisher erreichten Teilkompetenzen bzw. Teillernzielen vor Beginn einer Stunde festzustellen und abzugleichen mit den am Ende der Unterrichtseinheit zu erreichenden Kompetenzen/Zielen.

2.1.2 Zwei Beispiele für Planungsüberlegungen

Wenn im Referendariat schon gefordert wird, „bei der Planung von Unterricht gründlich und differenziert vorzugehen" (Bräutigam, 2006, S. 151), klingt das zunächst selbstverständlich aber was heißt das z. B. für die eigene Planung?

Voraussetzung ist auf der Seite der Lehrenden, dass man sich vergegenwärtigt, was die Lerngruppe an dem gewählten Unterrichtsgegenstand lernen kann. Man muss sich dazu klar machen, was das Wesentliche einer Aufgabe bzw. einer Bewegung ausmacht, bevor man sich thematisch festlegt. Dann ist zu fragen, was zur Lösung der Aufgabe bzw. zum Gelingen der Bewegung unbedingt notwendig ist und was zur Umsetzung Voraussetzung ist.

Im Hinblick auf voraussichtlich notwendig werdende Hilfestellungen für die Schüler bei der Lösung von Aufgaben ist vor allem wichtig, zu überlegen, an welchen Stellen zusätzliche Lehrerimpulse zur Bewältigung der gestellten Aufgabe erforderlich sein könnten und wie diese formuliert werden können. Dabei sind jedoch in offenen Unterrichtsphasen keine direkten Hilfen vorzusehen, sondern Anregungen, Gedankenanstöße wie etwa der Hinweis auf das Vorgehen bei früheren erfolgreichen Aufgabenlösungen. Diese gezielte Vorbereitung auf wahrscheinlich nötige Impulse zur Steuerung der selbständigen Aufgabenlösungen ist aber nur möglich, wenn man sich mit der Sache und deren Struktur auseinandergesetzt hat und dies im Zusammenhang mit den Fähigkeiten der jeweiligen Schülergruppe betrachtet:

- *Wo können die Lernenden auf Vorerfahrungen zurückgreifen?*
- *Wo sind Vorerfahrungen womöglich hinderlich?*
- *Welche Strategien für selbständiges Lernen wurden bisher zur eigenständigen Problemlösung vermittelt?*
- *Wo benötigen die Schüler voraussichtlich zusätzliche Anstöße?*

An zwei Beispielen soll nun gezeigt werden, wie man sich einem möglichen Thema für eine geplante Aufgabenstellung mit offenem Zugang über die Analyse des vorgesehenen Inhalts annähern kann. In einem Fall handelt es sich dabei um die Vermittlung eines taktischen Verhaltens im Handball, im anderen um die Vermittlung des Vorhand-Überkopf-Clears im Badminton.

Beispiel 1: Torwurfgelegenheiten erarbeiten

Bevor man erwarten kann, dass die Lernenden für diese Aufgabenstellung sinnvolle Lösungsmöglichkeiten erarbeiten, sind zunächst die Voraussetzungen dafür zu schaffen. Über die Analyse des Lerngegenstands *Torwurfgelegenheiten erarbeiten* gelangt man als Lehrkraft zu der Erkenntnis, dass den Lernenden dafür zuerst einmal einige grundlegende Sachverhalte verdeutlicht werden müssen.

Da ist zuerst die Frage *Was ist eine Torwurfgelegenheit?* Das scheint für die Schüler einfach zu beantworten zu sein: *„Wenn einer frei zum Wurf kommt"*. Aber bereits bei der nächsten Fragekombination *„Wann ist das der Fall und wie ist das zu erreichen?"* werden Schüler ohne Handballerfahrung eher ratlos sein. Für die Lehrkraft ist bei der Analyse im Vorfeld entscheidend, zu erkennen, dass an dieser Stelle den Lernenden eine Information fehlt. Die Voraussetzung für einen erfolgreichen Torwurf ist nämlich, eine Lücke im Abwehrverband zu schaffen. Die nächste Frage an die Schüler ist dann als Konsequenz *„Wie kann ich für mich oder einen Mitspieler eine solche Lücke in der Abwehr erreichen?"* Mit der zusätzlichen Präzisierung *„Es geht darum, für die eigene Mannschaft eine Überzahlsituation zu erzielen"*, ist das generelle Ziel des Handballspiels formuliert und der Grundstein für Erfolg versprechende Aufgabenlösungen gelegt. Weiter zu klären ist für die Lehrkraft *Welche Voraussetzungen muss ich noch schaffen, damit die Lerngruppe zügig zu sinnvollen Lösungen kommen kann wie Positionswechsel durch Einlaufen, Stoßbewegung mit schneller Passfolge, Kreuzen, Sperren oder Täuschungsbewegungen?*

Dazu gehört im Angriff, dass die Schüler wissen, die Wurfarmseite soll frei sein, dass schnelle Passfolgen verbunden mit einer Stoßbewegung auf die Nahtstelle zwischen zwei Abwehrspielern die Deckung zu Fehlern zwingen kann, dass Täuschungsbewegungen bekannt sind und dass Abwehrspieler gebunden werden müssen.

Für die Abwehr gilt, dass das Verschieben im Deckungsverband und das Angreifen des Ballführenden durch Heraustreten und Stören eingeführt sein sollten, denn ohne ein annähernd handballspezifisches Abwehrverhalten, das in Reaktion auf die Angriffsbemühungen erfolgt, (z. B. Bewegung im Deckungsverband) können die Angreifer nicht erfahren, dass die oben genannten Aktionen zu Erfolgen führen können.

Beispiel 2: Einführung des Vorhand-Überkopf-Clears

Im Zusammenhang mit der Analyse einer Bewegung ist neben den eingangs erwähnten grundsätzlichen Fragestellungen zu ergründen, welche Bewegungskriterien bei der Vermittlung Hauptkriterien sind und welche ergänzenden Charakter haben. Beim Vorhand-Überkopf-Clear ist die seitliche Stellung zum Ball auf jeden Fall ein zentrales Element, denn ohne diese seitliche Stellung ist weder die für diesen Schlag typische Ausholbewegung mit der Rücknahme und Absenkung der Schlagschulter möglich, noch die aus der Rückwärtsbewegung erfolgende Stemmbewegung, die die Streckung nach vorn oben zum Schlag einleitet.

Zur weiteren Analyse gehört auch, dass der Überkopf-Clear nur gelingen kann, wenn die Lernenden zu einer Rückwärtsbewegung gezwungen werden. Dazu ist aber notwendig, dass der zugespielte Ball hoch und weit genug sowie auf die Vorhandseite des Übenden gespielt wird. Das bedeutet aber, dass als Voraussetzung für die Einführung des Vorhand-Überkopf-Clears entweder der hohe Aufschlag oder der Unterhand-Clear soweit beherrscht werden, dass diese Schläge über die Zentralposition hinaus ins gegenüberliegende Hinterfeld gespielt werden können. Da dies innerhalb einer Lerngruppe aber anfangs erfahrungsgemäß nur einem geringen Teil gelingt, hat diese Erkenntnis auch direkte Auswirkungen auf die Unterrichtsorganisation und sogar auf die Planung der Unterrichtseinheit insgesamt. Mit anderen Worten, das häufig eingesetzte paarweise Üben wäre hier für einen großen Teil der Lerngruppe unergiebig. Auf der Basis dieser Erkenntnisse lassen sich dann organisatorische Maßnahmen, Öffnungsmöglichkeiten sowie dazu passende Aufgabenstellungen erarbeiten und Fragestellungen für die Erarbeitung von Bewegungskriterien entwickeln.

Fazit

Ein Verzicht auf eine umfassende Sachstrukturanalyse kann also, das zeigt besonders das Beispiel der Sprunghocke, zu erheblichen Planungsfehlern führen (z.B. Vorübungen mit langer Stützphase, Durchhocken), den Lernenden den Weg zu erlebnisreichen (Sprung-)Erfahrungen verbauen und persönliche Erfolgserlebnisse verhindern. Stattdessen wird der Sprung von vielen Schülern und Schülerinnen nur als angstbesetzt und gefährlich angesehen, weil mit schmerzhaften Erfahrungen verbunden, da einerseits im Vorfeld häufig keine ausreichende allgemeine Sprungschulung stattfindet mit dem Effekt eines zögerlichen oder gar falschen einbeinigen Absprungs, der Unterschied zu anderen Stützsprüngen wie der Hockwende nicht verdeutlicht und die 2. Flugphase als Voraussetzung für eine sichere Landung nicht erkannt und thematisiert wird.

Es wird damit ersichtlich, dass die pauschale Kritik an der Sachstrukturanalyse nicht gerechtfertigt ist. Die Auseinandersetzung mit der Struktur eines Lerngegenstandes führt keineswegs und notgedrungen zu einer ausschließlich darbietenden, lehrerzentrierten Vorgehensweise und bedeutet auch nicht automatisch einen Fokus auf ausschließlich methodische Gesichtspunkte, sondern eröffnet auch weitere didaktische Möglichkeiten. Nicht die Analyse selbst ist also zu kritisieren; vielmehr kommt es darauf an, welche Funktion man der Sach- bzw. Sachstrukturanalyse im Rahmen der Unterrichtsplanung und des pädagogischen Kontextes zuweist, welche Absicht man damit verbindet bzw. zu welchem Zweck man sie nutzen will und an welcher Stelle der Planung man sie einsetzt.

Die erweiterte Sachstrukturanalyse eines Lerngegenstandes unter Berücksichtigung daraus ableitbarer Lernmöglichkeiten und dabei grundsätzlich zu erwartender Lernprobleme geht also deutlich über die rein technikorientierte Analyse einer Bewegung hinaus. Sie erleichtert dadurch Entscheidungen im didaktischen und methodischen Bereich ganz wesentlich. Die Wahl des didaktischen Schwerpunkts wird vorbereitet, Aspekte eines mehrperspektivischen Vorgehens und Öffnungsmöglichkeiten werden deutlich, mögliche Lern- und Vermittlungsprobleme werden transparent, die Zielperspektive wird klarer und die Planung methodischer Entscheidungen wird deutlich erleichtert, Eine sinnvolle Schwerpunktsetzung bei Aufgabenstellungen, die Strukturierung kognitiver Phasen und gezielte Anregungen/ Zusatzimpulse in offenen Unterrichtsphasen fallen leichter, wie gerade die beiden Beispiele *Torwurfgelegenheiten erarbeiten* und *Einführung des Vorhand-Überkopf-Clears* veranschaulichen. Darüber hinaus wird auch der Blick für angemessene Korrektur- und Beobachtungsschwerpunkte sowie eine sinnvolle Erfolgskontrolle geschärft.

2.2 Beispiel für eine Sach- und Sachstrukturanalyse: Handstützüberschlag seitwärts (Rad)

Der Handstützüberschlag seitwärts ist eine seitliche Überschlagsbewegung und besteht aus mehreren nacheinander ablaufenden Teilbewegungen. Dabei erfolgt die Auftaktbewegung mit Heben des gestreckten späteren Abdruckbeines und Hochschwingen der Arme (gestreckt) aus dem Querstand und entgegengesetzt zum folgenden Senken des Oberkörpers (evtl. nach einem Schritt mit Anhüpfen) mit Aufsetzen des Abdruckbeines und der ersten Hand. Mit dem Aufwärtsschwingen des gestreckten Schwungbeines beim Aufsetzen der ersten Hand beginnt eine Vierteldrehung, die mit dem Strecken des Abdruckbeines und dem Aufsetzen der zweiten Hand abgeschlossen ist. Der Blick ist auf die mindestens schulterbreit aufgesetzten Hände mit gestreckten Armen gerichtet. Bei stark gegrätschten und gestreckten Beinen wird die erste Hand vom Boden gelöst und die Rotation mit dem Aufsetzen des Schwungbeines und dem Abdruck der zweiten Hand vom Boden fortgesetzt. Mit dem Lösen der zweiten Hand vom Boden wird das Aufrichten des Oberkörpers eingeleitet und mit dem Aufsetzen des Schwungbeines und dem Heranführen des Abdruckbeines zum Seitstand abgeschlossen. Die Gesamtbewegung erfolgt auf einer gedachten geraden Linie.

Hilfreich für das zügige Erlernen des Handstützüberschlags seitwärts sind Handstanderfahrungen. Die Auseinandersetzung mit dieser Bewegung erleichtert die notwendige Orientierung im Raum in Bewegung und schafft Vertrauen in die Stützfunktion gestreckter Arme und die Steuerung von Bewegungen durch Körperspannung. Dennoch haben viele Schüler und Schülerinnen zu wenig Vertrauen in die eigene Körperbeherrschung. Die daraus resultierenden Hemmungen führen dann häufig zur Vernachlässigung bzw. zum Verzicht auf die Auftaktbewegung, die aber für die notwendige Dynamik einer erfolgreichen Rotationsbewegung Voraussetzung ist. Die Erfahrung einer „runden“ Rotationsbewegung wird auch verhindert, wenn die erste Hand zu dicht am Abdruckbein aufgesetzt wird und/oder die Hände zu dicht nebeneinander gesetzt werden. Ein Abknicken in der Hüfte aufgrund fehlenden Mutes ist ein weiterer Grund für das Misslingen der Radbewegung. Auch der fehlende Blick auf die Hände und fehlende Körperspannung (keine gestreckten und gespreizten Beine) können dafür Ursachen sein. Die fehlende Dynamik oder das fehlende Vertrauen, die erste Stützhand zu lösen, führen dazu, dass die Rotationsbewegung nicht zu Ende geführt werden kann und die Beine nahe der zweiten Hand aufgesetzt werden müssen.

Eine notwendige Schwerpunktsetzung sollte auf der Grundlage einer genauen Lerngruppenanalyse erfolgen, die Vorerfahrungen, Befindlichkeiten, den aktuellen Lernstand und vorhandene Defizite der jeweiligen Lerngruppe berücksichtigt und mit der jeweiligen Zielsetzung bzw. anzustrebenden Teilkompetenzen koordiniert. Orientierungshilfen wie Bodenmarkierungen können auf jeden Fall den Unterrichtserfolg unterstützen.

Im Zusammenhang mit der Vermittlung des Handstützüberschlags bietet es sich auch an, Befindlichkeiten und Wahrnehmungen der Lerngruppe zu thematisieren, über das Ansprechen von Wirkungszusammenhängen die Schulung der Beobachtungsfähigkeit und die Analyse von Bewegungen in Partner- und Kleingruppenarbeit und damit auch eigenverantwortliches Handeln zu fördern. Daneben kann auch die Fähigkeit zu Selbsteinschätzung und Vertrauen in die eigene Leistungsfähigkeit aufgebaut sowie im Zusammenhang mit Hilfestellung durch die Übernahme von Verantwortung für Mitschüler ein Beitrag zur Förderung der Sozialkompetenz geleistet werden.

Die häufigsten Fehler im Überblick

- keine Auftaktbewegung,
- die erste Hand wird zu dicht am Abdruckbein aufgesetzt,
- die Hände werden zu dicht aneinander aufgesetzt,
- Auftaktfuß und die Hände werden nicht in einer Linie aufgesetzt,
- keine Körperstreckung und Körperspannung nach dem Aufsetzen der Hände,
- der fehlende Blick auf die Hände verhindert die Körperstreckung,
- die Beine werden nicht weit genug gespreizt,
- die erste Stützhand wird nicht vom Boden gelöst,
- die Rotationsbewegung wird abgebrochen, da die Beine zu dicht an der zweiten Hand aufgesetzt werden.

Konsequenzen:

- von Handstanderfahrungen ausgehen,
- Vertrauen in die Beherrschung des eigenen Körpers auf- und Hemmungen abbauen,
- das Erfahren einer „runden“ seitlichen Rotation ermöglichen,

- eine klare Bewegungsvorstellung vermitteln und Bewegungsmerkmale erarbeiten,
- Funktion und Wirkungszusammenhang der Bewegungsmerkmale bewusst machen,
- Folgen unterschiedlicher Fehler verdeutlichen,
- Differenzierung anbieten,
- Orientierungshilfen vorsehen.

3. Zur Bedeutung der Kompetenzorientierung für die Planung von Sportunterricht

Zu Beginn der planerischen Überlegungen stellt sich die didaktische Frage nach dem allgemeinen Unterrichtskonzept, da die Entscheidung darüber aufgrund des allgemein anerkannten Implikationszusammenhangs Auswirkungen hat auf Inhalte, Ziele und Methoden (vgl. Meyer, 1999, S. 92). Gleichzeitig wird der Anspruch an einen modernen Sportunterricht, wie bereits erwähnt, eng verknüpft mit der Forderung nach einem *erziehenden Sportunterricht*, einem Konzept, das mit seinem Doppelauftrag der *Erziehung zum und durch Sport* mittlerweile eine weit verbreitete Akzeptanz erfährt. Neben einem breit gefächerten Bewegungsrepertoire einschließlich des dazugehörenden Handlungswissens und einer reflexiven Auseinandersetzung mit Erscheinungsformen des Sports (vgl. Brandl-Bredenbeck & Schulz, 2016, S. 84) mit dem Ziel *Handlungsfähigkeit* sollen über den Sportunterricht hinausgehende Bildungsziele, Schlüsselqualifikationen und ein fachspezifischer Beitrag zur Werteentwicklung vermittelt werden (vgl. HKM, 2011, S. 7). Durch diesen Doppelauftrag des Sportunterrichts, der neben der Entwicklung der Handlungsfähigkeit über unterschiedliche Bewegungskompetenzen und verschiedene Möglichkeiten des Sporttreibens auch die Förderung von Persönlichkeitsbildung, von sozialer Kompetenz und von selbständigem Handeln umfasst (vgl. Balz/Neumann, 2007, S. 50/51, Zeuner, 2015, S. 86/87), treten in den Lehrplänen zu den bisherigen Bewegungsinhalten verstärkt Methodenkompetenzen wie Analysefähigkeit, Problemlösen, personale Kompetenzen wie Selbstregulierung, Selbstwahrnehmung und Sozialkompetenzen wie Teamfähigkeit, Verantwortungsbewusstsein, Konflikt- und Kritikfähigkeit hinzu (vgl. HKM, 2011, S. 11). Mit dieser erweiterten Forderung an Sportunterricht wird eine ganzheitliche Handlungskompetenz angestrebt, um, kurz gefasst, auf unterschiedliche sportliche Anforderungen situationsangemessen reagieren zu können (vgl. Nitsch, nach Zeuner/Hummel, 2006, S. 41).

Wenn man diesen Doppelauftrag des erziehenden Sportunterrichts ernst nimmt, dann liegt es auch nahe, sein allgemeines Unterrichtskonzept mehrperspektivisch sowie handlungs- und problemorientiert auszurichten (vgl. Balz/Neumann 2007, S. 49). Mehrperspektivisch deshalb, weil den Schülern dadurch unterschiedliche Zugangsmöglichkeiten zu aktivem Sport eröffnet werden, handlungs- und problemorientiert, weil diese Ausrichtung die Lernenden über Anstöße zur zunehmend selbständigeren Auseinandersetzung mit aufgetretenen unterrichtlichen Problemen auffordert, zur Reflexion über Lösungsmöglichkeiten und deren aktiver Erprobung anregt und damit ihre Selbständigkeit fördert.

Zur Umsetzung dieser komplexen Zielsetzungen im Fach Sport kann das Modell der Kompetenzorientierung eine wertvolle Unterstützung bieten.

3.1 Zur Kontroverse über die Kompetenzorientierung

In letzter Zeit werden allerdings verstärkt Vorbehalte gegenüber dem Kompetenzmodell geäußert, das, laut Kritikern, faktenbasiertes Wissen durch Kompetenzen ersetzen will. *Kompetent, weil wissend*, sei das bisherige Ziel von Bildung gewesen. Dies soll nun im Rahmen der Kompetenzorientierung durch *kompetent aber unwissend* ersetzt werden, wie J. Pfeilschifter zugespitzt in der Frankfurter Allgemeinen vom 24. Mai 2017 (Pfeilschifter 2017, S. N 4) formuliert. Obwohl Pfeilschifter seine deutliche Kritik konkret auf den Medizinbereich bezieht, dürften seine Vorbehalte gegenüber dem Kompetenzmodell auch in anderen Fachrichtungen z. T auf Zustimmung stoßen. Denn sehr kritisch wurde die Kompetenzorientierung auch auf der *ersten Frankfurter Inkompetenzkonferenz* (Frankfurter Allgemeine vom 12.7.2017 gesehen (s. T. Thiel 2017, S. N 4), auf der der Wiener Philosoph Konrad Paul Liessmann das Kompetenzmodell *den bildungspolitischen Sündenfall unserer Epoche* nannte, da, laut Liessmann, *der Bildungsweg in Kompetenzschnipsel zerschnitten* werde (ebda., S. N 4).

Die an diesen Beispielen deutlich werdende Kritik an der Kompetenzorientierung ist nicht ganz unberechtigt. Dies gilt insbesondere, wenn über dem durchaus berechtigten Anliegen, den vermittelten Lernstoff überprüf- und vergleichbar zu machen und auch die praktische Anwendbarkeit zu berücksichtigen, der zu vermittelnde Lernstoff, wie oben erwähnt, in Kompetenzschnipsel aufgeteilt wird, ohne den Zusammenhang, die zugrunde liegende Wissensbasis mit zu vermitteln.

Laut Duden ist unter **Kompetenz** in erster Linie ***Sachverstand, Fähigkeit*** zu verstehen (Duden 1996, S. 420). *Sachverstand* bedeutet danach eine Sache zu verstehen. Dieses „Verstehen" setzt aber das Wissen um die mit der Sache verbundenen Zusammenhänge voraus.

Auf dieser Basis zeigen sich dann ***Fähigkeiten*** in der Anwendung dieses Wissens bzw. in der wissensbasierten angemessenen Reaktion auf bestimmte Handlungssituationen.

Wenn man diesem Gedankengang folgt, ergibt sich daraus zwingend, dass kompetentes Handeln nur auf der Basis von umfangreichem Wissen erwartet werden kann. Nur wenn man Ursachen und Wirkungszusammenhänge für die zu treffenden Entscheidungen/das zu treffende Handeln erfasst, kann man kompetente Entscheidungen treffen und danach handeln.

Bezogen auf Kompetenzorientierung bedeutet das dann, dass die Auseinandersetzung mit einer Sache, also Inhalten, im Zentrum der Vermittlung stehen muss, während methodische, soziale und persönlichkeitsbezogene Aspekte lediglich ergänzende Bedeutung haben, also den Erwerb von Fachwissen nur begleiten sollten.

Fähigkeit ist dann die Umsetzung des erworbenen Sachverstandes in praktisches Handeln. Die Grundlage für ein qualifiziertes oder kompetentes Handeln ist also ein umfangreiches Wissen, das je nach Situation sinnvolle Entscheidungen ermöglicht.

So kann z. B. ein Übungsleiter im Sport kein sinnvolles Training gestalten, ohne die Wirkung von verschiedenen Trainingsreizen auf den Organismus zu kennen. Auch die Kenntnis verschiedener Trainingsmittel allein reicht z. B. nicht aus, um ein effektives Training gestalten zu können. Erst das Wissen um den Wirkungszusammenhang von Reizdauer, Reizintensität, Reizumfang und Reizdichte, deren Wirkung auf den Organismus und die daraus abgeleitete Dosierung der Trainingsmittel ermöglicht eine gezielte und begründete Trainingsgestaltung.

Nun kann man sich natürlich fragen, warum überhaupt auf das Konzept der Kompetenzorientierung eingegangen werden soll.

Die Attraktivität bzw. die verbreitete Zustimmung zur Kompetenzorientierung lässt sich meines Erachtens u. a. daraus erklären, dass eine bloße Wissensvermittlung nicht schon zwingend zu einem qualifizierten und verantwortungsvollen Umgang mit diesem Wissen führt. Denn Bildung erschöpft sich nicht in theoretischem Wissen. Zu einer umfassenden Bildung gehören auch die Entwicklung der Persönlichkeit und eines sozialen Verhaltens, das sich gründet auf ein Handeln aus sozialer Verantwortung. Damit gerät neben einer Wissensvermittlung gerade auch der Erziehungsaspekt in den Blick, der in dem Gedanken des erziehenden Sportunterrichts seinen Ausdruck findet.

Gleichzeitig kam durch OECD- und Pisastudien (seit 2001) Kritik am deutschen Bildungssystem auf. Die in den ersten OECD- und Pisastudien aufgekommene Kritik am deutschen Schulsystem richtete sich u. a. darauf, dass in deutschen Schulen vorwiegend abstraktes Wissen vermittelt wurde, die praktische Umsetzung dieses Wissens aber zu kurz kam – das erworbene Wissen also nicht zwingend zu einer kompetenten Handlungsfähigkeit führte.

Das Modell der Kompetenzorientierung versucht nun, diesen Kritikpunkten mit einem Konzept zu begegnen, in dem die Vermittlung von Handlungsfähigkeit mit der Erziehung zu einer selbstverantwortlichen und sozialen Persönlichkeit verbunden werden soll. Erreicht werden soll diese Zielsetzung z. B. durch die Erweiterung des Vermittlungsangebots um methodische Aspekte und eine Wertevermittlung. Man könnte also sagen, dass es grundsätzlich darum geht, abstrakten Wissenserwerb mit Anwendungswissen in sozialer Verantwortung zu kombinieren und dabei den eigenen Standpunkt zu reflektieren. Das daraus erwartete Verhalten zeigt sich dann in praktischen beobachtbaren Fähigkeiten.

Mehr als in anderen Bereichen sind gerade im Sport neben Bewegungs- und Entscheidungsfähigkeiten auch überfachliche Fähigkeiten erforderlich, um selbständig und in sozialen Gruppen konfliktfrei erfolgreich agieren zu können.

Fragen wie *Auf welche Weise kann ich mir selbst oder anderen Lernfortschritte erarbeiten?* erfordern methodisches Wissen, für die Verarbeitung von Erfolgs- und Misserfolgserlebnissen z. B. ist die Fähigkeit zur Selbstwahrnehmung und Selbststeuerung notwendig und für gegenseitige Rücksichtnahme, Teamfähigkeit und den Umgang mit Konflikten wie das Aushandeln von Kompromissen bei gegensätzlichen Interessen sind soziale Fähigkeiten erforderlich als Voraussetzungen für ein ganzheitliches selbständiges Handeln. Daher kann im Sport ein kompetenzorientiertes Modell durchaus zur Umsetzung des erziehenden Sportunterrichts beitragen, vorausgesetzt, der notwendige Vorrang der Wissens- bzw. Könnensvermittlung bleibt berücksichtigt.

Kritik aber ist angebracht, wenn die Vermittlung von Sachwissen bzw. Bewegungskönnen als Voraussetzung für kompetentes Handeln zugunsten einer Schwerpunktsetzung auf Methoden-, Selbst/Persönlichkeits- und Sozialkompetenz vernachlässigt wird oder gar ersetzt wird.

U. a. wegen derartiger Tendenzen und der daraus folgenden Konzentration auf ausschließlich praktische Anwendung oder gar bloße Anzeichen von zu erwartenden möglichen Fähigkeiten wird das Konzept der Kompetenzorientierung so heftig kritisiert. Denn dann besteht die Gefahr, dass durch die Outputorientierung des Kompetenzmodells auf praktisches, leicht zu überprüfendes Wissen die Vermittlung des notwendigen Fachwissens zugunsten eines vordergründigen Aktionismus vernachlässigt wird.

Dass dies verhindert werden kann und wie hilfreich ein kompetenzorientierter Ansatz für die Umsetzung der komplexen Zielsetzungen des erziehenden Unterrichts im Fach Sport sein kann, sollen die folgenden Ausführungen veranschaulichen. Mit dem anschließenden Beispiel eines kompetenzorientierten Entwurfs zum hohen Aufschlag im Badminton ist gleichzeitig auch ein Raster für einen Planungsentwurf verbunden.

3.2 Der kompetenzorientierte Ansatz

Die Kompetenzorientierung wird trotz mancher kritischer Stimmen inzwischen als neue didaktisch-curriculare Leitidee angesehen (vgl. Stibbe, 2011, S 337) und hat als solche Eingang gefunden in die Curriculumentwicklung der einzelnen Bundesländer.

Auf Landesebene wurden jedoch verschiedene Kompetenzmodelle entwickelt, in denen unterschiedliche Kompetenzbereiche formuliert werden und die Zuordnung der anzustrebenden Kompetenzen zu Kompetenzbereichen nicht einheitlich erfolgt.

Nordrhein-Westfalen z.B. unterscheidet im Sport zwischen „Bewegungs-, Wahrnehmungs-, Methoden-„ und „Urteilskompetenz“, (vgl. Stibbe, 2011, S. 337). Im Kerncurriculum Hessen dagegen werden als Kernkompetenzbereiche für den Schulsport „Bewegungskompetenz, Urteils- und Entscheidungskompetenz“ sowie „Teamkompetenz“ genannt (Kerncurriculum Hessen, 2011, S. 12). Als überfachliche Kompetenzen kommen „personale Kompetenz, Sozial-, Lern-“ und „Sprachkompetenz“ hinzu (ebd. S. 8).

Kompetenzen, die dem Bereich der überfachlichen personalen Kompetenz zugeordnet werden, sind dabei „Selbstwahrnehmung, Selbstkonzept“ und „Selbstregulierung“. Genau diese Kompetenzen sind aber als wesentliche Komponenten einer ganzheitlichen Handlungsfähigkeit im Sport anzusehen. Ähnliches gilt auch für andere, überfachlichen Bereichen zugeordnete Kompetenzen wie „soziale Wahrnehmungsfähigkeit, Rücksichtnahme und Solidarität, Umgang mit Konflikten“ sowie „Kooperation und Teamfähigkeit“ (Bereich Sozialkompetenz) sowie „Aufgaben mithilfe geeigneter Strategien erschließen, Probleme analysieren, Lösungswege planen und Entscheidungen treffen, Lernstrategien bewusst einsetzen, Medienkompetenz“ (Bereich Lernkompetenz) (ebd. S. 8).Die hier aufgeführten Kompetenzen wirken z. T. wesentlich griffiger als die den drei Fachkompetenzbereichen zugeordneten Kompetenzbegriffe (ebd. S. 12/13).Außerdem sind sie fast deckungsgleich mit dem in diesen Ausführungen verwendeten Kompetenzmodell[1], gegliedert in die vier Kompetenzbereiche ***„Sach- oder Fachkompetenz, Methodenkompetenz, Selbst- oder personale Kompetenz, Sozialkompetenz“****, wobei im Fach Sport der allgemeine Begriff „Sach- oder Fachkompetenz“ durch den genaueren fachspezifischen der „****Bewegungskompetenz****“ zu ersetzen ist.*

orientiert an Bonsen, E./Hey, G. (o.J.). Kompetenzorientierung

Erfordert Kompetenzorientierung eine Neuausrichtung der Unterrichtsplanung?

Kompetenzorientierte Unterrichtsplanung ist output-orientiert, d.h. es wird vom angestrebten Ergebnis her, der am Ende der Stunde/ Einheit erwarteten (Teil-)Kompetenzen ausgegangen. Die Frage, welche Kompetenzen eine Lerngruppe in einer Unterrichtseinheit möglichst erreichen soll, bedeutet dann zunächst einmal zu klären, was konkret diese Kompetenzen ausmacht. Dies soll sich lt. Kompetenzmodell an bestimmten Indikatoren in Form von beobachtbarem Verhalten nachweisen lassen. Es ist daher zu analysieren, an welchem Können, an welchen Qualifikationen sich die zu erwerbenden Kompetenzen durch entsprechende Handlungen nachweisen lassen.

Diese Kompetenzorientierung des Unterrichts hat aber nicht nur Auswirkungen auf die Formulierung von Unterrichtszielen. Die Umorientierung in diesem Bereich erfordert gleichzeitig auch eine etwas andere gedankliche Herangehensweise an Unterrichtsplanung insgesamt. Denn mit der Kompetenzorientierung wird das **Prozesshafte** des Unterrichts, das **Handeln** der Schüler, d. h. ihre **Aktionen** bis zum Erwerb einer Kompetenz in den Mittelpunkt gerückt und damit auch die verschiedenen **Schritte** auf dem Weg zur erfolgreichen **Anwendung.**

Das bedeutet aber auch, dass genau analysiert werden muss, wo genau eine Lerngruppe im Lernprozess zu Beginn der zu planenden Unterrichtsstunde steht.

Kompetenzen existieren nicht im luftleeren Raum, d. h. sie sind gebunden an bestimmte Inhalte, die geeignet erscheinen, die angestrebten Qualifikationen zu erreichen.

Deshalb sind in Frage kommende Inhalte zunächst einmal zu analysieren und zwar unter dem Aspekt der mit einem Inhalt erreichbaren möglichen Zielsetzungen und im Hinblick auf die jeweilige Lerngruppe, der bestimmte Inhalte und Kompetenzen vermittelt werden sollen. Bei dieser Prüfung der Eignung eines Inhalts für eine konkrete Lerngruppe ist der Rückgriff auf eine genaue Sach- und Sachstrukturanalyse sinnvoll, um nicht nur die thematischen Schwerpunkte zu ergründen, die ein Inhalt bietet, sondern gleichzeitig auch die mit dem Inhalt für die Lerngruppe verbundenen Schwierigkeiten zu erfassen, die den Unterrichtserfolg beeinträchtigen können und um der Gefahr zu begegnen, die Schüler etwa zu unter- oder überfordern.

Wenn beispielsweise im Volleyball der Angriffsschlag eingeführt wird, ohne dass die Ballannahme und das obere Zuspiel soweit gefestigt sind, dass auch Bälle zum Angriffsschlag gestellt werden können, kann nicht erwartet werden, dass Angriffsschläge im Spiel eingesetzt werden. Die Schüler würden dann zwar gerne die neu erlernte Technik üben und anwenden, können aber durch ihre Mitspieler nicht entsprechend angespielt werden. Die Intention, durch die Einführung des Angriffsschlages z. B. die Attraktivität des Volleyballspiels für Schüler zu erhöhen, wird so eher konterkariert.

Wenn im Gerätturnen der Felgaufschwung eingeführt werden soll, die Lernenden aber nicht über die dazu notwendige Halte-, Stütz- und Bauchmuskelkraft verfügen, werden sich die Schüler überfordert fühlen und die Erfolge sehr bescheiden bleiben.

Derartige Beispiele zeigen, wie wichtig es ist, mögliche Lernhemmnisse, die den angestrebten Unterrichtserfolg beeinträchtigen oder gar verhindern können, bei der Planung zu berücksichtigen, um realistische Entscheidungen treffen zu können.

Durch den stärkeren Fokus darauf, welche Kompetenzen mit einem Inhalt erreichbar sind bzw. erreicht werden sollen, rücken Aspekte wie die erweiterte Sachstrukturanalyse stärker ins Blickfeld. Die verstärkte Output-Orientierung hat u. a. auch zur Folge, dass sich die Aufmerksamkeit intensiver auf diagnostische Aspekte konzentriert mit der Konsequenz, dass neben dem, was Inhalt und Methode zu leisten vermögen, wie bereits erwähnt, auch die Lernausgangslage genauer untersucht werden muss. Denn ohne einen genau festgestellten Lernstand vor Unterrichtsbeginn kann ein Vergleich am Ende einer Einheit/Stunde keine verlässliche Auskunft über Lernfortschritte und damit den tatsächlichen Unterrichtserfolg geben.

3.3 Besonderheiten kompetenzorientierter Unterrichtsplanung

Kompetenzorientierter Sportunterricht lenkt die Aufmerksamkeit auf die für den modernen Sportunterricht geltenden Zielperspektiven, entspricht damit genau den Anforderungen des erziehenden, mehrperspektivisch angelegten Sportunterrichts und ist, so gesehen, nicht etwas vollkommen Neues. Neu ist jedoch die bereits erwähnte Verlagerung von der Input-Steuerung zur Output-Steuerung. Kompetenzorientierter Sportunterricht betont die ganzheitliche Ausbildung von Handlungskompetenz als Befähigung, die unterschiedlichen Anforderungssituationen im Bereich des Sports durch eigenständiges Handeln meistern zu können (vgl. Nitsch, nach Zeuner/Hummel, 2006, S. 41) und fordert, die Entwicklung zu dieser Selbständigkeit im Unterricht auch nachzuweisen.

Kompetenz steht dabei für die Fähigkeit eines Menschen, Sachkenntnisse und Fertigkeiten in Handlungs- und Anwendungssituationen entsprechend der erworbenen Einstellungen situationsangemessen einzusetzen (vgl. Ziener, 2008, S. 5).

Kompetenzen sind damit zu betrachten als Voraussetzung und notwendige Bedingungen für ein situationsangemessenes Handeln in komplexen Handlungssituationen. In welchem Ausmaß Schüler diese Kompetenzen erreicht haben, zeigt sich dann an ihrem Verhalten im Unterricht.

Dieses angemessene Handeln bezieht sich dabei nicht nur auf die rein sachliche Ebene des Bewegungskönnens. Ein kompetentes Agieren im Sport schließt auch ein, sein Bewegungshandeln selbst steuern zu können (vgl. Gogoll, 2014, S. 165).

Dies bedeutet nicht nur, bestimmte Bewegungsmuster den Anforderungen entsprechend variabel einsetzen zu können, sondern z.B. auch, die Auswirkungen des Bewegungshandelns auf sich selbst und sein Umfeld kritisch beleuchten und sportliches Handeln aufrechterhalten oder verändern zu können, wenn dies angebracht oder als notwendig erscheint. Dazu sind aber zusätzliche Fähigkeiten nötig, die über die reine sportliche Tätigkeit hinausgehen.

Wenn Schüler bei der Arbeit an Stationen z. B. feststellen, dass ein Teil der Gruppe mit einer gestellten Aufgabe überfordert ist, müssen sie die Ursachen erkennen können, wenn sie daran etwas ändern wollen. Dazu ist Analysefähigkeit erforderlich. Um dann als Gruppe selbständig Veränderungen vornehmen zu können, ist zur Organisation dieser Veränderungen methodisches Wissen notwendig.

Als weitere Voraussetzung für das Erfassen des Problems der teilweisen Überforderung ist, dass sie die Befindlichkeit ihrer überforderten Mitschüler wahrnehmen, sich in deren Lage versetzen können, deren Erwartungen mit ihren eigenen vergleichen und vor diesem Hintergrund unter der Artikulation eigener Wünsche auf die Vorstellungen der anderen eingehen. Auf dieser Basis lassen sich dann gemeinsam als Kompromiss neue tragfähige, alle zufrieden stellende Absprachen treffen. In dieser Diskussion über eine Veränderung der Aufgabenstellung ist eine weitere Qualifikation notwendig. Schüler müssen in derartigen Situationen den Mut aufbringen und in der Lage sein, auch ihre eigenen Erwartungen klar zu formulieren.

Die Tatsache, dass die überforderten Schüler trotz der für sie unbefriedigenden Situation die Kooperation innerhalb der Gruppe nicht einfach abgebrochen haben, weist daraufhin, dass sie in der Situation eine erhebliche Frustrationstoleranz aufbringen (vgl. Funke-Wienecke, 1997, S. 30).

An diesem Beispiel wird deutlich, dass im Rahmen des sportlichen Handelns von den Schülern neben Bewegungskönnen und Handlungswissen auch darüber hinausgehende Qualifikationen aus dem sozialen Bereich erforderlich sind und auch Fähigkeiten erwartet werden, die den Bereich der Persönlichkeitsentwicklung betreffen.

Das in diesem Beispiel beschriebene Schülerverhalten und die sich darin offenbarenden Qualifikationen weisen auf Teilbereiche hin, die im Rahmen des kompetenzorientierten Unterrichts die eigenständigen Kompetenzbereiche **Selbst- oder personale Kompetenz,** im Sinne von Selbststeuerung, und **Sozialkompetenz** im Sinne von sozialem Handeln umfassen und einen wesentlichen Beitrag zur Erziehung der Schüler zu einer umfassenden Handlungsfähigkeit leisten können.

Der übergeordnete Kompetenzbegriff der **ganzheitlichen Handlungskompetenz** lässt sich für das Fach Sport daher ausdifferenzieren in die vier Kompetenzbereiche **Sach- oder Fachkompetenz als Bewegungskompetenz, Methodenkompetenz, Selbst- bzw. personale Kompetenz** und **Sozialkompetenz**. Damit lenken kompetenzorientierte Unterrichtsmodelle die Aufmerksamkeit auf entscheidende Planungsaspekte und erleichtern damit eine umfassende Unterrichtsplanung, da sie der Vielzahl der zu berücksichtigenden Planungsgesichtspunkten Struktur geben.

Die vier Kompetenzbereiche lassen sich folgendermaßen konkretisieren:

Bewegungskompetenz:	Sich Sport in vielfältigen Erscheinungsformen erschließen, Strukturen sportlichen Handelns verstehen, Wissen, Fähigkeiten und Fertigkeiten zu Problemlösungen selbständig anwenden können.
Methodenkompetenz:	Sachverhalte selbständig erschließen, analysieren und Erkenntnisse daraus anwenden, sportliches Handeln begründen und organisieren können.
Selbst-/personale Kompetenz:	Sich eine Meinung bilden, begründet entscheiden und urteilen, eigene Fähigkeiten und Befindlichkeiten realistisch einschätzen, selbständig und kreativ sachgerecht handeln können.
Sozialkompetenz:	Eigene Wünsche artikulieren, auf die Vorstellungen anderer eingehen, Absprachen treffen, Kompromisse eingehen und diese einhalten, Regeln absprechen und sich daran halten, Leistungen anderer respektieren können.

Der Begriff „Handlungskompetenz" mit seiner Unterteilung in die vier Kompetenzbereiche präzisiert damit das Ziel einer ganzeitlichen Handlungsfähigkeit, da mit diesem Kompetenzbegriff unmissverständlich deutlich wird, dass der Sportunterricht heute mehr ist als die Vermittlung von Bewegungsfertigkeiten, deren konditioneller Basis und des dazugehörigen Handlungswissen. Der hier deutlich werdende ganzheitliche Anspruch eines modernen Bildungsverständnisses wird im 12. Kinder- und Jugendbericht folgendermaßen zum Ausdruck gebracht. „Bildung in diesem Sinne kann verstanden werden als ein anhaltender und kumulativer Prozess des Erwerbs der Fähigkeit zur Selbstregulierung und der subjektiven Aneignung von Welt in der aktiven Auseinandersetzung mit und in diesen Umweltbezügen[1] (BMFSFJ, S. 85). Betont wird damit, dass Handlungskompetenz nicht etwa nur für die Bereiche der Bewegungskompetenz und eventuell noch der Methodenkompetenz[2] gilt, sondern für alle vier Kompetenzbereiche zu fordern ist. Denn dieser ganzheitliche Anspruch schließt „neben Wissen und Können auch die Fähigkeit zur Selbstregulation und zu sozialer Verantwortung" ein (BMFSFJ, S. 84), „um ... Sport auch deutend, interpretativ und reflektierend" erfassen zu können (vgl. Heim,

[1] Gemeint sind damit die vier oben genannten Kompetenzbereiche, z.T. wie im 12. Kinder- und Jugendbericht, auch „Leitkompetenzen" genannt.

[2] Im 12. Kinder- und Jugendbericht werden dafür die Begriffe „kulturelle" und „instrumentelle Kompetenz" verwendet, wobei dort die Inhalte, da nicht konkret auf Sportunterricht bezogen, den Kompetenzbereichen in Teilen abweichend zugeordnet werden. Die Aneignung sportlicher Bewegungen z. B. ist m. E. vorrangig den kulturellen Kompetenzen im Sinne eines kulturellen Erbes zuzuordnen, bevor die personale Kompetenz im Sinne von Selbst- und vor allem Grenzerfahrung z. B. zum Tragen kommt (vgl. Heim, S. 30).

2009, S. 27). Mit diesem Bildungsverständnis entspricht kompetenzorientierter Sportunterricht den Erwartungen an einen erziehenden Sportunterricht und kann damit auch seinen Beitrag zur modernen Schulentwicklung leisten.

Veränderungen gegenüber herkömmlichen Planungen

Eingegangen werden soll hier vor allem auf Aspekte, bei denen sich im Konzept der kompetenzorientierten Unterrichtsplanung Veränderungen gegenüber herkömmlichen Planungen ergeben. So werden z. B. hier nicht die Rahmenbedingungen des Unterrichts thematisiert.

Lernausgangslage

Im Rahmen der **Bedingungsanalyse** erfährt die Untersuchung der Lernausgangslage eine besondere Bedeutung, da mit ihr die Basis für die neuen Planungsüberlegungen im Hinblick auf die vier Kompetenzbereiche geschaffen wird. Nur wenn der aktuelle Lernstand der Lerngruppe in diesen vier Bereichen festgestellt ist, kann das weitere Vorgehen bezüglich der Teilkompetenzen, die als nächstes angestrebt werden sollen, sinnvoll geplant werden. Dies geschieht im Hinblick auf den Kompetenzerwerb, der am Ende der Einheit erreicht sein soll. Dazu ist eine differenzierte Analyse der Lernausgangslage über zentrale Fragen zum aktuellen Lernstand in den einzelnen Bereichen erforderlich wie z. B. den folgenden:

- **Welche themenspezifischen Kenntnisse sind in welchem Ausmaß vorhanden?**
- **Welche themenspezifischen Bewegungsfertigkeiten sind wie ausgeprägt vorhanden?**
- **Welche methodischen Kenntnisse sind vorhanden?**
- **Wie ausgeprägt sind Selbst- und Sozialkompetenz?**

Hinsichtlich der notwendigen Konsequenzen aus den so gewonnenen Erkenntnissen schließen sich als weitere Fragen an:

- **Welche Kompetenzen müssen vertiefend geübt werden?**
- **In welchem Zusammenhang bietet sich das an?**

Bei dem Vergleich von Ist- und Soll-Werten ist wieder ein Rückgriff auf die Analyse der Sachstruktur hilfreich, da auf diesem Weg deutlich gemacht werden kann, was zukünftig vorrangig in den Mittelpunkt gerückt werden muss, um z. B. das Gelingen einer Bewegung und eine situationsangemessene Anwendung sicher zu stellen bzw. den Lernenden ein zielgerichtetes Agieren zu ermöglichen.

Voraussetzung für das Gelingen einer Bewegungsfertigkeit und deren situationsangemessenen Einsatz ist, dass den Lernenden die Bedingungen für eine erfolgreiche Anwendung klar sein müssen, wenn sie selbständig daran arbeiten sollen. Im Zusammenhang mit dem Sprungwurf im Handball bedeutet dies z. B., dass ihnen bewusst sein muss, dass es darauf ankommt, dem Mitspieler den Ball so in den Lauf zu spielen, dass er als Werfer weit genug vor der Deckung zum Sprungwurf abspringen kann, um ungehindert zum Wurf kommen zu können. Sind diese Bedingungen nicht gegeben, muss man davon ausgehen, dass die Spieler aufgrund der anfänglich noch bestehenden Unsicherheit entweder auf einen Wurfversuch verzichten oder überhastet werfen. Bei diesen überhasteten Würfen kann das dann leicht zu gravierenden Fehlern führen. Durch die Notwendigkeit, vorzeitig zum Wurf zu kommen, fehlt die Zeit für eine deutliche Ausholbewegung. Die Zurücknahme von Wurfarm und Wurfschulter unterbleibt oder wird verkürzt. Als Folge wird mit angewinkeltem Arm in Schulterhöhe geworfen. Durch die fehlende Ausholbewegung kann der Wurf sogar in eine Stoßbewegung übergehen. Ein fester, Erfolg versprechender Wurf ist unter diesen Umständen nicht denkbar.

Diese möglichen Probleme müssen sich die Lehrkräfte bewusst machen, um rechtzeitig Maßnahmen ergreifen zu können, die derartige Lernschwierigkeiten vermeiden helfen.

Man sieht an diesem Beispiel, wie wichtig es für den Unterrichtserfolg ist, über die Analyse des Sachgegenstandes mögliche Fehlerursachen bzw. Lernprobleme zu erkennen und den Lernenden durch eine gedankliche Mitnahme von Beginn an eine aktive Mitgestaltung des Unterrichts zu ermöglichen.

Didaktische Analyse

Auch für den Bereich der didaktischen Überlegungen ergeben sich im Hinblick auf Kompetenzorientierung z. T. veränderte bzw. erweiterte Fragestellungen, die anhand der fettgedruckten Leitfragen deutlich werden:

- Welche Bedeutung hat der Lerngegenstand für die Schüler?
- **Welche Kompetenzen lassen sich mit dem Inhalt vermitteln?**
- **Was können die Schüler an diesem Inhalt konkret lernen?**
- **Was können die Schüler, wenn sie den Unterricht durchlaufen haben?**
- Wo soll der didaktische Schwerpunkt liegen?
- Ist eine didaktische Reduktion nötig?

Für die Diskussion dieser Fragestellungen ist die Analyse des in Frage kommenden Inhalts in Form einer *Sachanalyse* schon zu Beginn der didaktischen Überlegungen angebracht, um einen Lerngegenstand auf der Basis des analysierten Lernstandes auf mögliche Themen und den damit möglichen Kompetenzaufbau für eine Lerngruppe hin zu untersuchen. Diese Überlegungen führen dann zur thematischen Festlegung mit einer eventuell notwendigen didaktischen Reduktion.

Bräutigam dagegen schlägt vor, die „Sachanalyse“ erst im Rahmen dieser didaktischen Reduktion vorzunehmen, um die „erkennbaren Anforderungen des Themas“ zu eruieren und eine optimale Anpassung des thematischen Anspruchs an das Potential der Schüler zu gewährleisten (Bräutigam, 2006, S. 157). Es geht ihm also darum zu überlegen, wie das Thema für die jeweilige Lerngruppe **methodisch** so gestaltet werden kann, dass der angestrebte Kompetenzaufbau erreicht werden kann. An dieser Stelle ist daher in der Tat ein detailliertes Eingehen auf sachstrukturelle Aspekte in Form einer *Sachstrukturanalyse* sinnvoll, um die mit der Vermittlung der Sache verbundenen Anforderungen und möglichen Lernprobleme mit dem Wissen, den Vorerfahrungen, den Fähigkeiten und zu erwartenden Lernschwierigkeiten der Lerngruppe in Einklang zu bringen. Die Analyse thematischer Möglichkeiten muss jedoch vorausgehen. Daher sollte zwischen Sach- und Sachstrukturanalyse unterschieden werden.

Da sachstrukturelle Erwägungen allerdings an mehreren Stellen der Planungsüberlegungen zum Tragen kommen, ist es ratsam, Sachstrukturanalysen bereits am Beginn einer Unterrichtsreihe durchzuführen, in der die Besonderheiten, Möglichkeiten und allgemeinen Vermittlungsprobleme eines Lerngegenstandes erfasst werden. Für die konkrete Stundenplanung kann dann jeweils unter aktuellen Schwerpunkten und bezogen auf die Erfordernisse der konkreten Lernsituation einer Lerngruppe darauf zurückgegriffen werden.

Kompetenzformulierungen

Große Unsicherheiten bestehen in den Kollegien auch bezüglich der Formulierung von Kompetenzen. Im Unterschied zu traditionellen Lernzielformulierungen, die unter Fixierung auf überprüfbare Ergebnisse am Ende einer Unterrichtsstunde den Prozess der Reflexion des Lernens und die Anwendung erworbenen Wissens vernachlässigen, sind kompetenzorientierte Zielformulierungen umfassender, da sie unter Berücksichtigung aller vier Kompetenzbereiche erlerntes Einzelwissen im Sinne eines ganzheitlichen Prozesses mit dem Ziel „Handlungskompetenz“ zusammenfassen und deutlich machen, dass Fähigkeiten, Fertigkeiten und Einstellungen nur in einem längerfristigen Prozess durch einübendes Handeln erworben werden können. Damit werden gleichzeitig auch Fähigkeiten formuliert, die die Grenzen des Faches überschreiten können (Bonsen/Hey, o. J. S. 6).

Ähnlich wie bei der Unterteilung der Handlungskompetenz in einzelne Bereiche streben Kompetenzformulierungen an, die Ziele und die Wege dahin durch Strukturierung gedanklich zu ordnen. Bei der Formulierung soll eine **konkrete Lernaktivität** mit einem **Aspekt des Kompetenzaufbaus** verbunden werden, der nur in einem längerfristigen Prozess zu erreichen ist.

Beispiel: Die Schüler entwickeln im Rahmen der Entwicklung von Methodenkompetenz ihre Analysefähigkeit, indem sie die Baggerbewegungen des Partners anhand eines Kriterienkatalogs beobachten.

Abstrakt gesehen besteht eine solche Kompetenzformulierung aus 3 Teilen:

- Es wird eine längerfristig aufzubauende Fähigkeit (Analysefähigkeit) konkret benannt,
- die zur Förderung einer grundlegenden Kompetenz (Methodenkompetenz) beiträgt.
- Der Modalsatz – eingeleitet mit „indem" – bezeichnet die Unterrichtsaktivität, durch die der angestrebte Kompetenzaspekt gefördert werden soll (vgl. Bonsen/Hey, S. 11).

Während also Kompetenzen einen Lernprozess über einen begrenzten Zeitraum, z.B. eine Unterrichtseinheit, beschreiben, bezeichnen die ihnen nachgeordneten **Indikatoren**, was Schüler am Ende einer Unterrichtsstunde überprüfbar an Kenntnissen, Fertigkeiten und Fähigkeiten oder auch Einstellungen hinzugewonnen haben sollen. Dieser Teilkompetenzgewinn zeigt sich an den Handlungen der Schüler. Indikatoren entsprechen damit in etwa den bisherigen Feinlernzielen, beschreiben allerdings konkret Handlungen, die den aktuellen Lernfortschritt dokumentieren und bezeichnen damit Schritte, die zu den angestrebten Kompetenzen führen.

Es werden in der Regel zu jedem der vier Kompetenzbereiche jeweils ein bis zwei Indikatoren als konkrete Tätigkeiten genannt, die das Können am Ende der Stunde beschreiben.

Beispiel für Indikatoren zur oben angegebenen Kompetenzformulierung:

- Die Schüler tragen die Ergebnisse der beobachteten Baggerbewegungen in einen Beobachtungsbogen ein.
- Sie werten die gefundenen Ergebnisse mit dem Partner aus.

Leider ist immer wieder festzustellen, dass Zielformulierungen z. T. nicht ernst genug genommen, zu sorglos formuliert werden und/oder erst nach der methodischen Planung angehängt werden nach dem Motto „ich muss ja auch noch ein paar Ziele angeben". Eine mangelnde Auseinandersetzung mit den Zielen führt aber häufig zu einer nicht ausreichenden methodischen Auseinandersetzung, wenn nicht sogar im Extremfall zu deutlichen Planungsfehlern, denn ungenau bzw. zu allgemein formulierte Ziele erschweren ein schlüssiges methodisches Vorgehen – oder anders ausgedrückt – präzise formulierte Ziele erleichtern eine schlüssige methodische Planung.

Beispiel: „Die Schüler sollen Bewegungsmerkmale benennen können." Wenn man sich hier überlegt, welche Bewegungsmerkmale man erwartet und dies auch entsprechend als Ziele formuliert, dann kann man ziemlich sicher sein, dass man bei der kognitiven Erarbeitung auch die Leitfragen stellt, die die Erarbeitung genau der angestrebten Merkmale ermöglichen, man keine vergisst oder bei anderen landet, die in der konkreten Situation nicht relevant sind.

Abschließende Bemerkungen

Auch wenn manche Pädagogen bereits das Ende der Kompetenzorientierung verkünden (Bell, 2012, S. 12) – es lohnt, sich mit diesem Konzept auseinanderzusetzen, denn die Vorbehalte gegenüber Kompetenzorientierung sind zumindest im Fach Sport unbegründet. Die Beschäftigung mit Kompetenzorientierung kann vielmehr einen wichtigen Beitrag dazu leisten, die Forderungen des erziehenden Sportunterrichts umzusetzen und im Sinne des modernen Bildungsverständnisses zu einer Bereicherung bzw. Qualitätssteigerung des Unterrichts führen, da über die vier Kompetenzbereiche der ganzheitliche Anspruch an Sportunterrichts betont wird und die Transparenz didaktisch-methodischer Entscheidungen deutlich gesteigert werden kann.

Auch die im Zusammenhang mit Kompetenzorientierung häufig geäußerte Kritik wegen standardisierter Leistungsüberprüfungen (Stichworte „teaching to the test", „erhöhter Leistungsdruck") ist unbegründet, wenn die kritisierten Überprüfungen nicht pimär als Selektions- oder Sanktionsinstrumente angesehen werden, sondern vor allem im Verlauf einer Unterrichtseinheit im Hinblick auf individuelle Förderung zu Diagnose- und Selbstdiagnosezwecken eingesetzt werden (vgl. Gissel, S. 147). Näheres dazu in Kapitel 10.

In anderen Worten, Kompetenzorientierung kann erheblich dazu beitragen, die Vorstellungen von gutem Sportunterricht umzusetzen.

4. Kompetenzorientierte Unterrichtsplanung am Beispiel des hohen Aufschlags im Badminton

Am Beispiel der Einführung des hohen Aufschlags im Badminton werden über Leitfragen Schritte zu einer kompetenzorientierten Unterrichtsplanung in der Mittelstufe dargestellt, soweit dies unabhängig von einer konkreten Lerngruppe möglich ist. Dabei soll gleichzeitig die Bedeutung einer über die reine Bewegungsanalyse hinausgehenden Sach- und Sachstrukturanalyse für die Unterrichtsplanung insgesamt verdeutlicht werden.

Der Anspruch an einen modernen Sportunterricht, über das Konzept des erziehenden Sportunterrichts eine ganzheitliche Handlungsfähigkeit zu vermitteln, wurde bereits in Kapitel 3 erläutert. Durch die Erweiterung des Begriffs der *Handlungskompetenz* über die Bereiche *Bewegungskompetenz* und *Methodenkompetenz* hinaus zu *Selbst-/personale Kompetenz* und *Sozialkompetenz* wird der ganzheitliche Anspruch mit diesen 4 Kompetenzbereichen unterstrichen. Gleichzeitig kommen mit dieser Kategorisierung entscheidende Planungsaspekte in den Blick und geben den Planungsüberlegungen Struktur (vgl. Kapitel 3).

Als Konsequenz aus diesem Anspruch an Sportunterricht ergibt sich für die Planung von Unterricht die schon erörterte erweiterte Bedeutung der Sach- bzw. Sachstrukturanalyse, die über die strukturelle Untersuchung einer sportlichen Bewegung hinsichtlich eines sinnvollen methodischen Vorgehens hinausgeht, indem sie die Bewegung im Hinblick auf die Möglichkeiten der betreffenden Lerngruppe mit ihrem aktuellen Können, Wissen und Defiziten analysiert und dabei auch die Eignung des Lerngegenstandes für einen weitergehenden Kompetenzaufbau im Sinne der ganzheitlichen Handlungsfähigkeit in Betracht zieht (vgl. Kapitel 2). Gleichzeitig kann damit der Gefahr begegnet werden, womöglich an den Lernenden vorbei zu planen.

So würde eine genaue Bewegungsanalyse des Hangsprungs z. B. nicht verhindern, dass die geplante Stunde zum Desaster wird, wenn diese Weitsprungtechnik in einer Klasse 8 eingesetzt werden soll, aber nicht bedacht wird, dass die für diese Technik notwendige Weite in dieser Altersstufe noch nicht erreicht wird. Reck- oder Barrenturnen kann eher zu Frustrations- als zu Erfolgserlebnissen führen, wenn die für das Gelingen der angestrebten Übungen als Voraussetzung notwendige Kraft fehlt. Im Badminton können die erwarteten Erfolge ausbleiben, wenn die Lehrkraft sich und den Lernenden nicht bewusst macht, dass die Vorerfahrungen der Schüler mit und die Erwartungen an Federball dem angestrebten Lernerfolg entgegenstehen.

Gleichzeitig kann eine im Zusammenhang mit dieser erweiterten *Sachstrukturanalyse* durchgeführte *Sachanalyse* als Untersuchung, was ein Inhalt thematisch für die Lernenden leisten kann, auch die von Kritikern von Bildungsstandards gesehene Gefahr vermeiden helfen, dass Inhalte des Sportunterrichts wieder auf motorische

Fertigkeiten und Fähigkeiten sowie das dazu gehörende Handlungswissen reduziert werden, wenn auch die Möglichkeiten zur Kompetenzerweiterung in den Bereichen *Methoden-, Selbst- und Sozialkompetenz* in Betracht gezogen werden.

Stellt man sich z. B. die Frage, welche Stellung das Dribbeln im Basketball hinsichtlich der Vermittlung der Schlüsselkompetenzen Selbst- und Sozialkompetenz einnehmen kann, kommt man auch zu der Erkenntnis, dass die häufig im Unterricht zu beobachtende Betonung des Dribblings durch die Stärkung des Selbstvertrauens in diese Fertigkeit neben der Sachkompetenz eher die Selbstkompetenz stärkt als die Sozialkompetenz, da eine ausgeprägte Schulung des Dribblings individuelle Aktionen fördert und sich damit kontraproduktiv hinsichtlich des eigentlich angestrebten mannschaftsdienlichen Spiels auswirkt. Dies ist vor allem dann zu beobachten, wenn die Funktion des Dribblings für das Mannschaftsspiel wie z. B. das Binden von Abwehrspielern, um dann den freistehenden Mitspieler anspielen zu können, nicht mit vermittelt wird.

Die *Sach-* und *Sachstrukturanalyse*, wie sie hier skizziert wird, ist also ein wichtiger Planungsaspekt, wenn es um die kompetenzorientierte Planung von handlungs- und schülerorientiertem Sportunterricht geht.

4.1 Handlungs- und schülerorientierte Planung kompetenzorientiert

Die folgenden Ausführungen sollen beispielhaft die Möglichkeiten einer so verstandenen Unterrichtsplanung verdeutlichen und folgen im Aufbau dem Raster eines möglichen Stundenentwurfs. Die dabei verwendeten Fragestellungen sollen die eigenen Planungsüberlegungen strukturieren und den Blick auf zentrale Aspekte der Unterrichtsvorbereitung lenken.

A. Überblick über die Unterrichtsstunde

Thema: Einführung und Festigung des hohen Aufschlags durch Partnerarbeit an Stationen mit gegenseitiger Beobachtung, dem Einsatz von Beobachtungsbögen und deren Auswertung.

Jahrgangsstufe: Klasse 8

Stellung in der Unterrichtseinheit: 2. Stunde.

B. Bedingungsanalyse:

Voraussetzungen für den Unterricht:

<u>Welche Arbeitsformen und Materialien wurden bisher eingesetzt?</u>

Die Klasse 8 hat schon mehrfach mit Bildreihen, Partner- und Kleingruppenarbeit sowie mit Stationskarten gearbeitet.

Lernausgangslage:

Eine Lernstandserhebung könnte für die Einführung des hohen Aufschlags in Badminton (2. Std.) für die vier Kompetenzbereiche z. B. ergeben:

Welche themenspezifischen Kenntnisse sind in welchem Ausmaß vorhanden?

Die Schüler können die wichtigsten Bewegungskriterien zum hohen Aufschlag nennen. Ihre Bewegungsvorstellung von diesem Schlag ist aber z. T. noch ungenau.

Welche themenspezifischen Bewegungsfertigkeiten sind wie ausgeprägt vorhanden?

Die Schüler haben trotz der Kenntnis der Bewegungskriterien überwiegend noch deutliche Schwierigkeiten bei der Umsetzung ihres Wissens. Es gelingt ihnen nur selten, das Shuttle so zum Partner zu spielen, dass dieser mit einem Überkopfschlag aus der Rückwärtsbewegung reagieren kann. Probleme bereiten insbesondere die Gewichtsverlagerung, die Supinations- und Pronationsbewegung sowie das Treffen des Shuttles. Sie können den Schlag aber aus seitlicher Ausgangsstellung mit hoher Flugkurve ausführen, wenn das Anwerfen durch Partnerhilfe ersetzt wird und das Shuttle vom Partner schräg vor ihnen aus Schulterhöhe fallen gelassen wird.

Welche methodischen Kenntnisse sind vorhanden?

Die Schüler können in der Mehrzahl die Bewegungsqualität der Schlagbewegung des Partners im Hinblick auf 1–2 angegebene Beobachtungsschwerpunkte mit Hilfe von Bildmaterial grob beurteilen. Bei den notwendigen Rückmeldungen dazu sind sie aber z. T. noch sehr unsicher.

Wie ausgeprägt ist die Selbstkompetenz?

Sie können im Rückgriff auf das ihnen an die Hand gegebenes Bildmaterial und Bewegungskriterien sowie Rückmeldungen eines Partners ihre eigenen Bewegungsdefizite z. T. selbst bzw. mit Partnerhilfe erkennen und zu deren Behebung sich entsprechenden Stationen zuordnen. Sie sind sich aber ihrer Urteilskraft z. T. noch nicht sicher.

Sie sind deshalb auch noch zögerlich bei der Korrektur ihrer Partner.

Wie ausgeprägt ist die Sozialkompetenz?

Sie nehmen die erwarteten Aufgaben bei Partner- und Gruppenarbeit an. Die Notwendigkeit von qualifizierten Rückmeldungen wird aber noch nicht von allen eingesehen.

Welche Kompetenzen sollen vertiefend geübt werden? In welchem Zusammenhang bietet sich das an?

Bezogen auf das gewählte Beispiel könnten das sein:

– Die mit dem hohen Aufschlag verbundene Absicht über die Spieleröffnung hinaus betonen (Spiel ins Hinterfeld),

- die Bewegungsvorstellung durch die Analyse von gelungenen Demonstrationen und der Besprechung von Bildmaterial ausbauen,
- die Bewegungskompetenz und eigenverantwortliches Handeln durch Arbeiten an wählbaren Stationen auf der Basis von gegenseitiger Beobachtung verbessern,
- die Sicherheit in der Beurteilung von Bewegungen durch Partnerbeobachtung auf der Basis von Arbeitsblättern und Erfahrungsaustausch darüber im Plenum stärken,
- durch positive Erfahrungen mit Partnerarbeit und größeres Vertrauen in die eigene Beurteilungskompetenz den Nutzen von gegenseitigem Beobachten und Korrigieren erkennen und damit die Bereitschaft zu Kooperation fördern.

Was fordern Lehrplan und Schulcurriculum?

Passen die formulierten Konsequenzen zum aktuellen Lehrplan und Schulcurriculum?

Abgleich mit den Gegebenheiten vor Ort.

C. Didaktische Analyse

Welche Bedeutung hat der Lerngegenstand für die Schüler?

Der hohe Aufschlag

- erweitert als Variante zum kurzen Aufschlag den taktischen Handlungsspielraum,
- ist eine wichtige Voraussetzung für den Vorhand-Überkopf-Clear,
- fördert die Möglichkeit der selbständigen Auseinandersetzung mit der Bewegung und damit Handlungsfähigkeit und Problembewusstsein.

Welche Kompetenzen lassen sich mit dem Inhalt vermitteln?

Im Bereich der **Bewegungskompetenz:**

- Die Verbesserung der Bewegungsvorstellung bezüglich des hohen Aufschlags,
- die Verbesserung der Schlagbewegung,
- die Erweiterung taktischer Handlungsmöglichkeiten.

Bezüglich der **Methodenkompetenz:**

- Die Verbesserung der Beobachtungsfähigkeit und damit mehr Sicherheit bei Bewegungskorrekturen sowie der Nutzung von Bildmaterial,
- eine verbesserte Analysefähigkeit.

Im Bereich der **personalen Kompetenz:**

- Eine größere Bereitschaft, sich mit Bewegungsproblemen auseinanderzusetzen,
- die Steigerung des Selbstvertrauens durch mehr Vertrauen in das eigene Können,
- eine Verbesserung der Selbständigkeit durch die Arbeit an Stationen.

Bezüglich der **Sozialkompetenz:**

- Die Verbesserung der Kooperations- und Kommunikationsfähigkeit durch Partnerarbeit,
- die Förderung von Empathie durch das Eingehen auf die Wünsche und Möglichkeiten des Partners.

Was können Schüler an diesem Inhalt konkret lernen?

- das Verständnis für den funktionalen Zusammenhang von Bewegungsbestandteilen,
- die Verbesserung der Bewegungsqualität durch das Erproben von Lösungsansätzen,
- die Verbesserung der Beobachtungs- und Analysefähigkeit durch Partnerbeobachtung,
- den gezielten Einsatz von Bildmaterial bei der Partnerbeobachtung,
- die Übernahme von Verantwortung für die eigene sportliche Entwicklung und die eines Partners,
- positive Erfahrungen bei der Kooperation mit einem Partner,
- das Reflektieren von Bewegungszusammenhängen und Lösungsmöglichkeiten,
- dass Badminton sowohl als Mit- als auch als Gegeneinander eine sinnstiftende sportliche Betätigung sein kann.

Was können die Schüler, wenn sie den Unterricht durchlaufen haben?

- Sie können den hohen Aufschlag hoch ins Hinterfeld spielen und dadurch im Spiel situationsabhängig als taktisches Mittel einsetzen.
- Sie haben eine genauere Bewegungsvorstellung vom hohen Aufschlag und können Defizite in der Bewegungsausführung des Partners schneller erkennen.
- Sie können zusammen mit einem Partner gezielter und selbständiger an ihren Bewegungsproblemen arbeiten und dadurch Verantwortung für ihre eigene sportliche Entwicklung und die des Partners übernehmen.
- Sie können in Kooperation mit ihrem Partner durch das Reflektieren von Bewegungszusammenhängen und dem Erproben von Lösungsmöglichkeiten Lösungen für ihre Bewegungsprobleme finden.
- Sie können im Übungsprozess in Absprache mit dem Partner je nach Bedürfnis zwischen einem Mit- und Gegeneinander wechseln.

Wo soll der didaktische Schwerpunkt liegen?

Über die Problematisierung der Bewegung bietet sich ein problemorientiertes Vorgehen z. B. mit folgender Frage an: ***Was sind die Voraussetzungen dafür, dass die Aufschläge mit hoher Flugkurve im Hinterfeld landen?*** Ein mehrperspektivischer Aspekt kann durch das Thematisieren von Mit- und Gegeneinander hinzukommen.

Ist eine didaktische Reduktion nötig?

Sie ist situationsabhängig im Rahmen anwählbarer Stationen vorzusehen.

D. Sachstrukturanalyse des hohen Aufschlags

Der hohe Aufschlag ist eine der Spieleröffnungen im Badminton. Allerdings ist dieser Schlag für Anfänger in mehrfacher Hinsicht problematisch. Zum einen unterscheidet sich diese Spieleröffnung neben der Griffhaltung ganz wesentlich von Federball (Anwurf und Überkopfschlag bzw. Unterhandschlag vor dem Körper), zum anderen wird der Schlag durch die erforderliche Auge-Hand-Koordination der Teilbewegungen *Ausholen – Anwerfen – Vorwärts- und Schlagbewegung* von Schülern als sehr kompliziert empfunden. Die Regel, dass das Shuttle unterhalb von Hüfte und Schlaghand gespielt werden muss, kommt als Schwierigkeit hinzu.

Neben dem Gewöhnen an die notwendige Schlägerführung mit zunächst Supination, dann Pronation bei der Aushol- bzw. Schlagbewegung zur Beschleunigung des Schlägerkopfes ist als Voraussetzung für das Gelingen des Schlages das Timing zwischen einem dosierten Anwurf schräg nach vorn aus seitlicher Stellung und der Gewichtsverlagerung vom hinteren auf das vordere Bein mit Vorbringen der Hüfte auf der Schlagseite notwendig für das Treffen des Shuttles und um die angestrebte hohe und weite Flugkurve zu erreichen. Deren Funktion ist das Zurückdrängen des Gegenübers ins Hinterfeld. Dabei sind vor allem die seitliche Ausgangsstellung und das Treffen des Shuttles seitlich vor dem Körper mit gestrecktem Arm von zentraler Bedeutung.

Diese hohen Koordinationsanforderungen überfordern Anfänger in der Regel, so dass das Shuttle zunächst häufig am falschen Punkt oder überhaupt nicht getroffen wird.

Trotz des hohen Schwierigkeitsgrades des Schlages bietet sich diese Spieleröffnung für ein handlungsorientiertes und mehrperspektivisches Vorgehen mit der Erarbeitung vielfältiger Teilkompetenzen an. Neben der Erweiterung von Bewegungskompetenz kann der didaktische Schwerpunkt z. B. gelegt werden auf Selbsterfahrung, Wahrnehmungsschulung, problemorientierte Erarbeitung, Schulung des Bewegungssehens, eigenverantwortliches Handeln in Partner- oder Gruppenarbeit. Da Schüler in der Regel bei der erstmaligen Behandlung dieser Technik diesbezüglich noch keine Vorerfahrungen haben, bietet sich bei der Thematisierung des hohen Aufschlags ein offenes Vorgehen an, um den Lernenden über das Schaffen von Problembewusstsein Anreize für die selbständige Beschäftigung mit der Bewegung zu geben sowie in Partner- bzw. Kleingruppenarbeit durch die gegenseitige Abhängigkeit positive Erfahrungen im Miteinander zu ermöglichen und im taktisch geprägten Wettkampf den Reiz des Gegeneinanders zu erleben.

Die Ausführungen zeigen also, dass diese Form der Sachstrukturanalyse, die über die bloße Analyse einer Bewegungsfertigkeit hinausgeht, erheblich zu einer strukturierten und umfassenden Unterrichtsplanung beitragen kann. Sie schärft den Blick für die didaktischen und methodischen Möglichkeiten eines Unterrichtsgegenstandes, lenkt aber auch die Aufmerksamkeit auf mögliche Vermittlungsprobleme und sorgt für gedankliche Klarheit hinsichtlich einer sinnvollen Schwerpunktsetzung mit schlüssig entwickelten Aufgabenstellungen. Gleichzeitig liefert sie auch Hinweise für eine angemessene Unterrichtssteuerung.

Welche Fehler treten häufig auf?

- Neben falscher Griffhaltung, unzureichender Ausholbewegung, gebeugtem Arm beim Schlag und einer unzureichenden Ausschwungbewegung sind dies häufig:
- keine seitliche Ausgangsstellung und Schlag vor dem Körper,
- Schlägerkopf zeigt beim Ausholen nicht nach hinten (Supination),
- keine bzw. unzureichende Beschleunigung des Schlägerkopfes durch Pronation,
- kein Treffen des Shuttles oder Treffen des Shuttles vor dem Körper,
- mangelnde Dynamik wegen fehlender Gewichtsverlagerung auf das vordere Bein, oft verbunden mit fehlendem Vorbringen der Hüfte bei der Schlagbewegung.

Welche Konsequenzen lassen sich daraus ableiten?

- Griffhaltung kontrollieren,
- Herausarbeiten der unterschiedlichen Spieleröffnung von Federball und Badminton,
- Erarbeitung von Bewegungskriterien und des Funktionszusammenhangs von Teilbewegungen,
- Vermittlung einer genauen Bewegungsvorstellung,
- Klären der Funktion des Schlages über die Spieleröffnung hinaus,
- Reduzierung der Komplexität der Bewegungsaufgaben (vor allem das Anwerfen zunächst ausschalten, s. o.),
- Veranschaulichen der Wirkung von Supinations- und Pronationsbewegungen,
- auf seitliche Ausgangsstellung und Treffpunkt seitlich vor dem Körper achten.

Welche Bewegungskriterien lassen sich aus dieser Analyse ableiten und erarbeiten?

- Schrittstellung mit Gewicht auf dem hinteren Bein einnehmen,
- Schleifenbewegung mit Zurücknahme des Schlagarmes ausführen,

- Unterarm auswärts drehen und Handgelenk nach hinten abknicken,
- Shuttle in einem leichten Bogen schräg nach vorn anwerfen,
- Schlagarm mit gestrecktem Arm dicht am Körper vorbei schwingen,
- Gewicht auf vorderes Bein verlagern durch Vorbringen der Hüfte und Schlagschulter,
- vor dem Treffpunkt Schläger peitschenartig beschleunigen (durch schnelles Einwärtsdrehen des Unterarms und Strecken des Handgelenks),
- Shuttle seitlich vor dem Körper treffen,
- Unterarm über Gegenschulter ausschwingen.

Die Erarbeitung von Bewegungskriterien unterstützt auf der Seite der Lernenden die Entwicklung einer genauen Bewegungsvorstellung, ist Voraussetzung für eine weitergehende selbständige Auseinandersetzung mit der Bewegung z.B. bei Selbst- und Partnerbeobachtung und erleichtert die Fehlerdiagnose und die Schwerpunktsetzung bei der Fehlerbeseitigung. Die Kriterien sind aber nicht als Verpflichtung, als „muss" zu verstehen – etwa im Sinne von Haltungsnoten – sondern als Orientierungshilfen auf dem Weg zu dem Ziel, hoch und weit ins Hinterfeld des Gegenübers spielen zu können. Die Technik ist also nicht als Selbstzweck zu verstehen, sondern als Mittel zum Zweck.

E. Kompetenzorientierte Stundenziele

Was müssen die Schüler lernen, damit sie „es"[1] am Ende der Stunde können?

Die Schüler entwickeln ihr Interesse für Badminton weiter, indem sie aufgrund des vermittelten Wissens und der gesammelten Erfahrungen ein Badmintonspiel mit hohem Aufschlag regelgerecht eröffnen und aufrechterhalten können.

Bewegungskompetenz: Die Schüler verbessern ihre badmintonspezifische Bewegungskompetenz, indem sie die Kriterien des hohen Aufschlags in Bewegung umsetzen und den Gegner im Spiel ins Hinterfeld treiben.

- Sie kennen die erarbeiteten Bewegungskriterien zum hohen Aufschlag und dessen Funktion.
- Sie können das Spiel mit einem hohen Aufschlag ins Hinterfeld eröffnen.

Methodenkompetenz: Die Schüler schulen zur Entwicklung ihrer Methodenkompetenz ihre Beobachtungsfähigkeit, indem sie die Bewegungen der Mitschüler mit Bild- und Textunterstützung auf ausgewählte Schwerpunkte hin beobachten und korrigieren.

---

1 „Es" bedeutet hier die für eine Teilkompetenz notwendige Fähigkeit, Fertigkeit, Einstellung.

- Sie weisen Partner auf Fehler zu vorher vereinbarten Beobachtungspunkten hin.
- Sie diskutieren ihre erworbenen Erfahrungen im Plenum anhand von Demonstrationen.

Selbst- bzw. personale Kompetenz: Die Schüler verbessern zur Entwicklung ihrer Selbstkompetenz ihre Fähigkeit zur Selbststeuerung, indem sie mit Unterstützung eines Partners eigene Bewegungsdefizite beim hohen Aufschlag erkennen und an selbst gewählten Übungsstationen abstellen.

- Sie wählen die für sie passenden Stationen.
- Sie arbeiten gezielt und selbständig an ihren erkannten Bewegungsproblemen.

Sozialkompetenz: Die Schüler verbessern zur Entwicklung ihrer Sozialkompetenz ihre Kooperations- und Kommunikationsfähigkeit, indem sie mit Partnern an der Verbesserung ihrer Bewegungsfertigkeiten zum hohen Aufschlag arbeiten.

- Sie beobachten den Bewegungsvollzug ihrer Partner sorgfältig und geben ihnen Tipps zur Bewegungsverbesserung.
- Sie akzeptieren die Hinweise ihrer Partner und versuchen, sie auch umzusetzen.

F. Methodische Überlegungen

Nach diesen Analysen und Überlegungen ist die Planung des methodischen Vorgehens so weit vorbereitet, dass die konkrete Vermittlungsweise entschieden und begründet sowie die Organisation des Lernprozesses z. B. unter den folgenden Aspekten für eine konkrete Lerngruppe konzipiert werden kann:

- Phasen/Unterrichtsschritte,
- Korrekturmaßnahmen,
- Medien, Hilfen,
- Sozialformen
- differenzierende Maßnahmen,
- mögliche Lernprobleme und Gegenmaßnahmen,
- Ergebnissicherung/Erfolgskontrolle (evtl. zwischendurch, vor allem aber am Stundenende).

Einzelheiten dazu folgen im Kapitel 6 „Zur Durchführung von Sportunterricht“

Resümee

Das hier vorgestellte kompetenzorientierte Planungskonzept versucht zu zeigen, was es für die Unterrichtsplanung insgesamt leisten kann. Insbesondere durch die Strukturierung von Planungsüberlegungen über Leitfragen können die entscheidenden Planungsaspekte systematisch in den Blick kommen. Die Verbindung zwischen dem Lerngegenstand und den Lernenden kann vor allem durch die Sachstrukturanalyse in den Mittelpunkt gerückt und der Aspekt der ganzheitlichen Handlungskompetenz betont werden. Denn neben dem Erwerb motorischer Fähig- und Fertigkeiten als Voraussetzung für die Beteiligung an Sport werden auch der Erwerb von anwendungsorientiertem Wissen über Sportarten, das Vermitteln und Einüben von methodischem Handeln und der Erwerb von angemessenen Handlungsmöglichkeiten im sozialen Kontext einschließlich der dafür notwendigen Einstellungen, in den Blick genommen. Gleichzeitig ermöglicht dieses Modell die gedankliche Mitnahme bzw. Teilhabe der Lernenden an Entscheidungsprozessen (vgl. Funke-Wienecke, 1995, S. 14), da die Beziehung zwischen dem aktuellen Können/Wissen der Schüler und den mit neuen Aufgaben verbundenen Anforderungen transparent gemacht werden kann.

Natürlich kann ein so umfassender Planungsaufwand, wie hier entwickelt, im täglichen Unterrichtsbetrieb nicht erwartet werden, z. B. was die Ausführlichkeit der Antworten auf die Leitfragen und den Umfang der Sachstrukturanalyse angeht. Die Ausführungen zu den Leitfragen listen vielmehr Aspekte auf, aus denen Schwerpunkte für einzelne Stunden abgeleitet werden können. Auch eine so ausführliche Sachstrukturanalyse, wie hier dargestellt, kann nicht für jedes einzelne Unterrichtsprojekt jeweils neu erwartet werden. Wenn man sich aber klar macht, dass eine einmal durchgeführte genaue Analyse eines Lerngegenstandes immer wieder herangezogen werden kann und im konkreten Fall nur noch im Hinblick auf die Anpassung an eine bestimmte Lerngruppe untersucht werden muss, lohnt sich der einmalige Aufwand schon.

5. Hilfen für die Unterrichtsplanung

Für ein planvolles und strukturiertes Vorgehen bei der Planung von Sportunterricht kann es sehr hilfreich sein, sich unabhängig von dem vorgestellten Kompetenzmodell eine Reihe von Fragen zu stellen, die die wesentlichen Planungsaspekte beleuchten und der Gefahr begegnen, dass wichtige Gesichtspunkte übersehen werden. Die im Folgenden aufgelisteten Fragenkataloge sind so konzipiert, dass sie für viele Bereiche des Schulsports anwendbar sind und strukturiertes Planen erleichtern. Sie können aber auch dazu beitragen, die Frage nach den anzusteuernden Kompetenzen bzw. Zielen zu klären. Im Einzelfall können oder müssen die Fragen aber je nach Unterrichtsvorhaben angepasst oder ergänzt werden.

5.1 Fragen zur Sachstrukturanalyse

1. Handelt es sich im Falle des Bewegungslernens um eine komplexe Bewegung?
2. Aus welchen Teilbewegungen / Phasen setzt sich die Gesamtbewegung zusammen?
3. Lässt sich die Bewegung ganzheitlich vermitteln oder in sinnvolle Teileinheiten aufgliedern?
4. Ist bei der Vermittlung von Teileinheiten eine bestimmte Reihenfolge bei dieser Gruppe / allgemein ratsam?
5. Was ist zum Gelingen der Zielsetzung als Voraussetzung nötig?
6. Auf welche Schwerpunkte muss ich mich in dieser Stunde konzentrieren?
7. Welche Vermittlungsweise bietet sich an?
8. Ist eine Schülerselbsttätigkeit möglich?
9. Welche Probleme können bei der vorgesehenen Vermittlungsweise auftreten?
10. Können gewisse Maßnahmen (Informationen / Hilfen) helfen, bestimmte Probleme zu reduzieren / zu vermeiden?
11. Können die Schüler auf Vorerfahrungen zurückgreifen oder sind solche hier eher hinderlich?
12. Welche Kompetenzen / Ziele lassen sich mit dem gewählten Lerngegenstand vermitteln?
13. Lassen sich überfachliche Kompetenzen / Ziele mit dem Bewegungslernen verbinden?

5.2 Fragen zur didaktischen Analyse

1. Welcher Stellenwert ist dem vorgesehenen Lerngegenstand im Schulsport zuzumessen?
2. Welche Bedeutung hat dieser Lerngegenstand an dieser Stelle für die Schüler?
3. Welche grundsätzlichen Probleme wirft dieser Lerngegenstand als Schulsportart auf?
4. Welche generelle didaktisch-methodische Entscheidung ist sinnvoll?
5. Wo sollte der didaktische Schwerpunkt im Unterricht liegen?
6. Welche Kompetenzen/Zielsetzungen lassen sich allgemein mit dem gewählten Inhalt im Schulsport realisieren?
7. Welche Kompetenzen/fachspezifischen Ziele sollen hier im Vordergrund stehen?
8. Was können die Schüler konkret an diesem Inhalt lernen?
9. Was sollen die Schüler können, wenn sie diesen Unterricht durchlaufen haben?
10. Welche Schwerpunkte bieten sich für den Unterricht/die Leistungsüberprüfung an, welche weniger?
11. Welche Besonderheiten sind hinsichtlich der Vorerfahrungen der Lerngruppe zu berücksichtigen (Vergleich mit Lehrplan)?
12. Ist für diese Lerngruppe eine didaktische Reduktion notwendig und wenn ja, in welcher Form?
13. Welche Anknüpfungspunkte gibt es zwischen dem vorgesehenen Lerngegenstand und einer erweiterten Thematik?
14. An welcher Stelle bietet sich das Eingehen darauf an?

5.3 Fragen zu methodischen Überlegungen

1. Welche Möglichkeiten des methodischen Vorgehens bieten sich an (geschlossen – offen, ganzheitlich – in Teilbewegungen)?
2. Für welches Vorgehen entscheide ich mich bei dieser Gruppe und warum?
3. Welche organisatorischen Maßnahmen versprechen den größten Unterrichtserfolg?
4. Welche Lernschritte wähle ich?
5. Wie und an welcher Stelle können die Schüler an der Unterrichtsgestaltung aktiv beteiligt werden?
6. Welche Lernschwierigkeiten erwarte ich bei dieser Lerngruppe bzw. Teilgruppen?
7. Welche Lernhilfen kann ich anbieten?
8. Welche Alternativen bzw. zusätzlichen Hilfen kann ich noch vorsehen?
9. Welche Korrekturmaßnahmen sind an welcher Stelle sinnvoll?
10. Sind differenzierende Maßnahmen angebracht (welche, an welcher Stelle, warum?)?
11. Wo und in welcher Form sind kognitive Phasen angebracht?
12. Ist die Struktur der Stunde auch für die Schüler klar erkennbar (Phasen und ihre Funktion)?
13. Welche medialen Hilfen können den Lernprozess an welcher Stelle unterstützen?
14. Wie kann ich Ergebnisse (auch Zwischenergebnisse) sichern und wo bietet sich das an?

6. Zur Durchführung von Unterricht

Zu Methoden im Sport und deren Bedeutung im Sportunterricht gibt es eine Vielzahl von umfassenden Beiträgen, in denen unterschiedliche methodische Ansätze zur Sprache kommen und methodische Vorgehensweisen für verschiedene Teilbereiche des Sportunterrichts angesprochen werden. Ein weiterer Beitrag zu dem Für und Wider verschiedener methodischer Wege etwa ist in diesem Text nicht vorgesehen.

Hier soll es vielmehr vorrangig darum gehen, Schwierigkeiten bei der Umsetzung von Sportunterricht anzusprechen, Möglichkeiten aufzuzeigen, wie den Forderungen an einen modernen Sportunterricht nachgekommen werden kann und wie Fehlentscheidungen zu vermeiden sind.

Eine sorgfältige und gut strukturierte Unterrichtsplanung ist eine wesentliche Voraussetzung für guten Unterricht. Aber auch wenn die Schülerinteressen dabei berücksichtigt, die Lernvoraussetzungen geklärt, die Unterrichtsziele und Inhalte auf den Lernstand der Lernenden abgestimmt sind und man meint, ein dazu passendes methodisches Vorgehen erarbeitet zu haben, können im Unterrichtsverlauf unerwartete Schwierigkeiten auftreten, die bei der Planung nicht bzw. nicht ausreichend beachtet wurden.

Hinzu kommt, dass bei der Planung die Erwartungen an die möglichen Lernerfolge der Schüler teilweise zu hoch sind. Vor allem unerfahrenere Lehrkräfte neigen oft dazu, zu optimistisch zu planen. Aus noch fehlenden Erfahrungen im Umgang mit Schülergruppen gehen sie zunächst von ihrem eigenen Können und den Erfahrungen aus, die sie selbst beim Erlernen von Bewegungen gemacht haben, ohne zu bedenken, dass Schüler heute häufig nicht die Bewegungserfahrungen mitbringen, über die sie selbst zu Beginn ihres Bewegungslernens schon verfügten. Als Folge davon wird etwa für einzelne Lernphasen zu wenig Zeit eingeplant, wichtige Lernschritte werden ausgelassen oder die Notwendigkeit von Wiederholungen wird nicht bzw. nicht ausreichend bedacht. Es kann aber auch vorkommen, dass die Lernfähigkeit der Lerngruppen unterschätzt wird, so dass Zielbewegungen aufgrund unnötig vieler Vorübungen nicht zügig angesteuert oder Möglichkeiten der Schülerselbstgestaltung nicht gesehen werden.

6.1 Zur Vermittlung geschlossener Fertigkeiten

Die Vermittlung von sportlichen Bewegungen geschieht häufig in geschlossener Unterrichtsform. D. h. eine Bewegungsfertigkeit wie das untere Zuspiel im Volleyball, der einhändige Korbwurf im Basketball oder der Hürdenschritt in der Leichtathletik, sportartspezifische Bewegungen also, für die sich eine bestimmte Technik als erfolgreich erwiesen hat, wird den Kriterien dieser Technik entsprechend vermittelt. Oder es handelt sich um genormte Bewegungsfertigkeiten, deren Ausführung durch feste Regeln vorgeschrieben ist (z. B. Gerätturnen, oberes Zuspiel im Volleyball).

Bei der Vermittlung geschlossener Fertigkeiten, vor allem, wenn sie komplexer sind, stellt sich immer auch die Frage nach Vereinfachungsstrategien.

In der Regel hat man dabei die Wahl zwischen einer methodischen Übungsreihe und Übungserleichterungen bei einer ganzheitlichen Vermittlungsweise. Im Falle der methodischen Übungsreihe erfolgt, ausgehend von einfachen Vorübungen über komplexere Übungsformen, eine graduelle Annäherung an die Zielbewegung. Dabei gibt die Lehrkraft Vorgaben in Form von Bewegungsbeschreibungen, Bewegungsanweisungen und Demonstrationen der jeweiligen Übung, die von den Lernenden im Übungsprozess umgesetzt werden sollen. Unterstützt wird der Lernprozess durch Korrekturhilfen der Lehrkraft. Zur Entwicklung einer genauen Bewegungsvorstellung werden dann Anschauungsmaterialien wie Bildreihen, Demostationen in Verbindung mit Beobachtungsaufgaben oder Videoclips eingesetzt.

Allerdings ist zu bedenken, dass methodische Übungsreihen, die häufig sehr kleinschrittig auf die Zielbewegung hinarbeiten, nicht auf individuelle Dispositionen der Lernenden Rücksicht nehmen. Der mit ihnen beschrittene Lehrweg ist für die gesamte Lerngruppe gleich. Die Frage, ob alle Schüler alle angebotenen Lernschritte bis hin zur Zielbewegung benötigen, wird dabei nicht gestellt. Warum aber sollen Schüler, denen eine Technik womöglich auf Anhieb oder mit nur wenigen Hilfen gelingt, die gesamte Übungsreihe durchlaufen?

Ist es im Licht dieser Überlegung nicht sinnvoller, da, wo dies zu verantworten ist, zunächst die Gesamtbewegung in erleichterter Form z. B. durch Absprunghilfen zur Verlängerung der Bewegungszeit, Orientierungshilfen wie Ablaufmarkierungen oder leichtere/kleinere Geräte anzubieten und für die Teilgruppen, die damit nicht zurechtkommen, je nach Bedarf als differenzierende Maßnahmen weitergehende Vereinfachungsstrategien (z. B. taktile, akustische Hilfen) vorzusehen oder einzelne Vorübungen aus der methodischen Reihe zu berücksichtigen?

Wenn möglich, sind Übungserleichterungen Vorübungen gegenüber häufig vorzuziehen, da im ersten Fall das grundsätzliche Bewegungsmuster erhalten bleibt und der Bewegungsablauf nur zeitlich gedehnt wird (z. B. bei Absprunghilfen), nur ein geringerer Krafteinsatz notwendig ist (z. B. taktile Unterstützung beim Turnen, leichtere Gewichte beim Kugelstoßen) oder aber Präzisionsanforderungen reduziert werden (z. B. breiterer, niedrigerer Balken beim Schwebebalken, kürzerer Schläger beim Tennis). Wichtig ist hierbei allerdings, dass gleichzeitig eine genaue Bewegungsvorstellung vermittelt wird.

Dagegen geht es bei Vorübungen im Allgemeinen, wie bereits erwähnt, um eine graduelle Annäherung an die Zielbewegung. Das bedeutet aber, dass z. B. die Koordination von Teilimpulsen, das Timing bei Krafteinsätzen bzw. die Dauer des Krafteinsatzes im Verlauf der Vorübungen z. T. deutlichen Veränderungen unterliegen und nicht mit der Zielbewegung identisch sind. Typische Beispiele sind das seitliche Überwinden eines quergestellten Kastens als Vorübung zur Sprunghocke oder das „Überradeln" über eine Bank als Vorübung zum Rad. Im ersten Fall ist die lange Stützphase ebenso kontraproduktiv für das Erlernen der Sprunghocke wie das Aufsetzen der Hände nebeneinander auf der Bank für die Zielbewegung des Rades.

Man sollte sich deshalb im Planungsstadium bei der Analyse der zu vermittelnden Bewegung schon überlegen, ob Vereinfachungsstrategien überhaupt für alle Schüler einer Lerngruppe notwendig sind oder ob nicht ein ganzheitliches Angebot vertretbar ist, das kombiniert wird mit einem Differenzierungsangebot bei auftretenden Lernschwierigkeiten. Zu überlegen ist dann in diesem Fall, welche konkreten differenzierenden Maßnahmen den Lernenden, denen die Bewegung noch nicht gelingt, angeboten werden können. Die Entscheidung hängt dabei u. a. ganz entscheidend von den Bewegungserfahrungen der Lerngruppe und der Komplexität der jeweiligen Bewegung ab.

Als exemplarisch für ein ganzheitliches Vorgehen kann die Einführung des Sprungwurfs im Handball angesehen werden. Durch eine Ablaufmarkierung und eine erhöhte Absprungstelle (Kastenoberteil), wodurch der 3-Schritt-Rhythmus, ein starker Abdruck nach oben und der Wurf im Sprung gleichzeitig erfahren werden können, gelingt es den meisten Schülern in der Regel auf Anhieb, das Erlebnis des Sprungwurfs zu erfahren (vgl. Kapitel 8).

Eine ausführliche Darstellung zum Lehren geschlossener Fertigkeiten findet sich u. a. bei Roth, (2007).

Beispiel für eine geschlossene Vermittlungsweise: Oberes Zuspiel im Volleyball

Vorstellen des Stundenthemas / Aufwärmen

Demonstration der Bewegung und Bewegungsbeschreibung

Bewegungsbeschreibung: Z. B.: *Der Ball wird beim oberen Zuspiel oberhalb der Stirn gespielt, wobei die Hände vor der Ballberührung nach hinten abgeklappt werden.*

Bei der Demonstration (mindestens 2) die Beobachtung lenken auf 1–2 Schwerpunkte zum Herausstellen besonders wichtiger Einzelheiten.

Z. B.: *Achtet auf meine Hände! Wo zeigen die Ellenbogen hin?*

Übungsphase I

Legt den Ball auf die oberhalb des Kopfes nach hinten abgeklappten Hände. Bleibt er dort liegen, ist die Haltung richtig. Spielt dann den Ball mehrfach senkrecht nach oben mit leichtem Bein- und Armeinsatz.

Übungsphase II

Bewegungsanweisung: Z. B.: *Pritscht euch den Ball partnerweise hoch zu. Spielt den Ball immer oberhalb der Stirn und schaut ihn durch das Dreieck an, das ihr mit Daumen und Zeigefingern bildet.*

Kognitive Phase I

a) Besprechung aufgetretener Probleme (Sammeln der Schülerreaktionen), Lehrerbeobachtungen ergänzen (gesehene Fehler),

b) Demonstration mit gezielten Beobachtungsschwerpunkten bzw. Input von Bildmaterial (hier sinnvoll, da jetzt ein Problembewusstsein vorhanden ist),

c) Entwicklung von Bewegungskriterien, die festgehalten / gesichert werden sollen.

Übungsphase III

Präzisierte Bewegungsanweisung mit Schwerpunktsetzung: Z. B.: *Pritscht euch den Ball partnerweise mit hoher Spitze zu. Achtet dabei auf –*

1. *das Abklappen der Hände nach hinten vor der Ballberührung,*
2. *eine deutliche Streckung (einschließlich der Hände) gegen den Ball.*

Beobachtet euch dabei selbst und einander!

Unterbrechung zur Korrektur

Ansprache von häufig vorgekommenen Fehlern z. B.

- Abspielpunkt des Balles ist nicht oberhalb der Stirn, da vorher keine Beinbeugung bzw. falsche Stellung zum Ball,
- falsche Handhaltung, da Ellenbogen nicht seitlich abgespreizt sind, sondern nach unten zeigen.

Übungsphase IV

evtl. nach Problematisierung: Z. B.: *Warum kommt der Ball nicht beim Partner an (er fliegt senkrecht nach oben), obwohl er hoch zugespielt wurde?*

Neue, erweiterte Bewegungsanweisung:

1. *Achtet darauf, dass die Ellenbogen beim Abspiel vom Körper weg zeigen!*
2. *Verlagert jetzt beim Abspiel das Gewicht vom hinteren auf das vordere Bein!*
3. *Streckt euch nach dem Abspiel hinter dem Ball her!*

Differenzierungsangebot:

Wer mit seinem Partner ohne Unterbrechung 5 x hin und her gespielt hat, kann jetzt den Abstand zum Partner abwechselnd vergrößern und verringern.

Spiel 1:1 übers Netz

Ergebnissicherung

Zur Ergebnissicherung Abschlussgespräch mit Demonstration gelungener Bewegungen mit Beobachtungsauftrag an die beobachtenden Schüler.

Welche Bewegungskriterien sind erfüllt, welche noch nicht oder nur zum Teil?

Was können die Ursachen für noch vorhandene Defizite sein?

Woran muss noch gearbeitet werden?

6.2 Offene Unterrichtsformen

6.2.1 Warum Unterricht öffnen?

Die Erwartungen an einen modernen Sportunterricht sind gegenüber früher wesentlich komplexer geworden und die pädagogischen Ansprüche an Sportlehrkräfte hoch (vgl. Deutscher Sportbund, 2005, S. 14), denn wenn man Sportunterricht im Sinne einer modernen Schulentwicklung an dem Bildungsverständnis ausrichten will, wie es z. B. vom Bundesministerium für Familie, Senioren, Frauen und Jugend als ganzheitlicher Erziehungsauftrag formuliert wird, (2005, S. 84) und den Doppelauftrag des erziehenden Sportunterrichts akzeptiert, (vgl. Balz/Neumann, 2007), dann sollte moderner Sportunterricht vor allem mehrperspektivisch, handlungs- und schülerorientiert ausgerichtet sein.

Das Ziel ist dabei, Schüler zu einer ganzheitlichen Handlungsfähigkeit zu befähigen (vgl. Nitsch, nach Zeuner/Hummel, 2006, S. 41). Das erfordert, über die Vermittlung eines breit gefächerten Bewegungsrepertoirs hinauszugehen, die Lernenden in den Unterricht mit einzubeziehen, und einen fachspezifischen Beitrag zu einer allgemeinen Wertevermittlung zu ermöglichen (HKM, 2011, S. 11).

Mit diesem Anspruch ist dann auch eine Öffnung von Unterricht verbunden. Gemeint ist damit, über einen Unterricht hinauszugehen, bei dem die Lehrkraft das Unterrichtsgeschehen bestimmt und die Lernenden weitestgehend den Instruktionen der Lehrkraft zu folgen haben. Da auf derartige Weise die Hinführung der Schüler zu der ganzheitlichen Handlungskompetenz nicht gewährleistet werden kann, Sport selbständig gestalten zu können bzw. sich aus den unterschiedlichen Möglichkeiten, Sport individuell oder in Gemeinschaft zu betreiben, für eine ihnen attraktiv erscheinende Form zu entscheiden, sind die oben genannten Forderungen in den Mittelpunkt gerückt. Mit den damit verbundenen Ansprüchen an Sportunterricht steigt die Notwendigkeit, Schüler auch gedanklich stärker in den Unterricht einzubeziehen, ihnen die Beweggründe für die Auswahl von Inhalten zu nennen, das methodische Vorgehen zu erläutern und sie an der Lösung von Unterrichtsproblemen zu beteiligen.

Damit kommt man auch gleichzeitig Schülerwünschen nach mehr Herausforderungen im Sportunterricht entgegen, wie sich u. a. aus Umfragen entnehmen lässt (vgl. Brettschneider, 2005, DSB-Sprint-Studie, S. 6).

Wer dem erzieherischen Ansatz einer ganzheitlichen Handlungsfähigkeit im Sportunterricht entsprechen will, kommt also nicht daran vorbei, sich auch mit dem Problem der Öffnung von Unterricht zu befassen.

Diese Öffnung von Unterricht ist eng verknüpft mit einer Problemorientierung (vgl. Neumann, 2009, S. 4). Die Öffnung besteht dann darin, dass Schüler z. B. zu Unterrichtsbeginn von der Lehrkraft in Form einer Bewegungsaufgabe mit einem Problem konfrontiert werden oder aber im Verlauf des Unterrichts selbst auf eine Situation stoßen, die sie als Problem empfinden. Für eine erfolgreiche Problemlösung durch die Schüler ist es dann wichtig, dass alle Schüler das Problem als solches erfassen. Der Lehrkraft kommt dabei die Aufgabe zu, für eine genaue Beschreibung des Problems zu sorgen, es eventuell einzugrenzen und im Gespräch mit den Schülern und Schülerinnen eine Aufgabenstellung zu entwickeln, die es den Lernenden ermöglicht, unter Anwendung ihres bisher erworbenen Wissens und Könnens selbständig Lösungsmöglichkeiten zu erarbeiten.

Eine weitere Möglichkeit zur Problemorientierung kann sich auch in Abschlussgesprächen am Unterrichtsende ergeben, wenn ein dort angesprochenes Problem wie etwa die Unzufriedenheit mit dem Verlauf oder der Organisation eines Spiels zu der Aufforderung an die Lerngruppe genutzt wird, um sie zu einer gedanklichen Auseinandersetzung aufzufordern und sich Verbesserungsmöglichkeiten für die kommende Stunde zu überlegen (vgl. Neumann, 2009, S. 6).

Sehr verbreitet ist die Öffnung des Sportunterrichts durch eine Erprobungsphase zu Stundenbeginn, in der die Schüler über eine Bewegungsaufgabe erste Erfahrungen mit einer neuen Bewegung sammeln können. Danach erfolgt dann häufig ein zügiger Übergang zu geschlossenen Unterrichtsformen, obwohl nach einem Erfahrungsaustausch durch eine präzisere Bewegungsaufgabe ein offenes Vorgehen auch weitergeführt werden kann (s. Beispiel für eine problemorientierte offenere Unterrichtsstunde, 6.2.3).

Weniger häufig wird die Chance gesehen, dass auch im Verlauf der Stunde eine Öffnung des Unterrichts möglich ist, auch und gerade wenn – entgegen verbreiteter Meinung – die Grundlagen in einer Sportart bereits gelegt sind. Denn nicht selten werden den Schülern Probleme erst im Verlauf des Übungsprozesses oder bei der versuchten Anwendung neu erlernter Techniken bewusst. Dabei können die nun wahrgenommenen Probleme nicht nur Bewegungsprobleme, sondern auch methodischer oder organisatorischer Natur sein (ebd., S. 4), wenn z. B. in einem Basketballspiel zwischen 2 gemischtgeschlechtlichen Teams Jungen wie Mädchen mit dem Spielverlauf unzufrieden sind. Die Mädchen beklagen, dass sie nie angespielt werden, die Jungen werfen den Mädchen vor, dass sie nur herumstehen.

Anstatt beide Gruppen lediglich zu einer besseren Kooperation im Spiel aufzufordern, können diese gegenseitigen Vorwürfe genutzt werden, die hinter dem jeweiligen Verhalten stehenden Gründe aufzudecken, Verständnis für die Sichtweise der jeweils anderen Gruppe zu erreichen und auf diese Weise die Basis zu schaffen für die Lösung des Problems durch die Lerngruppe selbst.

Voraussetzung für eine planvolle Öffnung ist jedoch, dass Lehrkräfte Problemsituationen wie die gerade beschriebene während der Planungsphase schon als Möglichkeit in Betracht ziehen. Denn wenn dies der Fall ist, fällt es ihnen leichter, eine solche Sachlage als Problematisierungschance im Unterrichtsverlauf zu erkennen und das aufgetretene Problem präzise zu benennen, wenn nötig einzugrenzen und den Lösungsprozess durch evtl. notwendige Anregungen zu steuern.

Eingeschätzt werden muss von der Lehrkraft zudem, ob die Schüler mit ihrem bisher erworbenen Wissen und Können voraussichtlich in der Lage sein werden, zu sinnvollen Lösungsvorschlägen zu kommen (ebd., S. 6). Wenn die Auseinandersetzung mit dem erfahrenen Problem produktiv verläuft und zu einem einsichtsvollen Handeln führt, ist auch ein gesteigertes Interesse und Engagement für das Thema zu erwarten.

Gleichzeitig bleibt trotz dieser erzieherischen Ausrichtung des Sportunterrichts aber auch der Anspruch bestehen, den Lernenden weiterhin sportartspezifische Bewegungs- und Handlungsmuster geschlossen zu vermitteln. Beiden Forderungen gerecht zu werden, sehen viele Lehrkräfte als schwer zu realisieren an. Insbesondere die gezielte Entwicklung von Bewegungskompetenzen einerseits und die geforderte Förderung von Selbsttätigkeit andererseits scheinen oft nur schwierig zu vereinbaren zu sein. Dies erscheint vor allem bezüglich der selbständigen Lösung von Bewegungsproblemen in höheren Klassenstufen nach bereits erfolgter Einführung von Bewegungen problematisch zu sein.

Geschlossener und offener Unterricht – ein Gegensatz?

Im Zusammenhang mit geschlossenen und offenen Unterrichtsformen wird häufig von unterschiedlichen Unterrichtskonzepten gesprochen (vgl. Bräutigam, 2006, S. 140–141). Diese Formulierung kann jedoch zu dem Missverständnis führen, dass es sich dabei um ein „Entweder – Oder" handelt. In der Unterrichtsrealität jedoch schließen sich diese beiden Unterrichtsformen keineswegs aus. Vielmehr kommt es in der Unterrichtspraxis häufig zu Mischformen. Es können innerhalb eines überwiegend geschlossen vermittelten Inhalts auch offene Phasen möglich und sinnvoll sein, wenn im Verlauf der Übungsphasen ein Bewegungsproblem auftritt. Andererseits ist es auch in einem offen gestalteten Unterricht sinnvoll, nach der Lösung eines Bewegungsproblems durch die Schüler diese Lösung in geschlossener Form umzusetzen.

So können z. B. über eine offene Aufgabenstellung erarbeitete Bewegungskriterien dann in geschlossener Form geübt werden. Dagegen kann ein im Rahmen einer eigentlich geschlossen vermittelten Bewegung wie dem Hürdenlauf beim Auftreten eines Bewegungsproblems wie der optimalen Gestaltung des Hürdenschritts – die Schüler springen über die Hürden anstatt sie zu überlaufen – die Aufgabe gestellt werden herauszufinden, wie man vom Springen über die Hürden zum Überlaufen kommen kann. Nach dem Herausfinden der optimalen Lösung kann diese dann in geschlossener Form umgesetzt werden. Mit anderen Worten, in der Regel geschlossen vermittelte Inhalte können in Teilbereichen offen gestaltet werden wie auch offene, problemorientierte Phasen in geschlossene übergehen können.

Beispiel für eine problemorientierte, offenere Unterrichtsstunde

Eine gängige Form der Verbindung von offenen und geschlossenen Unterrichtsphasen im Unterrichtsalltag ist der Stundeneinstieg über eine Erprobungsphase. Diese Art des Stundenbeginns wird besonders gern genutzt, wenn es um die Einführung einer Technik geht und die Lernenden erste Erfahrungen mit der Zielbewegung machen sollen. Der Einstieg erfolgt dabei über eine problematisierende Bewegungsaufgabe, an die sich eine Erprobungsphase anschließt.

Je nach Zielsetzung und Thema kann der Unterricht dann weiter problemorientiert fortgesetzt werden oder aber das weitere Unterrichtsgeschehen erfolgt in geschlossener Form.

Beispiel eines möglichen Stundenverlaufs: Spieleröffnung im Volleyball durch den Aufschlag:

Bewegungsaufgabe: Ein Problem wird thematisiert: *Zur Eröffnung der Spielhandlung soll entsprechend den Volleyballregeln der Ball von der Grundlinie des eigenen Feldes einhändig über das Netz in das gegnerische Feld geschlagen werden. Probiert mehrere Möglichkeiten aus und beobachtet euch dabei gegenseitig. Welche Formen sind Erfolg versprechend?*

Erprobungsphase I: Sammeln von Bewegungserfahrungen in der bewussten Auseinandersetzung mit der neuen Bewegung, gesteuert durch eine Beobachtungsaufgabe:

Wann gelingt der Aufschlag?

Vergleicht eure Aufschläge mit erfolgreichen Versuchen eurer Mitschüler.

Kognitive Phase I: Diskussion der Erfahrungen im Hinblick auf die Zielbewegung:

Welche Bewegungsausführung erscheint euch am erfolgreichsten bzw. am sinnvollsten? Warum?

– *Sammeln der Bewegungseindrücke,*

- *Ordnen und Strukturieren der Schülerbeiträge,*
- *Benennen von aufgetretenen Problemen,*
- *Demonstrieren von als gelungen angesehenen Lösungsvorschlägen,*
- *Erarbeiten von Bewegungsmerkmalen und deren Fixierung entweder als Hypothesen (bei offenem Fortgang)*
  oder als akzeptiertes Diskussionsergebnis (bei geschlossener Weiterführung),
- *Ergebnissicherung mit Akzentuierung entscheidender Aspekte für die Weiterarbeit.*

Erprobungsphase II bzw. Übungsphase I (je nach weiterer Zielsetzung):

Dazu entweder eine präzisere, weiterführende Bewegungsaufgabe auf der Basis der bisherigen Erkenntnisse wie *„Konzentriert euch jetzt auf Ausführungen von unten. Mit welcher Form erreicht ihr am ehesten eine konstante Ausführung? Wodurch gelingt es ohne großen Kraftaufwand, den Ball bis ins gegnerische Feld zu schlagen? Beobachtet euch gegenseitig und besprecht eure Erfahrungen mit euren Partnern."*

Oder eine präzisierte Bewegungsanweisung wie *„Nehmt Schrittstellung ein, die Beine sind dabei gebeugt. Schlagt den seitlich vom Körper in Hüfthöhe gehaltenen Ball nach einer Ausholbewegung mit gestrecktem Schlagarm und fixiertem Handgelenk geradlinig am Oberschenkel vorbei nach vorn – oben. Unterstützt die Schlagbewegung durch eine Körperstreckung nach vorn – oben."*

Kognitive Phase II:

- Sammeln und Diskussion der Erfahrungen und Beobachtungsergebnisse,
- Demonstration gelungener Aufschläge unter Angabe von verteilten Beobachtungsschwerpunkten,
- Fixierung der Ergebnisse in Form von Bewegungskriterien,
- Korrekturhinweise/visuelle Hilfen aufgrund von angesprochenen Fehlern/Problemen (wenige Einzelbilder sind oft sinnvoller als ganze Bildreihen).

Übungsphase I bzw. II: Konkrete bzw. weiterführende Bewegungsanweisungen mit Akzentuierung von Schwerpunkten z. B.:

1. *Trefft den Ball mit gewölbter Handfläche bei fixiertem Handgelenk.*
2. *Achtet auf die Koordination von Schlag und Beinsteckung.*
3. *Lauft mit der Körperstreckung nach vorn – oben dem Ball ins Spielfeld nach.*

Abschlussgespräch mit gelungenen Demonstrationen (evtl. mit verteilten Beobachtungsschwerpunkten), Diskussion der Erfahrungen und des weiteren Vorgehens wie Schwerpunktsetzung für die nächste Stunde.

1. *Wie hilfreich waren die gegebenen Hinweise (evtl. zu beobachteten Problemen nachfragen)?*
2. *Welche Kriterien waren schon erfüllt?*
3. *Welche Fehler waren noch zu sehen?*
4. *Was können die Ursachen für noch bestehende Probleme sein?*
5. *An welchen Schwerpunkten müssen wir weiterarbeiten?*

Es wäre eine Illusion anzunehmen, ein offen geplanter Sportunterricht würde die Planung wesentlich erleichtern. Das Gegenteil ist der Fall. Durch die Notwendigkeit, den Unterricht variabel den Reaktionen der Schüler auf offene Bewegungsaufgaben anpassen zu können, muss das mögliche Verhalten der Schüler auf die geplanten Impulse vorausbedacht werden, eventuell notwendige Abweichungen müssen einkalkuliert und Zusatzimpulse eingeplant werden.

Die Lehrkraft kann sich also nicht auf ein fest vorgezeichnetes Stundenkonzept verlassen, sondern muss im Stundenverlauf flexibel auf das Verhalten und die von den Schülern entwickelten Ideen und Probleme eingehen können und damit unterschiedliche Stundenverläufe einkalkulieren. Das setzt aber voraus, dass der Lehrende eine klare Vorstellung vom Lernstand der Lernenden, von deren Vorkenntnissen und Fähigkeiten hat. Damit wird auch klar, dass die Öffnung von Unterricht nicht überall möglich ist. Einerseits ist ein derartiger Unterricht nicht zu empfehlen, wenn man als Lehrkraft noch sehr wenig Unterrichtserfahrung hat und andererseits aber auch nicht, wenn man die Reaktionen der Schüler auf den geplanten Unterricht noch nicht abschätzen kann.

Außerdem wäre es ein Missverständnis zu glauben, ein durch Problemorientierung offener gestalteter Unterricht könnte auf geschlossene Phasen verzichten. Wie bereits an anderer Stelle erwähnt, können sich zur Öffnung des Unterrichts geeignete Probleme erst im Verlauf des Unterrichts ergeben. Aber auch wenn die Stunde mit einer offenen Bewegungsaufgabe beginnt, ist ein Verzicht auf geschlossene Phasen nicht sinnvoll, da konkrete Unterrichtsziele erreicht werden sollen. Denn nach der Vorstellung von Lösungsvorschlägen zu den gestellten Bewegungsaufgaben und deren Diskussion sollen die Lösungen, die sich als sinnvoll erwiesen haben, umgesetzt werden, was dann in der Regel in geschlossener Form geschieht, wie es in dem oben vorgestellten Beispiel vorgeschlagen wird.

Ziel eines Sportunterrichts, der von dem Wechsel aus offenen Aufgabenstellungen und geschlossenen Phasen geprägt ist, bleibt letztendlich, die Schüler durch entdeckendes und problemlösendes Lernen zum Mitdenken und bewussten Mitgestalten ihres eigenen Unterrichts anzuleiten und so ihre Selbständigkeit zu fördern.

6.3 Öffnung von Unterricht – auch bei der Vermittlung sportartspezifischer Handlungsmuster

6.3.1 Voraussetzungen für die Öffnung von Unterricht

Wer also diesen ganzheitlichen Erziehungsauftrag von Sportunterricht ernst nimmt, kommt nicht umhin, Schüler zu einer aktiveren Mitgestaltung des Unterrichts aufzufordern, was eine zumindest partielle Öffnung beinhaltet. Eine derartige Öffnung des Unterrichts setzt aber wiederum voraus, dass der Unterrichtende eine **Transparenz** im Unterricht schafft, die es den Schülern ermöglicht, Aspekte des Unterrichts wie Planungsschritte, Absichten und Ziele nachzuvollziehen, bevor erwartet werden kann, dass sie sich selbst aktiv in die Gestaltung des Unterrichts einbringen können.

Für die Bereitschaft der Schüler dazu ist neben der auf Transparenz beruhenden **gedanklichen Mitnahme** durch die Lehrkraft (vgl. Funke-Wienecke, 1995, S. 14) entscheidend, dass Schüler mit Aufgaben konfrontiert werden, in denen sie auf Probleme stoßen, die sie und ihre Fähigkeiten herausfordern, selbst nach Lösungen für aufgetretene Probleme zu suchen. Allerdings sehen Schüler diese Probleme oft überhaupt nicht oder sie fühlen zwar eine gewisse Unzufriedenheit oder Unsicherheit in bestimmten Handlungssituationen, ohne jedoch die Ursache dafür zu erkennen. Deshalb weist Funke-Wienecke zur Vorbereitung auf eine problemorientierte „bewegungsbezogene Interaktion“ (ebd., S. 10) auf die Notwendigkeit des **Mitinterpretierens** seitens der Lehrkraft auf sachlicher und emotionaler Ebene hin (ebd., S. 14). D. h., die Lehrkraft muss versuchen, eine Unterrichtssituation aus der Sicht der Schüler zu betrachten, um auf diese Weise zu analysieren, welche Probleme die Lernenden mit einem Lerngegenstand bzw. einer Handlungssituation haben könnten und welche Ursachen dafür verantwortlich sind. Fehlt ihnen z. B. das Wissen, Handlungszusammenhänge zu erkennen bzw. richtig einzuordnen oder sind es technische Mängel oder Ängste, die einen Unterrichtserfolg verhindern können?

Zusammenhänge erfassen – Probleme erkennen

Um es konkret zu formulieren, solange Lena nicht weiß, warum es für sie vorteilhaft ist, den hohen Aufschlag hoch und weit ins Hinterfeld der Partnerin auf der anderen Seite des Netzes zu spielen, wird sie ihre Schläge auf die gegenüberliegende Zentralposition ebenso wie ihre Partnerin nicht als Problem sehen. D. h. also, erst wenn sie die mit hohen und weiten Aufschlägen verbundene Absicht begriffen hat, kann sie das Problem erkennen, es zu ihrem eigenen machen und an die Problemlösung gehen.

Indem die Lehrkraft sich also bezüglich der gestellten Aufgabe in die Lage der Lerngruppe versetzt, kann sie im Sinne des Mitinterpretierens erkennen, dass die Schüler anfangs nicht nur wegen der hinderlichen Vorerfahrungen aus dem Federballspiel mit dem hohen weiten Schlag ins gegenüber liegende Hinterfeld Probleme haben werden, sondern auch, solange sie die mit dem Schlag verbundene Absicht nicht kennen.

Im Badminton müssen also die Unterschiede zum Federball und die Spielidee geklärt werden, bevor ein badmintonspezifisches Verhalten erwartet werden kann.

In anderen Sportspielen z. B. entstehen Probleme häufig dann, wenn die Schüler eine Technikschulung erfahren haben, ihre erworbenen Fertigkeiten aber kaum oder gar nicht einsetzen, da ihnen die Spielidee nicht klar ist und/oder das notwendige taktische Verständnis fehlt.

Nehmen wir noch einmal das Beispiel der unzufriedenen Lerngruppe mit ihrem Basketballspiel auf. Die Mädchen beklagten sich, nicht wirklich ins Spiel einbezogen zu werden, vielleicht auch, weil sie überhaupt nicht in die Lage kommen, den gerade erlernten Korbleger einzusetzen. Was sie dabei nicht begreifen ist, dass sie selbst aktiv dazu beitragen müssen, wenn sie angespielt werden wollen. Erst wenn sie ein Prinzip wie *give and go* verstanden haben und nach einem Pass an ihrem Gegenspieler vorbei in den freien Raum laufen, können sie erwarten, angespielt zu werden und eventuell zu einem Korbwurf kommen.

Voraussetzung dafür, dass Schüler Probleme wie die Ursachen für so entstehende Unsicherheit bzw. Unzufriedenheit in bestimmten Handlungssituationen erkennen, ist also, dass sie die Zusammenhänge erfassen können, die für die jeweilige Handlungssituation entscheidend sind. Erst danach können ihnen die konkreten Probleme bewusst werden.

Dieses **Verständnis für die Lernenden** ist eine wesentliche Voraussetzung für einen auf gedanklicher Mitnahme und Verständigung basierenden offenen, problemorientierten Unterricht.

Analyse der Bedingungen

Laging spricht deshalb in diesem Zusammenhang von der Notwendigkeit der „**Vor-Thematisierung und Vor-Inszenierung**“ durch die Lehrenden, (Laging, 2007, S. 135), um sich so die didaktischen und methodischen Möglichkeiten eines Bewegungsproblems vergegenwärtigen zu können und auf evtl. darüber hinaus notwendige Zusatzimpulse nach einer offenen Aufgabenstellung vorbereitet zu sein.

Um allerdings zu den entsprechenden Erkenntnissen zu gelangen, muss man sich als Lehrkraft aber erst einmal selbst die mit dem jeweiligen Lerngegenstand verbundenen Zusammenhänge klar machen, was ohne eine umfassende **sachlogische Auseinandersetzung** und **Analyse der Bedingungen** für das Gelingen kaum möglich ist (Sach- bzw. Sachstrukturanalyse). Nur auf dieser Basis können Aspekte wie mögliche Themen, Aufgaben, Missverständnisse, eventuelle Lernprobleme, Vorbehalte oder Ängste auf Seiten der Schüler, Interferenzen aber auch Öffnungsmöglichkeiten und mögliche Problemstellungen in den Blick geraten und ein Mitinterpretieren und die daraus ableitbare Transparenz ermöglichen.

Allerdings wäre es unsinnig zu fordern, Sportunterricht generell offen und problemorientiert zu gestalten (vgl. Achtergarde, 2008, S. 35). Es gilt deshalb zu analysieren, an welchen Stellen Sportunterricht geöffnet werden kann, wo sich für die Schüler wirkliche Problemstellungen ergeben können und wie der Unterricht zu inszenieren ist (vgl. Laging, 5/2000), damit darauf hingearbeitet werden kann, dass Schüler Probleme erkennen und sie als ihre eigenen ansehen.

Badminton: Von der Spielidee zur Problemfindung

Nehmen wir das Beispiel Badminton. Es geht dabei im Gegensatz zu Federball nicht darum, den Ball dem anderen Spieler so zuzuspielen, dass dieser ihn bequem wieder hoch zurückspielen kann und so das Spiel möglichst lange aufrechtzuerhalten, sondern den Spieler gegenüber als Gegner zu betrachten und daher den Ballwechsel schnell mit einem Punktgewinn zu beenden bzw. den Gegner zu Fehlern zu zwingen. Das ist vielen Schülern aber zunächst nicht klar, und aus Übungszwecken ist anfangs ein schneller Punktgewinn auch nicht unbedingt anzustreben z. B. bei der Festigung des Vorhand-Überkopf-Clears.

Angenommen, der einleitende Impuls der Lehrkraft ist eine offene Aufgabenstellung wie etwa:

Spielt euch die Bälle hoch und möglichst weit zu. Der Ball muss aber unterhalb von Hüfte und Hand ins Spiel gebracht werden. Reagiert darauf mit einem weiten Schlag oberhalb des Kopfes.

Wie Lena und ihre Partnerin werden viele Schüler es zunächst als erfolgreiche Umsetzung der Aufgabenstellung betrachten, wenn ihnen die geforderte Spieleröffnung annähernd gelingt und sie das Spiel mit Überkopfschlägen aufrechterhalten können.

Erst mit dem Klären der Spielidee wird für die Schüler die notwendige Transparenz geschaffen und eine gedankliche Mitnahme ermöglicht.

Um sich entsprechend der Spielidee verhalten zu können, fehlen den Schülern aber zunächst die Voraussetzungen, die der Spielidee zugrunde liegenden Absichten umzusetzen, was nach Begreifen des Spielgedankens zur Unzufriedenheit mit den bisherigen Schlägen führt, da die hohen Aufschläge und Überkopf-Clears in den Bereich der gegenüberliegende Zentralposition nun nicht mehr als erfolgreich angesehen werden.

Durch dieses von Funke-Wienecke *Mitinterpretieren* genannte Hineinversetzen in die Schüler ergibt sich ein weiterer Ansatzpunkt für eine problemorientierte Vermittlung, da die Schüler jetzt die Probleme bewusst wahrnehmen. Im Sinne des Mitinterpretierens ist es auf sachlicher Ebene die Erkenntnis der Schüler, ***„meine Schläge sind zu kurz“***, auf emotionaler Ebene die sich daraus ergebende Unzufriedenheit mit der eigenen Leistung.

Mit dieser Erkenntnis *„**Es gelingt mir nicht, den hohen Aufschlag und den Überkopf-Clear weit genug zu spielen**“*, machen die Schüler diese Bewegungsprobleme zu ihren eigenen und sind bereit, sich aktiv an der Lösungssuche zu beteiligen.

Voraussetzung für die Bereitschaft der Schüler, sich aktiv mit Bewegungsproblemen auseinander zu setzen, ist also, dass das Problem der Absichtsbildung, *„**Mein hoher Aufschlag muss bis ins Hinterfeld gehen**“*, geklärt ist, bevor von den Lernenden eine sinnvolle Absichtsrealisation erwartet werden kann, *„**Ich muss es schaffen, meine Aufschläge bis ins gegenüberliegende Hinterfeld zu spielen!**“* (vgl. Funke-Wienecke, 1995, S. 17).

Sensibilisierung für die Verbesserung der Bewegungsqualität

Im Sinne einer Vor-Thematisierung muss die Lehrkraft ihre Vorstellungen mit dem aktuellen Wissens- und Könnensstand der Lerngruppe abgleichen.

Da die Schüler noch keine genaue Bewegungsvorstellung von den betreffenden Schlägen haben, sind demnach Aufträge zur gegenseitigen Beobachtung verbunden mit einer Frage wie etwa *„**Was unterscheidet gute und weniger gute Schläge?**“* angebracht. Als Ergebnis der Auswertung derartiger Beobachtungen können dann Bewegungskriterien erarbeitet und der Funktionszusammenhang von Teilbewegungen verdeutlicht werden als Basis für eine zielgerichtete individuelle Verbesserung der Bewegungs- und Beobachtungskompetenz sowie der Analysefähigkeit.

Fragen an die den Aufschlag annehmenden Spieler wie *„**Ermöglichen die zugespielten hohen Aufschläge, dass ihr den Überkopf-Clear, ausgehend von der Zentralposition, nach einer Rückwärtsbewegung mit gestrecktem Arm oberhalb des Kopfes annehmen könnt?**“* machen zusätzlich sensibel für die Qualität der Schläge, so dass sich die Schüler evtl. fragen:

– *„Muss ich überhaupt zurücklaufen?“*
– *„Komme ich überhaupt in die Situation, zum Überkopf-Clear eine Stemmbewegung einsetzen zu können?“*
– *„Kann ich den Überkopf-Clear denn mit gestrecktem Arm spielen?“*

Derartige Fragen zeigen, dass auch die retournierenden Spieler keinen wirklichen Lernfortschritt erzielen können, wenn sie aufgrund von schlecht zugespielten hohen Aufschlägen keine Schleifenbewegung beim Ausholen, keine Rückwärtsbewegung in seitlicher Stellung mit anschließender Stemmbewegung auszuführen brauchen und häufig gezwungen sind, mit gebeugtem Arm zu retournieren, weil ihnen die Bälle nicht hoch und weit genug zugespielt werden.

Auf diese Weise wird den Spielern auf beiden Seiten des Netzes trotz des angestrebten Gegeneinanders ihre **positive Abhängigkeit** vor Augen geführt. Sie begreifen, dass sie mit der Umsetzung der erarbeiteten Bewegungskriterien sich gegenseitig herausfordern und so ein bewegungsintensiveres Spielerlebnis erfahren können.

Problemorientierung in der Oberstufe

Nun wird häufig eingewendet, dass es nach der Einführung von Sportarten in der Sekundarstufe I zunehmend schwieriger werde, Möglichkeiten zur Problemorientierung zu finden. Gerade im Oberstufenunterricht, in dem es bezüglich des Bewegungslernens überwiegend um die weitere Ausprägung schon in der Mittelstufe erlernter Bewegungsfertigkeiten geht und der daher traditionell eher in geschlossener Form unterrichtet wird, übersieht man häufig die sich dabei ergebenden Möglichkeiten der Öffnung und Problemorientierung.

Um beim Badminton zu bleiben, kann z. B. die Frage *„ **Welche Ursachen sind für zu kurze oder ungenaue Schläge verantwortlich?** “* die Schüler über Beobachtungsaufgaben zur Fehlersuche herausfordern, um dann an Lösungsmöglichkeiten zu arbeiten.

Weitere lohnenswerte Möglichkeiten zur Problemorientierung lassen sich auch im Taktikbereich der Sportspiele finden wie z. B. die Entwicklung von Schlagkombinationen in den Rückschlagspielen.

Gute Öffnungsmöglichkeiten bieten sich auch in den Zielschussspielen, wie dies an folgendem Beispiel deutlich wird.

Bezogen auf die Einführung des Sprungwurfs im Handball oder die des Korblegers im Basketball, ergeben sich Probleme z. B. immer dann, wenn nach der Einführung des Sprungwurfs oder des Korblegers festgestellt wird, dass die jeweilige Technik in isolierten Situationen beherrscht, jedoch im Spiel nicht eingesetzt wird. Bei der Analyse der Ursachen wird dann deutlich, dass den Lernenden häufig wichtige Voraussetzungen für eine angemessene Anwendung der erlernten Würfe fehlen.

Ohne taktische Kenntnisse (z. B. *Wann und wohin muss ich laufen? Welcher Abstand zum Gegner ist angebracht?*) und ohne das Wissen, dass es im Handball darauf ankommt, für sich oder einen Mitspieler eine Lücke im gegnerischen Abwehrverband zu schaffen bzw. im Basketball einem Mitspieler oder sich selbst den Raum für den Zug zum Korb für einen Erfolg versprechenden Wurf zu eröffnen, kann man eine situationsangemessene Umsetzung der frisch erworbenen Fertigkeiten von den Lernenden nicht erwarten.

Die Frage etwa *„ **Woran liegt es, dass der Korbleger bzw. der Sprungwurf von euch im Spiel so selten eingesetzt wird?** “* bringt die Schüler im Sinne der Absichtsbildung dazu, sich über die Analyse von Spielsituationen bewusst mit den Ursachen dieser Probleme auseinanderzusetzen, um sich dann durch die Suche nach Lösungen der Absichtsrealisation zuzuwenden.

Fragen wie *„ **Wodurch können Mitspieler euch helfen, in eine günstige Wurfposition zu gelangen?“ „Was könnt ihr selbst tun, um zu einem erfolgreichen Abschluss zu kommen?** “* liefern den Schülern gedankliche Impulse und deuten die Richtung für Lösungsansätze an.

Schüler können so erkennen, dass sie die Lösung ihrer Probleme im Miteinander suchen müssen und evtl. zusätzliche technische und taktische Mittel wie Täuschungshandlungen oder das Sperren bzw. Blocken benötigen.

Voraussetzung dafür, dass die Lernenden auch eigenständig zu sinnvollen Lösungsansätzen kommen können, ist also die gedankliche Vorbereitung der Lerngruppe auf die vorgesehene offene Aufgabenstellung und eine klare Beschreibung der Situation, für die Lösungen gefunden werden sollen. Das aber wird häufig vernachlässigt.

Nehmen wir an, eine Lerngruppe hat im Basketball den Korbleger erlernt, ist aber zu der Erkenntnis gekommen, dass die Anwendung im Spiel, wenn überhaupt, nur zufällig gelingt. Da die Schüler dies als Problem erkannt haben, stellt die Lehrkraft ihnen die Aufgabe: *„**Findet Möglichkeiten, zu einem Korbleger zu kommen**“*.

Aus Sicht der Lehrkraft mit Ihrem Sachwissen ist eine derartige Aufgabenstellung unmissverständlich. Für die Lernenden aber, die keine Basketballerfahrung haben, nicht unbedingt.

Ohne die Frage zu klären, wann die Gelegenheit für einen Korbleger gegeben ist, sind Schüler ohne Basketballerfahrung womöglich ratlos. Erst wenn für alle klar ist, dass der Weg zum Korb durch eine Lücke in der Abwehr geschaffen werden muss, indem z. B. von einem Mitspieler ein Block gestellt wird, ist die Voraussetzung für eine Aufgabenlösung gegeben. Die Fragestellung an die Schüler sollte demnach etwa lauten: *„**Wie schaffe ich in der Abwehr eine Lücke für mich oder einen Mitspieler?**“* Wenn daraufhin geklärt ist, dass es darum geht, eine Überzahlsituation zu erzeugen bzw. das Eingreifen eines Abwehrspielers zu verhindern, kann als Zusatzimpuls dann noch die Frage hinzugefügt werden: *„**Wodurch erreicht man eine solche Situation?**“* Mit dieser Zielvorgabe wird den Lernenden ein wesentliches Ziel des Basketballspiels bewusst gemacht, was die Voraussetzung ist für erfolgreiche Aufgabenlösungen wie Täuschungsbewegungen, Schneiden zum Korb, „Give and Go“, Blocken und Abrollen.

Die Lehrkraft muss sich also fragen, welche Voraussetzungen sie im Vorfeld schaffen muss, damit die Schüler sinnvolle Lösungen finden können. Dazu würde in dem genannten Fall z. B. gehören, Verteidiger durch Finten zum Absinken zu veranlassen oder das Binden von Abwehrspielern durch das Stellen eines Blocks.

Fazit

Im Spannungsfeld zwischen Geschlossenheit und Offenheit ergeben sich bei der Vermittlung von sportartspezifischen Handlungsmustern immer auch Situationen, in denen Probleme auftreten, die nach der Erarbeitung von Sinnzusammenhängen, gedanklicher Auseinandersetzung, Erprobung von Lösungen und deren Diskussion verlangen. Den Lernenden wird damit Gelegenheit zu einer aktiven Mitgestaltung ihres Unterrichts eröffnet. Gleichzeitig wird auf diesem Weg auch eine im Sinne des modernen Bildungsverständnisses geforderte Verknüpfung der verschiedenen Kompetenzbereiche zur Ausbildung einer ganzheitlichen Handlungskompetenz ermöglicht. Das selbständige Erschließen von Lösungen fördert die Methodenkompetenz, durch die Möglichkeit zur Mitgestaltung entwickeln sich Selbstvertrauen und Selbständigkeit, und die Notwendigkeit, aufeinander einzugehen und Absprachen zu treffen, trägt zur Verbesserung der Sozialkompetenz bei.

Die hier beschriebenen Beispiele zeigen, wie sich geschlossene Unterrichtsabschnitte mit offenen sinnvoll kombinieren lassen. Voraussetzung für eine erfolgreiche, problemorientierte Öffnung ist jedoch die auf Transparenz basierende gedankliche Mitnahme der Lernenden. Die wiederum ist gegründet auf ein Sich-Hineinversetzen in die Gedanken, Gefühle und Erwartungen der Schüler im Sinne des Mitinterpretierens, was eine Analyse des Wissens und Könnens der jeweiligen Lerngruppe einschließt. Auf dem Wege einer Vor-Thematisierung und Vor-Inszenierung wird dann eine planvolle problemorientierte Öffnung des Unterrichts möglich und den Forderungen eines ganzheitlichen Erziehungsauftrags Rechnung getragen.

6.4 Weitsprung einmal anders

Beispiel 1: Problematisierung von Flugphase und Landung

Dienstagnachmittag, es ist Sommer. Der Grundkurs zum Bereich *Laufen – Springen – Werfen* Jahrgang 12 (15 Jungen, 4 Mädchen) blickt mir als Vertretungslehrer auf dem Sportplatz erwartungsvoll entgegen. Die Jungen und ein Mädchen haben sich auf Fußball eingestellt, die anderen 3 haben keine besonderen Erwartungen, wie sie später bekennen.

Ich nehme für alle Fälle einen Fußball mit, aber eigentlich geht es mir gegen den Strich, so einfach dem Muster einer klassischen Vertretungsstunde zu entsprechen. Deshalb beschließe ich, einen Versuch zu wagen.

Ich treffe mich mit dem Kurs neben dem Tor an der Weitsprunganlage und eröffne den Schülern nach der Begrüßung, dass ich mit ihnen gerne einen Versuch machen möchte, wie sie sich im Weitsprung – im Schulbereich ist das in der Regel der *Schrittweitsprung* – kurzfristig verbessern können. Danach könnten sie Fußball spielen. Wenn sie mein Vorhaben nicht attraktiv finden sollten, könnten wir den Versuch abbrechen und gleich zum Fußballspiel übergehen. Durch die Aussicht auf eine Verbesserung ihrer Weitsprungleistung war jedoch das Interesse der meisten Schüler geweckt. Sie waren damit einverstanden, sich auf den Versuch zur Verbesserung ihrer Weitsprungleistung einzulassen.

Die hinter diesem Vorgehen stehende Überlegung war, dass die meisten Schüler in der Oberstufe die Erfahrung machen, dass sie sich im Weitsprung kaum noch oder überhaupt nicht verbessern, was nach der anfänglichen Bereitschaft, ihre aktuelle

Leistungsfähigkeit in diesem Bereich zu testen, sehr schnell zu Enttäuschungen und Frustration führt. Dies wurde mir auch von den Mitgliedern dieses Kurses bestätigt.

Gefragt, wo sie beim Weitsprung bisher Probleme hatten, wurden genannt:

- *Unsicherheit beim Anlauf wie Trippelschritte vor dem Absprung, falsches Absprungbein,*
- *kein Treffen des Balkens beim Absprung,*
- *Festlegen der richtigen Anlauflänge.*

Daraufhin erläuterte ich den Schülern meine Überlegungen, in dieser Stunde diese Probleme durch eine starke Verkürzung des Anlaufs auf 7 Schritte zu umgehen und nannte die damit zu erzielenden Vorteile:

- Mit 7 Schritten ist eher ein gleichmäßiger Anlauf zu erreichen,
- Die geringere Anlaufgeschwindigkeit erleichtert das Treffen des Absprungbereichs,
- Die Gefahr, mit dem falschen Bein abzuspringen, wird minimiert,
- Die durch diese Maßnahmen gewonnene Sicherheit ermöglicht die Konzentration auf den Absprung,
- damit wird gleichzeitig die Möglichkeit eröffnet, sich mit anderen Schwerpunkten des Weitsprungs und der Eigenwahrnehmung zu beschäftigen,
- es sind deutlich mehr Sprungversuche möglich.

Ich stellte nun eine These in den Raum: **Die meisten Schüler verschenken Weite bei der Landung!**

Um dies zu überprüfen, erhielten die Kursteilnehmer die Aufgabe: *„**Messt euch einen 7-Schritt-Anlauf aus, und beobachtet euch selbst und die anderen Kursteilnehmer bei 2 Sprüngen**“.*

In einer Gesprächsrunde wurden anschließend die Erfahrungen und Beobachtungen gesammelt. Dabei wurden überwiegend zwei kritische Punkte beobachtet.

- *Die meisten Schüler fallen nach der Landung nach vorn.*
- *Einige (wenige) landen fast stehend.*

Die Eigenwahrnehmungen der Mehrheit gingen weitgehend in eine Richtung und gipfelten in der Aussage: *„Ich hab bei der Landung noch so viel Power, dass ich mich fast überschlage“!*

Für die zweite Gruppe ließ sich zusammenfassend der Eindruck festhalten, *dass sie schon kurz nach dem Absprung wieder landeten.*

Zur Ursachenforschung erhielten die Schüler nun den Auftrag: *„**Macht einem weiteren Sprung und beobachtet dabei besonders die Landung. Fallen Gemeinsamkeiten auf bei denen, die nach vorn fallen und denen, die fast im Stehen landen?**“*

Die anschließend gesammelten Beobachtungsergebnisse ergaben ein sehr eindeutiges Bild.

1. *Wer nach vorn fällt, winkelt die Beine, genauer die Unterschenkel an.*
2. *Je stärker die Unterschenkel angewinkelt werden, umso deutlicher ist der Impuls nach vorn.*
3. *Wer höher abspringt, fällt nicht so leicht nach vorn.*
4. *Wer beim Abspringen das Schwungbein nicht einsetzt, landet im Stehen.*

Als Konsequenz aus diesen Erkenntnissen ergaben sich für die nächsten Sprünge:

Wir müssen die Füße bei der Landung nach vorn bringen.

Wir müssen versuchen, durch den Abdruck vom ganzen Fuß[1] *und einen stärkeren Schwungbein- und Armeinsatz höher abzuspringen.*

*Die neue Aufgabenstellung lautete: „**Versucht jetzt in mehreren Sprüngen, die gewonnenen Erkenntnisse umzusetzen. Beobachtet euch wieder gegenseitig und achtet bei euren Sprüngen darauf, was sich gut anfühlt und was nicht.**"*

Die anschließend zusammengetragenen Erfahrungen und Eindrücke waren zwar insgesamt positiv aber auch z. T. deutlich abgestuft.

Die Unterschenkel wurden bei der Landung nur noch selten stark angewinkelt, der Schwungbeineinsatz – z. T. kombiniert mit einem Armeinsatz war bei einigen verstärkt zu sehen, einige nahmen auch die Arme bei der Landung mit nach vorn – dennoch waren viele mit ihren Sprüngen noch nicht zufrieden, was sich in folgenden Bemerkungen äußerte:

- *Es ist gar nicht so einfach, die Füße nach vorn zu bringen.*
- *Die Sprünge fühlen sich noch nicht wirklich gut an.*
- *Es ergibt noch keine flüssige Bewegung, wenn ich die Arme mit nach oben nehme.*

Derartigen Aussagen standen aber auch ausgesprochen positive Reaktionen gegenüber wie:

„Ich habe jetzt ein richtig gutes Gefühl beim Springen und komme deutlich weiter."

Bei der Ursachenforschung für die Unzufriedenheit ergab sich, dass die meisten gleich nach dem Absprung den Oberkörper nach vorn beugten und versuchten, die Hände bei der Landung zu den Füßen zu bringen. Dadurch hatten sie aber den richtigen Eindruck, früher zu landen, da sie durch die sofortige Oberkörpervorlage keinen deutlichen Abdruck nach oben erzeugen konnten. Andere hatten beim Absprung beide Arme gleichzeitig nach oben geführt. Die Analyse von 2 demonstrierten Sprüngen, die sich „gut angefühlt" hatten, ergab, dass

- *die Springer einen ausgeprägten Schwungbein- und Armeinsatz zeigten,*
- *dabei die Arme <u>nacheinander</u> nach oben führten,*
- *dadurch in der Flugphase eine aufrechte Körperhaltung einnahmen,*

[1] Dieser Hinweis wurde von mit als Zusatzinfo eingegeben

- *erst kurz vor der Landung die Körperspannung auflösten und die Arme durch Vorklappen des Oberkörpers zu den Füßen führten,*
- *die Arme aber bei der Landung nicht starr vorn behielten, sondern an den Knien vorbei schwingen ließen,*
- *sie sich bei der Landung zur Seite fallen ließen.*

Aufgrund dieser Erkenntnisse lautete die nächste Aufgabe: *„**Nehmt beim Absprung die Arme nacheinander nach oben und klappt erst vor der Landung den Oberkörper nach vorn.**“*

Daraufhin entstand eine sehr intensive Übungsphase, in der es den meisten Schülern recht zügig gelang, die erarbeiteten Erkenntnisse in qualitativ deutlich bessere Sprünge umzusetzen. Vor allem durch die verbesserte Armführung kam es zu einem besseren Absprungverhalten mit aufrechter Körperhaltung. Gleichzeitig fiel es den Schülern nun wesentlich leichter, durch die Auflösung der Körperspannung am Ende der Flugphase die Füße deutlich vor den Körperschwerpunkt zu bringen. Vor allem aber hatten die Schüler nun ein gutes Gefühl bei ihren Sprüngen, was dazu führte, dass sie lieber weiter an ihren Sprüngen arbeiten wollten, als zum Fußballspiel überzugehen.

Fazit

Das gewählte Vorgehen führte zu einer sehr engagierten Beteiligung der Schüler. Dies zeigte sich nicht nur in intensiven Sprungversuchen, sondern auch in der Bereitschaft, sich gegenseitig zu beobachten und das Beobachtete sowie ihre Eigenwahrnehmung zu diskutieren und zu analysieren. Das Ergebnis war schließlich eine deutliche Verbesserung ihrer Weitsprungtechnik, ein Gewinn an Selbständigkeit, Analyse- und Wahrnehmungsfähigkeit sowie ein gesteigertes Selbstvertrauen in die eigenen Fähigkeiten.

Mit der Idee, durch zielgerichtetes Erproben über gedankliche Anstöße einen passenden Weitsprungstil zu entwickeln, kann hinsichtlich der Bewegungskompetenz die individuelle Verbesserung der Weitsprungtechnik angestrebt werden, die gedanklichen Anstöße können die Beobachtungs- und Analysefähigkeit steigern, die Selbstkompetenz kann durch einen Zuwachs an Selbständigkeit und Wahrnehmungsfähigkeit verbessert werden und Impulse zur Verbesserung der Sozialkompetenz werden über die das notwendige Kooperieren gegeben. Damit kann der Forderung an Sportunterricht nach einer ganzheitlichen Handlungskompetenz entsprochen werden.

Die Reaktionen der Schüler auf diesen Versuch belegen aber auch, dass es sich lohnt, die Forderung nach einer gedanklichen Mitnahme der Schüler ernst zu nehmen. Über das Schaffen von Problembewusstsein auf Seiten der Schüler, herausfordernde Aufgabenstellungen und das Bewusstmachen funktionaler Zusammenhänge kann es gelingen, Schüler zu einer weitgehend selbständigen Auseinandersetzung mit Bewegungsproblemen und zur gemeinsamen Suche nach für sie sinnvollen Lösungen anzuregen.

Voraussetzung für eine erfolgreiche Umsetzung des beschriebenen Konzepts sind jedoch 2 parallele Weitsprunganlagen und 90 Minuten Unterrichtszeit.

Man sollte in diesem Zusammenhang auch die Chance nutzen, die angesprochenen positiven Erfahrungen der Lernenden im Rahmen eines Gesprächs im Anschluss zu thematisieren. Denn wenn diese positiven Erfahrungen/Erlebnisse über ein Gespräch ins Bewusstsein gehoben werden, kann man damit rechnen, dass auf diese Weise eine dauerhafte Verhaltensänderung angestoßen wird. Anstoß für ein derartiges Gespräch könnte z.B. die Frage sein: *Was habt ihr in dieser Unterrichtsstunde gelernt?*

Beispiel 2: Problematisierung des Armeinsatzes

Eine andere attraktive Möglichkeit, Schüler zu motivieren, sich mit einem Bewegungsproblem selbständig auseinanderzusetzen ist, sie mit einem einzelnen Foto einer komplexen Bewegung zu konfrontieren und dieses Foto mit einer Reihe von Fragen zu kombinieren.

Zu dem folgenden Beispielfoto, das eine Weitspringerin in der Flugphase zeigt, können Aufgabenstellungen, wie die beigefügten, die Lerngruppen zu einer intensiven Auseinandersetzung mit Weitsprungbewegungen bewegen, indem sie über eigene Bewegungsversuche die gezeigte Bewegung nachempfinden und so den Funktionszusammenhang der einzelnen Teilbewegungen erfassen.

I. ***„Wir haben festgestellt, dass neben der Anlaufgeschwindigkeit auch die Höhe des Sprungs und die Landung wesentliche Einflussgrößen für die Sprungweite sind. Die Absprunghöhe wiederum wird unterstützt durch Schwungbein- und Armeinsatz.***
Beide haben aber auch Einfluss auf die Landung.
Führt mehrere Sprünge durch, zunächst mit 7 Anlaufschritten, später dann mit verlängertem Anlauf. Beobachtet dabei gegenseitig eure Arm- und Beinbewegungen.
Welche erscheinen euch am günstigsten?“

II. ***„Tauscht eure Erfahrungen aus. Kommt ihr dabei zu einer einheitlichen Erkenntnis?“***

III. ***„Betrachtet das beigefügte Bild und beantwortet die folgenden Fragen“:***

1. Mit welchem Bein ist die Springerin abgesprungen?
2. Welchen Arm führt sie zuerst nach oben?
3. Wo hat sich dieser 1. Arm beim Absprung befunden?
4. Wann führt sie den Arm nach oben?

5. Wie macht sie das?
6. Wann führt sie den 2. Arm nach oben und mit was für einer Bewegung?
7. Wo befinden sich die Arme voraussichtlich auf gleicher Höhe?
8. Was muss die Springerin tun, damit sie bei der Landung beide Beine deutlich vor dem Körper halten kann?
9. Wo befinden sich die Arme wohl bei der Landung und unmittelbar danach?

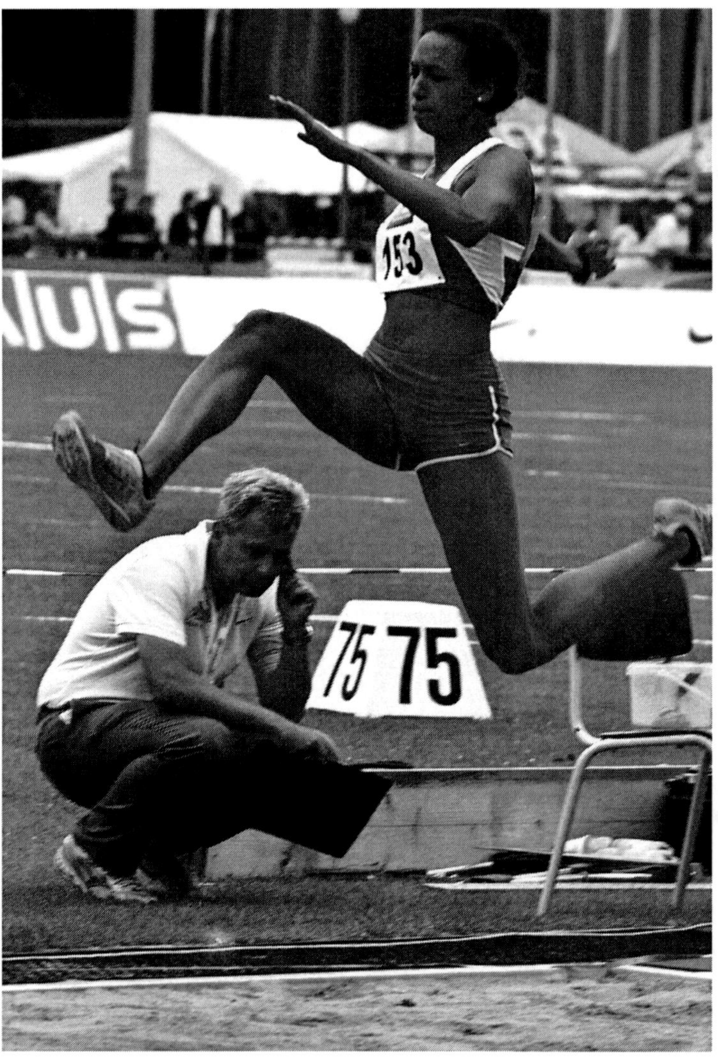

Weitspringerin in der Flugphase
Aus: https://pixabay.com/de/photos/Weitsprung

Nach der Diskussion der gewonnenen Erkenntnisse und deren Bündelung sowie der Demonstration gelungener Versuche erfolgt die Umsetzung.

IV. ***„Macht nun weitere Sprünge und versucht, den gesehenen Arm- und Beineinsatz zu kopieren. Überprüft dabei eure Thesen durch weitere Beobachtungen."***

V. **Auswertungsgespräch mit Demonstrationen gelungener Sprünge und Festhalten der Ergebnisse.**

6.5 Selbständige Erarbeitung des Funktionszusammenhangs von Teilbewegungen des Hürdenlaufs anhand eines Fotos

Ein anderes Beispiel für den Einsatz eines einzelnen Fotos zur selbständigen Bearbeitung einer Aufgabenstellung thematisiert den Hürdenlauf. Mit Hilfe dieses Fotos lässt sich der Wirkungszusammenhang der verschiedenen Teilbewegungen anschaulich erarbeiten:

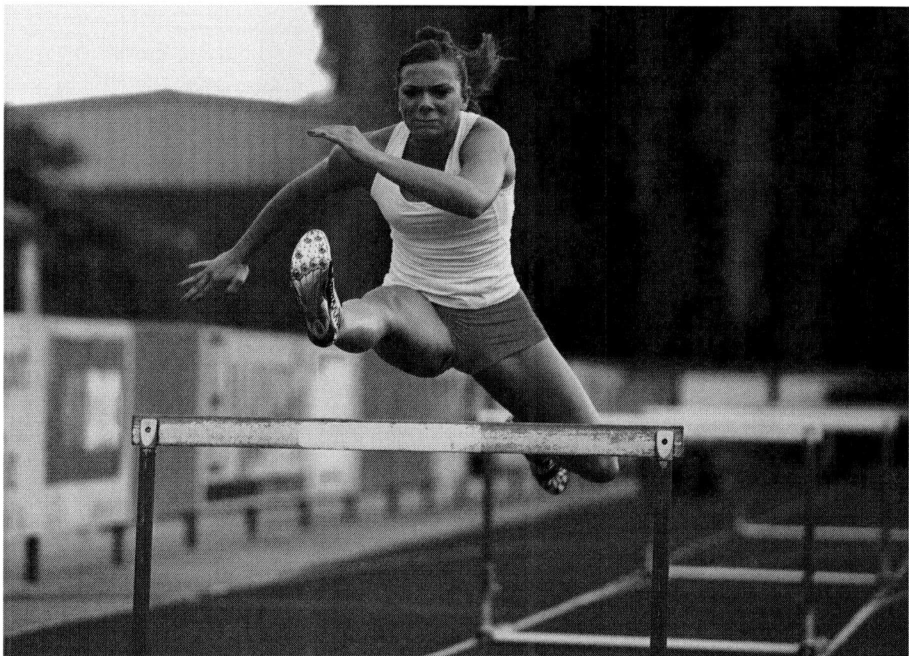

Hürdenläuferin in der Phase der Hürdenüberquerung
© Peter Bernik – https://pixabay.com/de/photos/?image_type=&cat=&min_width=&min_height=&q=Weitsprung&order=popular

„Analysiert das Foto der Hürdenläuferin anhand folgender Fragen und erprobt eure Thesen paarweise“:

1. Das Schwungbein ist über der Hürde gestreckt. Wann muss diese Streckung abgeschlossen sein?
2. Wann muss die Streckung des Schwungbeins eingeleitet werden?
3. Was ist die Voraussetzung dafür, dass dies gelingt?
4. Warum nimmt die Hürdenläuferin den Gegenarm nach vorn?
5. Welchen Vorteil hat die deutliche Oberkörpervorlage über der Hürde?
6. Warum spreizt die Hürdenläuferin das Nachziehbein zur Seite ab?
7. Was könnt ihr bei deutlicher Oberkörpervorlage feststellen, nachdem ihr die Hürde überquert habt?
8. Stellt ihr nach der Hürdenüberquerung Probleme fest, die den Zwischenhürdenlauf beinträchtigen?
9. Welche Bewegungskriterien könnt ihr aus dem Foto und euren Erfahrungen für den Hürdenlauf ableiten?

Nach dem Sammeln der herausgefundenen Ergebnisse und deren Diskussion werden die Hypothesen durch Erprobung und Beobachtung überprüft. Die sich daraus ergebenden Erkenntnisse werden nach gelungenen Demonstrationen festgehalten.

7. Problembereiche bei der Durchführung von Sportunterricht

7.1 Der Einsatz von Bildmaterial

Die Einführung einer neuen Bewegungsfertigkeit wird häufig mit einer Bildreihe eingeleitet. In der Regel schauen sich die Schüler die vorgelegte Bildsequenz zwar interessiert an, achten aber nicht auf die technischen Details der Bewegung. Stattdessen führt das Betrachten der Bildreihe nicht selten zu Kommentaren über einzelne Bilder, die die Schüler seltsam oder komisch finden. Die Aufmerksamkeit der restlichen Gruppe wird dann ebenfalls auf diese Bilder gelenkt, die Schüler sind amüsiert und machen womöglich witzige Bemerkungen.

Anstatt sich ernsthaft mit der dargestellten Bewegungsfertigkeit auseinanderzusetzen, konzentriert sich die Aufmerksamkeit der Lerngruppe auf die als kurios empfundenen Details. Ein derartiges Verhalten ist verständlicherweise von der Lehrkraft nicht intendiert.

Wie kommt es aber zu derartigen Erscheinungsformen? Betrachtet man die Situation aus Schülersicht, dann ist ein Verhalten, wie das oben skizzierte, eigentlich gar nicht so unverständlich.

Die Lernenden werden mit einer Reihe von einzelnen Bildern oder Zeichnungen konfrontiert, die sie zunächst ganz unterschiedlich wahrnehmen. Da sie 8 oder 10 verschiedene Darstellungen nicht gleichzeitig verarbeiten können und auch noch nicht wissen, worauf sie achten sollen, konzentrieren sie sich auf Einzelheiten, die ihnen auffallen. Das kann dann zu Bemerkungen führen wie etwa *„Der hat ja gar kein Gesicht"* oder *„Die sieht auf dem einen Bild ja komisch aus"*. Damit wird aber die Aufmerksamkeit auf Einzelheiten gelenkt, die nicht gerade zielführend sind.

Die Absicht der Lehrkraft war, den Schülern zunächst eine grobe Vorstellung vom Gesamtablauf der neuen Bewegungsfertigkeit zu vermitteln. Aber welche Informationen können die Schüler tatsächlich aus dem unvoreingenommenen Betrachten einer Bildreihe entnehmen?

Ohne eine Vorstellung zu haben, wo Probleme beim Erlernen der thematisierten Bewegungsfertigkeit auftreten können, bleibt es bei einem oberflächlichen Eindruck wie etwa *„das sieht eigentlich ganz einfach aus"* bzw. *„das wirkt ganz schön kompliziert"*.

Nun kann man einwenden, die Lehrkraft könnte ja gleich auf wichtige Knotenpunkte der Bewegung hinweisen. Damit würde zwar die Aufmerksamkeit der Lerngruppe auf wesentliche Aspekte gelenkt, aber wie hilfreich ist dies für Schüler, die noch gar keine eigene Erfahrung mit der neuen Bewegungsfertigkeit gesammelt haben? Entweder die Hinweise der Lehrkraft beziehen sich zunächst auf wenige Details bei einzelnen Bildern, dann lenken die übrigen Bilder nur unnötig vom Wesentlichen ab, oder die Lerngruppe wird mit der Fülle an Informationen überfordert.

Außerdem ist zu bedenken, dass die Lehrkraft beim Übergang zur praktischen Anwendung entweder für die Erprobung zunächst ohnehin auf einige wenige beachtenswerte Aspekte hinweist, oder den Schülern eine genaue Bewegungsbeschreibung für die erste Übungsform vorgibt. Im ersten Fall wäre die Beschränkung auf nur einzelne Bilder ausreichend, die die in den Fokus gerückten Bewegungsaspekte abbilden. Im zweiten Fall wäre der Einsatz einer kompletten Bildreihe nahezu sinnlos, wenn zunächst nur eine Teilbewegung geübt werden soll.

Im Licht dieser Überlegungen liegt die Schlussfolgerung nahe, bei der Einführung einer neuen Bewegungsfertigkeit auf den Einsatz einer kompletten Bildreihe anfangs zu verzichten. Stattdessen bietet es sich je nach Komplexität der neuen Fertigkeit an, sich zunächst auf Einzelbilder oder Ausschnitte aus einer Bildreihe zu beschränken oder aber die neue Bewegungsfertigkeit zu demonstrieren und bei der wiederholten Demonstration die Aufmerksamkeit der Lerngruppe auf einige wesentliche Aspekte der Bewegung zu lenken.

Erst nachdem die Lerngruppe eigene Erfahrungen mit der neuen Bewegungsfertigkeit gemacht hat, können die Lernenden von Bildreihen wirklich profitieren. Denn aufgrund dieser eigenen Erfahrungen werden ihnen Lernprobleme bewusst, so dass sie mit diesem Problembewusstsein nun die in der Bildreihe steckenden Informationen aufnehmen und verarbeiten können (vgl. Martin, 2001, S. 70).

Es ist auch nicht zu unterschätzen, dass die Wiedervorlage einer Bildreihe den Reiz des Neuen verloren hat. Reaktionen wie *„Kennen wir doch schon!"* können die Folge sein mit der Konsequenz einer nicht ungeteilten Aufmerksamkeit.

Der Einsatz von Demonstrationen hat auch den Vorteil, dass damit gleichzeitig ein Impuls zur Schulung der Beobachtungsfähigkeit gegeben werden kann. Außerdem wird mit der Demonstration die Bewegung in ihrer Gesamtheit und mit ihrer dynamischen Struktur veranschaulicht, was die Bildreihe nicht leisten kann.

Dagegen bietet die Bildreihe den Vorteil, dass sie längere Zeit studiert werden kann, während die Demonstration nur einen flüchtigen Eindruck vermittelt.

Zur Problematik von Bildmaterial

Eigentlich befinden sich Sportlehrkräfte in der glücklichen Lage, auf eine große Menge an Bildmaterial im Zusammenhang mit der Vermittlung von Bewegungsfertigkeiten zurückgreifen zu können. Neben Film- und Videosteifen finden sich in einer ganzen Reihe von Handreichungen zu Bewegungsbeschreibungen auch Bildreihen in Form von Zeichnungen oder Fotos, zwischen denen man wählen kann. Daneben gibt es auch großformatige Bildtafeln, die einen Bewegungsablauf veranschaulichen sollen. Auch für den Übungsprozess stehen Aufgaben zur Verfügung, die mit Zeichnungen veranschaulicht werden. Aber transportiert dieses Material auch immer das, was mit ihm intendiert ist oder kann es im Einzelfall womöglich Signale aussenden, die missverständlich sind, wichtige Informationen gar nicht liefern oder für den Lernprozess der Lernenden gar unvorteilhaft sein können? In einer Bildreihe zur Einführung des Aufschlags von unten im Volleyball z. B. wird der Ball deutlich angeworfen, bevor er geschlagen wird. Das kann man natürlich so handhaben aber damit erschwert man Anfängern Erfolgserlebnisse, denn durch das Anwerfen besteht immer die Gefahr, dass der Ball anschließend nicht voll getroffen wird mit dem Ergebnis, dass der Aufschlag unkontrolliert ins Netz oder Seitenaus geht. Auf dem ersten Foto einer anderen Bildsequenz hält der Übende zwar den Ball in der linken Hand vor dem Körper, während der rechte Schlagarm zur Ausholbewegung nach hinten geführt wird. Es ist aber nicht zu erkennen, dass der Ball seitlich vor den Körper gehalten wird. Damit entsteht zumindest der Eindruck, dass der Ball vor den Körper gehalten wird, so dass der Aufschlag mit einer Rotation des Schlagarms erfolgt, ein Fehler, der gerade bei Anfängern häufig zu beobachten ist (vgl. Koch/ Böhm, 1998, S. 67).

In einem Beitrag zur Wurfschulung im Kindesalter (Geese, 2001) ist auf den beigefügten Zeichnungen ein Werfer zu sehen, der in der Wurfauslage als Linkswerfer das linke Bein vorn hat, ein Kardinalfehler, der gerade bei Werfern ohne Wurferfahrungen und insbesondere Mädchen geradezu typisch ist (Abb. 4, S. 43).

Es ließen sich hier noch weitere Beispiele anführen vor allem aus dem Bereich von zeichnerisch unterstützten Übungsformen. Die hier angeführten Beispiele weisen daraufhin, wie wichtig es ist, sich das für einen Unterrichtseinsatz vorgesehene Bildmaterial im Vorfeld kritisch anzusehen im Hinblick darauf, ob das Material wirklich die beabsichtigte Information transportieren kann oder nicht etwa falsche Anreize setzt, wie dies z. B. bei teilweise zu flach gezeichneten Flugkurven bei Volleyballübungen der Fall ist, der Ball aber mit hoher Spitze gespielt werden muss.

Wenn die Lehrkraft jedoch die Schwachstellen des zum Einsatz vorgesehenen Bildmaterials erkennt, kann derartiges Material auch sehr gut zur Schulung der Analysefähigkeit verwendet werden, denn es kann zeigen, wie wichtig eine kritische Betrachtung ist. Es kann aber auch als Basis für eine offene Aufgabenstellung genutzt werden. Wenn z.B. weder die Bewegungsbeschreibung, noch das dazu gelieferte Bildmaterial über einige wichtige Aspekte, die für die Entwicklung einer genauen Bewegungsvorstellung auch notwendig sind, Information bereitstellen, können Leitfragen die Lernenden auf die Bewegungsprobleme aufmerksam machen und sie zu einer bewussten Auseinandersetzung damit anregen.

Zur Veranschaulichung soll ein derartiges Vorgehen hier an dem bereits erwähnten Beispiel zur Einführung des Aufschlags von unten im Volleyball verdeutlicht werden. Die unten angegebenen Leitfragen sollen den Lernenden ermöglichen, die

Informationen selbst herauszufinden, die in der als Beispiel beigefügten Bewegungsbeschreibung vermisst werden und auch in dem mitgelieferten Bildmaterial nicht deutlich genug werden (wenn etwa nicht erkennbar ist, wohin der Ball gehalten wird). Für eine erfolgreiche Bewegungsausführung aber sind diese fehlenden Informationen wichtig (vgl. Koch/Böhm/HHV, 1998, S. 67).

Beispiel einer Bewegungsbeschreibung, die aber einige wichtige Aspekte unberücksichtigt lässt.

- In leichter Schrittstellung den Oberkörper vorbeugen.
- Die Beine werden auch gebeugt.
- Den Ball mit der linken Hand (Rechtshänder) halten.
- Mit Absenkung des Körperschwerpunkts den rechten Arm zwecks Ausholbewegung nach hinten führen.
- Den Arm gestreckt nach vorn oben schwingen bei gleichzeitiger Körperstreckung nach vorn oben.
- Die linke Hand unmittelbar vor dem Treffen des Balles wegziehen.
- Den Ball mit offener, gespannter Hand schlagen.
- Mit dem Schlag ins Spielfeld laufen.

Notwendige Leitfragen als Ergänzung zur Bewegungsbeschreibung:

- Welches Bein steht bei der Schrittstellung vorn?
- Wo muss der Ball hingehalten werden?
- Wie bekommt der Ball am meisten Schwung?
- Wie muss man den Ball schlagen, damit er möglichst zielgenau ankommt?
- Welche Bewegungen erfolgen gleichzeitig oder nacheinander?
- Wo liegt der Körperschwerpunkt in der Ausgangsstellung?
- Wo ist der Körperschwerpunkt im Moment des Schlagens?

„Beobachtet euch gegenseitig und entwickelt durch die Beantwortung dieser Fragen weitere Bewegungskriterien.“

Wenn das zur Verfügung stehende Bildmaterial den Ansprüchen nicht ganz genügt, z. B. stellenweise eine Diskrepanz zwischen der Bewegungsbeschreibung und dem Bildmaterial besteht oder zwischen Bewegungsdemonstrationen und einzelnen Zeichnungen, sollte dies mit der Lerngruppe diskutiert werden, damit sich keine falschen Eindrücke festsetzen. Gleichzeitig kann dadurch die Beobachtungsfähigkeit geschärft und die kritische Auseinandersetzung mit Materialien gefördert werden.

Zum Einsatz von Film und Video

Die hier dargestellten Gedanken zur Veranschaulichung bei der Vermittlung von Bewegungsfertigkeiten beziehen sich vorrangig auf den Anfängerbereich. Für diese Phase der Vermittlung ist zu bedenken, dass eine zu große Fülle von Informationen leicht zu einer Überforderung der Lernenden führt. Daher z. B. die Beschränkung auf ausgewähltes Bildmaterial neben Demonstrationen, die die Dynamik eines Bewegungsablaufs verdeutlichen, was einzelne Bilder nicht leisten können.

Erst bei fortgeschrittener Bewegungserfahrung bieten sich komplexere Veranschauungsmittel wie z. B. Film und Video an. So attraktiv Schüler diese Medien auch finden mögen und wie motivationsfördernd sie manchen Lehrkräften erscheinen, die Lehrpersonen, die beabsichtigen, diese Mittel im Unterricht einzusetzen, sollten sich vorab überlegen, inwiefern Aufwand und Ertrag in Einklang zu bringen sind. Können die betroffenen Schüler von Film- und Videomaterial wirklich mehr profitieren als vom klassischen Bildmaterial? Dies hat nämlich den Vorteil hat, dass es dauerhaft zur Verfügung gestellt, also immer wieder angesehen werden kann, und von Einzelnen oder Kleingruppen z. B. von Station zu Station mitgeführt werden kann.

Es ist auch nicht zu unterschätzen, welcher organisatorische und technische Aufwand z. T. betrieben werden muss, um Film- und Videomaterial sinnvoll in den Unterricht integrieren zu können. So ist beispielsweise zu bedenken, dass im Unterricht aufgenommenes Videomaterial auch zeitnah analysiert werden muss, was viel Zeit in Anspruch nimmt und in der Regel nicht von den Lernenden allein geleistet werden kann.

Angesichts all dieser Überlegungen ist es meines Erachtens erst in der Sekundarstufe II bzw. im Leistungskurs und bei weitgehend selbständigem Arbeiten der Schüler Erfolg versprechend, diese Medien einzusetzen.

7.2 Kognitive Phasen

Es ist nach wie vor eine weit verbreitete Einstellung unter Lehrkräften wie Schülern, den Nutzen kognitiver Phasen stark in Zweifel zu ziehen, da Gespräche den Sportunterricht nur unnötig unterbrechen. Stellvertretend für diese Meinung soll hier die Bemerkung einer interviewten Lehrkraft dienen: *„Kognitive Phasen, alles noch reflektieren, wollen die Schüler überhaupt nicht, die wollen nicht labern im Sportunterricht, die wollen sich bewegen"* (s. Kastrup 2007, 330). Wenn kognitive Phasen so angesehen werden, wie es in diesem Zitat zum Ausdruck kommt, dann werden sie auch nicht systematisch geplant, sondern allenfalls ad hoc einmal eingesetzt, nach dem Motto *„soll ja mal sein"*. Unter diesen Bedingungen ist es dann nicht verwunderlich, dass derartige Gespräche wenig strukturiert sind und kaum zu zielgerichteten Ergebnissen führen. Dann ist auch verständlich, dass sowohl Lehrkräfte als auch Lernende solche Gesprächsphasen als bloßes „Gelaber" ablehnen. Nach wie vor gibt es jedoch auch in der Literatur kritische Stimmen, die für eine Relativierung kognitiver Anteile im Sportunterricht eintreten (vgl. Geßmann, 2014; Roth, 2015).

Es ist zwar unbestritten, dass die aktive Bewegungszeit den Schwerpunkt des Sportunterrichts bilden soll, doch durch den auch für Sportunterricht geltenden allgemeinen Erziehungsauftrag mit dem Anspruch, den Lernenden eine umfassende Handlungsfähigkeit zu vermitteln, den Sportunterricht mehrperspektivisch zu gestalten und die Lernenden als aktiv Beteiligte in den Unterricht einzubinden, ist eine bewusste Auseinandersetzung der Schüler mit ihrem Sportunterricht unabdingbar. Hinzu kommt, dass die bewusste Auseinandersetzung der Lernenden mit ihrem Bewegungshandeln in Form einer „verstehensintensiven Sachbegegnung" als förderlich für den Lernprozess angesehen wird (vgl. Bietz/Laging, 2013, S. 354). Daher sind kognitive Phasen, die die Lernenden zum Reflektieren ihres sportlichen Handelns auffordern, als notwendige Bestandteile des Sportunterrichts anzusehen. Nach wie vor aber ist festzuhalten, dass die vorrangigste Aufgabe des Sportunterrichts die Vermittlung von Handlungsfähigkeit auf der Sachebene bleiben sollte, während Ziele auf der Methoden-, Selbst- und Sachkompetenzebene dabei in der Regel lediglich situationsabhängig einzubeziehen sind (vgl. Brettschneider, 2005, S. 321). Aus diesen Gründen sollten Reflexionsphasen im Unterricht sorgfältig geplant, gut strukturiert, möglichst kurz gehalten werden und zu klaren Ergebnissen und Einsichten führen.

Dabei können sorgfältig geplante Gesprächsphasen sehr vielfältige Funktionen erfüllen:

Sie können u. a. dazu dienen,

- Sinn und Zweck des Vorgehens oder einzelner Lernschritte zu erklären oder Aufgabenstellungen zu erläutern und damit Transparenz zu schaffen,
- gesammelte (Bewegungs-)Erfahrungen zu formulieren,
- (Zwischen-)Ergebnisse zu ordnen, zu strukturieren,
- Probleme bewegungstechnischer, organisatorischer oder sozialer Art anzusprechen und zu lösen,
- zur bewussten Auseinandersetzung mit dem eigenen Bewegungshandeln anzuregen, u. a. in Form von gezielterer Partner- und Selbstbeobachtung,
- Bewegungskriterien auf der Basis von Bewegungserfahrungen zu entwickeln,
- Ergebnisse zu sichern z. B. durch Demonstrationen und der Beurteilung ihrer Qualität oder schriftliche Fixierung so gewonnener Erkenntnisse,
- Fehler anzusprechen und Korrekturhinweise zu geben,
- Zusatzinformationen oder weiterführende Impulse zu geben oder Aufgabenänderungen vorzusehen,
- das weitere Vorgehen zu diskutieren.

Abhängig von der beabsichtigten Funktion von kognitiven Phasen ist zu überlegen, an welcher Stelle im Unterricht sie am effektivsten eingesetzt werden können. Daneben ist die Formulierung von (Frage-)Impulsen für den Ertrag dieser Phasen von entscheidender Bedeutung, die das Bewegungshandeln nur so kurz wie möglich unterbrechen oder verzögern sollten. Deshalb ist es für die Lehrkraft wichtig, diese Impulse präzise, verständlich und zielgerichtet zu formulieren. Denn nur wenn die Lernenden den Eindruck gewinnen, sie können von den zunächst als Störung des Unterrichts empfundenen Unterbrechungen profitieren, ihnen unterrichtliche Entscheidungen transparent erscheinen, werden sie bereitwillig in diesen Zeiten mitarbeiten und sie nicht als pure Zeitverschwendung betrachten. Wenn ihnen also klar wird, wozu bestimmte Maßnahmen dienen und warum sie getroffen werden, kann sogar davon ausgegangen werden, dass die Motivation der Lerngruppe steigt (vgl. Klingen, 2005, S. 100).

Auch eine Reihe von organisatorischen Aspekten kann über den Erfolg von kognitiven Phasen mit entscheiden. So können Unruhe, Unaufmerksamkeit oder Undiszipliniertheit zu Verzögerungen führen, vom Thema ablenken und damit das Ziel gefährden.

Die folgenden Maßnahmen können dazu beitragen, einen erfolgreichen Verlauf zu sichern:

- Bei Zusammenkünften die Lerngruppe sich hinsetzen lassen. Das gilt besonders für jüngere Jahrgänge.
- Bälle/Geräte grundsätzlich beiseite legen lassen.
- Einen Halbkreis oder eine V-Form bilden lassen, so dass alle Beteiligten einander zugewandt sind und sich besser verständigen können.
- Keine Schüler im Rücken der Lehrkraft zulassen.
- Sicherstellen, dass bei Besprechungen keine anderen Aktivitäten im Gang sind, die Schüler ablenken können.
- Am Ende von Besprechungen wesentliche Punkte von Schülern wiederholen lassen. Das dient der Sicherung und der Überprüfung, ob die Botschaft auch richtig angekommen ist. Dies ist gleichzeitig ein Signal an die Lerngruppe, dass aufgepasst werden muss.
- Regeln für die kognitiven Phasen einführen wie einander ausreden lassen, sich nur zum Thema äußern, sich auf Vorredner beziehen.
- Rituale für Zusammenkünfte festlegen.
- Unterbrechungen im Unterrichtsgeschehen grundsätzlich zu Rückmeldungen nutzen.

7.3 Zum Einsatz differenzierender Maßnahmen

Im Unterschied zu Vereinsgruppen ist die Heterogenität von Lerngruppen im Schulunterricht wesentlich größer. In der Schule kommen die Gruppenmitglieder mit sehr unterschiedlichen körperlichen Voraussetzungen, sportlichen Erfahrungen, Bedürfnissen und Interessen in den Sportunterricht. Aber sie alle erwarten und können auch erwarten, dass sie ihren Fähigkeiten entsprechend gefördert werden. Die Lehrkräfte wissen dies und sind sich in der Regel auch der damit verbundenen Problematik bewusst. Aber wie können sie den individuellen Bedürfnissen einer 25 bis 30 Mitglieder umfassenden Lerngruppe im Sportunterricht gerecht werden und gleichzeitig die institutionellen Forderungen erfüllen, möglichst alle Mitglieder einer Lerngruppe auf ein bestimmtes Lernniveau zu bringen? Während Lehrkräfte früher dieses Problem zu lösen versuchten, indem sie sich am Durchschnitt der jeweiligen Lerngruppe orientierten, überwiegt inzwischen die Erkenntnis, dass nicht alle Schüler einer Lerngruppe auf ein einheitliches Niveau gebracht werden können (vgl. Laging, 2004, S. 4).

Das bedeutet, dass die Lehrkräfte diese Verschiedenartigkeit innerhalb einer Lerngruppe bei ihren Unterrichtsplanungen mit berücksichtigen müssen ohne jedoch das Vorhaben aufzugeben, dass möglichst alle am Ende einer Unterrichtseinheit ein bestimmtes Lernniveau erreicht haben sollen.

Um möglichst beiden Ansprüchen gerecht werden zu können, ist der Einsatz differenzierender Maßnahmen unumgänglich. Gemeint sind damit vor allem pädagogische, methodische oder organisatorische Mittel, die die unterschiedliche Leistungsfähigkeit der Schüler bzw. deren Bedürfnisse situationsangemessen berücksichtigen (vgl. Söll, 2008, S. 160).

Es handelt sich dabei um Formen der inneren Differenzierung, also Maßnahmen, die innerhalb einer bestimmten Lerngruppe zu treffen sind. Dabei führen die beiden oben genannten gegensätzlichen Ansprüche an den Sportunterricht, dem sich die Lehrkräfte gegenüber sehen, zu ganz unterschiedlichen Ansätzen bezüglich der Wahl von differenzierenden Maßnahmen. Wird von den unterschiedlichen individuellen Voraussetzungen der Lernenden ausgegangen, also von den einzelnen Personen, spricht man von *voraussetzungsorientiertem Differenzieren*, geht man von der Sachebene aus, dem Ziel, von unterschiedlichen Ausgangsniveaus aus ein gemeinsames Lernniveau für alle anzustreben, geht es um *anforderungsorientiertes Differenzieren* (vgl. Kretschmer, 1987).

In diesem 2. Fall geht es in der Regel um den Erwerb und Festigen von Bewegungstechniken. Bei inhaltlicher Geschlossenheit etwa dem Erlernen normierter Bewegungen wie dem unteren und oberen Zuspiel im Volleyball erfolgt ein differenziertes Vorgehen durch Variationen im methodischen Bereich z.B. durch intensivere Zuwendung oder unterschiedlich lange Übungsphasen für einzelne Gruppen, um nur zwei Beispiele zu nennen.

Im Fall der voraussetzungsorientierten Differenzierung geht es nicht um die Kompensation noch bestehender Unterschiede, sondern um die Förderung des Einzelnen in seiner Unterschiedlichkeit innerhalb eines gemeinsamen Themas (vgl. Laging, 2004, S. 9). Damit geht diese Form der Differenzierung, die bis hin zur freien Wahl von Aufgaben, Geräten oder Materialien innerhalb eines thematischen Rahmens geht, sehr stark in Richtung einer Individualisierung und Öffnung des Sportunterrichts. So wünschenswert dieses pädagogische Anliegen ist, so deutlich werden die Grenzen dieser Forderung durch die Realität der Unterrichtssituation an den meisten Schulen aufgezeigt. Wenn 30 Schüler und Schülerinnen in einem Hallendrittel unterrichtet werden, sind die Möglichkeiten limitiert, dem Wunsch nach „Kultivierung von Unterschieden" (ebd., S. 9) zu entsprechen. Das gezielte Eingehen auf unterschiedliche Dispositionen ist daher nicht absolut zu sehen. Vielmehr müssen als gemeinsame Basis Minimalziele festgelegt werden. Auf dem Weg zu diesen Zielen können dann differenzierte Angebote wirksam werden.

Allerdings hängen die Realisierungsmöglichkeiten zur Individualisierung auch stark vom jeweiligen Stundeninhalt und Thema ab. Im Bereich der Individualsportarten wie Leichtathletik oder Gerätturnen kann dem Wunsch nach Individualisierung in bestimmten Bereichen noch verhältnismäßig leicht nachgekommen werden, indem z. B. die Wahl zwischen verschiedenen Techniken im Weit- oder Hochsprung bzw. im Kugelstoßen zwischen Seit- Rückenstoß- oder Drehstoßtechnik angeboten werden kann. Auch die Alternative zwischen Weit- oder Hochsprung bzw. Speer- oder Diskuswerfen an Stelle von Kugelstoßen ist möglich.

Und im Gerätturnen gibt es neben der Wahl verschiedener Geräte auch die Möglichkeit, individuelle Übungskombinationen zusammenzustellen.

Außerdem kann man am Ende einer Unterrichtseinheit anbieten, die Schüler zwischen ergebnisorientierter und kriterienorientierter Beurteilung wählen zu lassen.

In den Spielsportarten dagegen, die geprägt sind vom Miteinander, dem gemeinschaftlichen Erleben der Freude am Spiel und in denen die Spieler aufeinander angewiesen sind, stößt Individualisierung leicht an Grenzen. Dies gilt vor allem für den Anfängerbereich. Hier geht es zunächst in erster Linie um die Kompensation von Unterschieden, denn ohne dass sichergestellt ist, dass alle Mitglieder einer Mannschaft sicher fangen und passen, bzw. einen Ball sicher kontrollieren und weiterleiten können oder in Rückschlagspielen nicht zumindest den Ball im Spiel halten können, ist die Aufrechterhaltung der Spielhandlungen nicht möglich. Erst auf einer gemeinsamen Grundlage ist mit zunehmender Spielkompetenz Individualisierung realistisch. Bei gleicher thematischer Aufgabenstellung – beim ergebnisorientierten Spielen um Punkte / Tore z. B. – können je nach Vorlieben und Möglichkeiten für erfolgreiche Aktionen ganz unterschiedliche Techniken eingesetzt werden. Während Lars im Volleyballspiel Punkte vorzugsweise durch Lobs erzielen will, zieht Markus Schmetterschläge vor und der kleinere Thomas gezieltes Pritschen auf Lücken im gegnerischen Feld.

Das grundsätzliche Problem der inneren Differenzierung ist, wie bereits erwähnt, die Gegensätzlichkeit der beiden Formen. Die weitgehende gemeinsame Förderung der Lernenden führt zu einer Unterforderung der starken Schüler und zu einer Überforderung der Schwachen.

Die weitgehende Individualisierung dagegen führt zu größeren Differenzen im Leistungsvermögen innerhalb der Lerngruppe. Als Ausweg bietet sich an, zwischen voraussetzungs- und anforderungsorientierten Maßnahmen situationsabhängig zu variieren und z. B. den Weg zwischen **Grund- und Zusatzanforderungen** zu wählen. Während alle Mitglieder einer Lerngruppe als Grundanforderung z. B. im Volleyball den Aufschlag von unten erfolgreich – d. h. bis ins gegnerische Feld – ausführen können sollen, kann die Zusatzanforderung für die Besseren etwa darin bestehen, diesen Aufschlag auf bestimmte Zielbereiche ausführen zu können.

Voraussetzung für eine angemessene Differenzierung im Unterricht

Zunächst müssen die Lehrkräfte die Unterschiede im Bewegungsverhalten der Einzelnen und ihren unterschiedlichen Zugang zum Thema des Sportunterrichts erfassen, bevor sie ein differenziertes Lernangebot machen können, das allen eine individuelle Weiterentwicklung ihrer sportlichen Fähigkeiten ermöglicht.

Dazu benötigen die Lehrkräfte

- Beobachtungsgabe, um Unterschiede im Bewegungsverhalten wahrzunehmen,
- Analysefähigkeit, um den Lernstand der Lerngruppe zu erfassen,
- Zugang zur Lerngruppe, um ihre Bedürfnisse und Vorstellungen von Unterricht zu erkunden,
- Problembewusstsein, um z. B. Bewegungsdefizite und einen Mangel an Erfahrungen zu antizipieren,
- Empathie, um sich in die Lage von Schülern hineinversetzen zu können und z. B. Ängste und Hemmungen zu erahnen, die bei bestimmten Aufgaben auftreten können.

Unter diesen Voraussetzungen können Lehrkräfte

- die unterschiedlichen Fähigkeiten ihrer Schüler erkennen und in ihre Planungen einbeziehen,
- den Lerngruppen die unterschiedlichen individuellen Stärken und Schwächen als normal darstellen,
- die mit der Heterogenität und Koedukation von Lerngruppen verbundenen Probleme ansprechen,
- über die mögliche Entwicklung von Problembewusstsein bei den Lerngruppen Verständnis schaffen,
- die Bereitschaft der Lerngruppen fördern, an Problemlösungen mitzuarbeiten,
- die Lerngruppen dafür sensibilisieren, dass Verantwortung füreinander zu übernehmen und das Lernen miteinander mehr Befriedigung schaffen kann als das Gegeneinander.

Voraussetzungen auf der Seite der Lernenden:

- Bereitschaft, sich aktiv im Unterricht beteiligen zu wollen,
- Erfahrungen mit selbständigem Arbeiten haben,
- mit Freiräumen verantwortungsvoll umgehen können,
- Bereitschaft, Verantwortung für eigenverantwortliches Lernen zu übernehmen.

Differenzierungsmöglichkeiten

- im zeitlichen Umfang für eine Aufgabe oder durch unterschiedliche Schwierigkeitsgrade,
- in der Gruppenzusammensetzung (heterogen – homogen) bzw. deren Größe,
- im Ausmaß der Zuwendung durch die Lehrkraft,
- in der Intensität der Hilfen durch die Lehrkraft oder Schüler,
- im Ausmaß der selbständigen Bearbeitung von Aufgaben,
- im Umfang der Aufgabenstellungen (z. B. Anzahl von Wiederholungen) bezogen auf die physische Belastung oder die Bewegungsqualität,
- im Grad der Verbindlichkeit z. B. bei der Wahl von Aufgaben oder der Toleranz bei Regelverstößen,
- in der Wahl der angebotenen Geräte bzw. Gerätehilfen (Absprunghilfen wie Sprungbrett, Kastenoberteil, Kastenhöhe, schiefe Ebene, unterschiedliche Bälle, Kugeln, Orientierungshilfen, etc.),
- im räumlichen oder dynamischen Sinn (z. B. verschiedene Distanzen, Spielfeld- oder Zielgrößen, unterschiedliche Geschwindigkeiten, Variationen im Krafteinsatz),
- durch die Reduktion oder Erhöhung der Komplexität von Aufgaben, Handlungssituationen,
- im Ausmaß gegnerischer Einwirkung oder der Anzahl der Gegner,
- durch alternative Angebote.

Vereinfachungsmöglichkeiten

Die folgende Auflistung erhebt nicht den Anspruch auf Vollständigkeit sondern versucht, lediglich, eine gewisse Übersichtlichkeit herzustellen, indem ganz unterschiedliche Beispiele für Vereinfachungsstrategien in einen Ordnungsrahen gebracht werden.

Im Hinblick auf Regeln

- Inventar (Verzicht auf Tore?)
- Zeit (Wegfall von Sekundenregeln),
- Raum (Spielfeld, Netz-, Korbhöhe),

- Größere Toleranz bei Schrittregeln,
- Handlungsregeln (erlaubt – nicht erlaubt).

Im Hinblick auf Rahmenbedingungen

- Größe von Toren, Bällen, Körben,
- Spielfeldgröße, Abstände zu Toren, Abwehr darf in einem festgelegtem Bereich um den Korb nicht mehr eingreifen.

Im Hinblick auf technische Fertigkeiten

- Volleyball mit Auffangen, Auftippen, Kontrollpass,
- Prellen auch beidhändig, mit Führen des Balles, nach Ballkontrolle,
- Volleyball ohne Aufschlag, mit Einwerfen,
- Hohe Bälle im Fußball dürfen mit der Hand gestoppt werden.

Im Hinblick auf taktische Fähigkeiten

- Reduzierung der Spielerzahl,
- Spiel auf einen Korb / ein Tor,
- Reduzierung der Abwehrspieler,
- Nur die Wahl zwischen 2 oder 3 Handlungsalternativen,
- Ballbesitzer dürfen erst angegriffen werden, wenn sie sich bewegen.

Eine weitere Möglichkeit, bei inhaltlicher Geschlossenheit durch methodische Offenheit den Lernenden einen Freiraum für die individuelle Beschäftigung mit Bewegungsproblemen zu eröffnen ist, den in die Halle kommenden Schülern als ersten Schritt zunächst einige Minuten zur Verfügung zu stellen, in denen sie einzeln, mit einem Partner oder in kleinen Gruppen frei z. B. an festgestellten Bewegungsproblemen oder Defiziten arbeiten können. Dies ist gleichzeitig eine Gelegenheit zur Stärkung der Eigenverantwortung.

Im nächsten Schritt erfolgt die Besprechung des Stundenthemas verbunden mit einer neuen Bewegungsaufgabe oder einer auf der Basis eines früher festgestellten Bewegungsproblems bzw. einer problematischen Spielsituation.

Es folgt eine Phase der Erprobung von Lösungsmöglichkeiten.

Die anschließende Zusammenkunft dient dazu, aufgetretene Probleme, Defizite zu benennen, Bewegungskriterien oder sinnvolle Lösungsmöglichkeiten zu entwickeln und festzuhalten.

In einer anschließenden Übungsphase werden festgestellte Defizite an unterschiedlichen Stationen bearbeitet unter Bereitstellung von Übungs- und Beobachtungsaufgaben sowie Korrekturhinweisen durch Schüler / Lehrkraft.

Den Abschluss bildet im Sinne der Ergebnissicherung ein Erfahrungsaustausch mit gelungenen Demonstrationen und dem Ansprechen evtl. noch festgestellter Probleme. Dabei sollte zunächst die Lerngruppe Gelegenheit bekommen, Positives und Kritisches anzumerken, bevor die Lehrkraft ergänzend aus ihrer Sicht notwendige Punkte anspricht.

Für den Erfolg eines derartigen Vorgehens sind allerdings als Voraussetzung einige Punkte zu beachten:

- Die Bereitschaft und Fähigkeit, Unterricht selbständig zu gestalten, muss gegeben sein.
- Die Fähigkeit zur Eigen- und Fremdbeobachtung muss soweit vorhanden sein, dass Bewegungsdefizite erkannt, analysiert und beschrieben werden können.
- Vorausgegangen sein müssen also Aufgabenstellungen zur Bewegungs- und Spielbeobachtung.
- Problembewusstsein muss entwickelt worden sein.
- Die für die Beschreibung und Diskussion von Bewegungsproblemen notwendige Terminologie muss gegeben sein.

7.4 Ergebnissicherung

Bei diesem Begriff wird in der Regel an den Stundenabschluss gedacht. Es gibt jedoch eine Reihe von Gelegenheiten im Verlauf des Unterrichts, die eine Ergebnissicherung als Zwischenschritt ratsam erscheinen lassen. Dies bezieht sich nicht nur auf das Sammeln und Strukturieren von Schülereindrücken nach Erprobungsphasen oder das Klären von Fragen und das Bemühen um Lösungsansätze für Bewegungsprobleme nach einer solchen einführenden Phase. Auch im weiteren Unterrichtsverlauf ist es oft wichtig, Zwischenergebnisse zu sichern, indem Schülereindrücke gebündelt, Erkenntnisse für alle festgehalten und Aufgaben verändert oder erweitert werden, um den zielgerichteten Fortgang des Unterrichts zu gewährleisten. Gelegenheiten zu einer zwischenzeitlichen Ergebnissicherung sollten z. B. in folgenden Fällen genutzt werden:

- Im Übergang von einem Unterrichtsschritt zum nächsten wird eine kurze Zwischenbilanz gezogen.
- Die Lehrkraft sieht Handlungsbedarf im Hinblick auf eine notwendige Veränderung der Aufgabenstellung oder im organisatorischen Bereich.
- Die Lehrkraft sieht Fehler oder Gefahrenbereiche, die unbedingt angesprochen bzw. abgestellt werden müssen.
- Die Lehrkraft oder Schüler bemerken, dass die Lerngruppe zur Bewältigung der Aufgabenstellung zusätzliche Informationen oder Anregungen benötigen.
- Die Lehrkraft bemerkt, dass einzelne Schüler oder eine Gruppe eine besondere Aufgabenlösung gefunden haben, die der übrigen Lerngruppe vorgestellt werden soll.

- Die Ergebnisse von Gruppenarbeit werden vorgestellt und die vorgeschlagenen Lösungen diskutiert.
- Die Lehrkraft muss feststellen, dass den Lernenden der Sinn einzelner Aufgabenstellungen nicht klar ist. Es kann sein, dass sie die Organisationsstruktur noch nicht verstanden haben oder dass sie die gestellte Aufgabe nicht mit der erforderlichen Ernsthaftigkeit bearbeiten.

Es wird in diesen kurzen Unterbrechungen festgehalten, was bisher erreicht worden ist, zu aufgefallenen Defiziten werden Korrekturhinweise gegeben, Ergebnisse werden durch Demonstrationen veranschaulicht, die Sinnhaftigkeit einer Aufgabenstellung wird verdeutlicht, aufgetretene Probleme werden im Hinblick auf Lösungsmöglichkeiten angesprochen und akzentuierende Hinweise für die unterbrochene bzw. nächste Aufgabe gegeben.

Zur Sicherheit kann die Lehrkraft, sofern die Ergebnisse nicht schriftlich festgehalten wurden, einzelne Schüler auffordern, den Stand der Dinge in eigenen Worten noch einmal zu wiederholen, um sicherzustellen, dass die gewonnenen Erkenntnisse und/oder die neuen Aufträge bzw. Aufgaben auch richtig aufgenommen wurden, um z. B. zu verhindern, dass eine erneute Unterbrechung zur Erklärung einer Aufgabenstellung notwendig wird.

7.5 Zum Problem der Leistungsbewertung

Die Bewertung von Schülerleistungen am Ende einer Unterrichtseinheit ist für viele Lehrende eine reine Routineangelegenheit, für andere dagegen ein Vorgang, den sie am liebsten umgehen würden. Die einen haben genaue Vorstellungen, nach denen sie immer wieder ihre Bewertungen vornehmen und lassen sich dabei von Schülern auch nicht hineinreden. Die anderen jedoch hegen beim Benoten oft Zweifel, ob sie ihren Lerngruppen damit gerecht werden und sind das immer wiederkehrende Feilschen um Notenpunkte oder Diskussionen um die Benotung einfach leid.

Aber woran liegt es, dass Beurteilungssituationen von Lehrkräften so unterschiedlich empfunden werden? Woher kommt dieses von vielen wahrgenommene Unwohlsein, wenn es um Leistungsfeststellungen und Bewertungen geht?

Ein Grund dürfte die von Zeit zu Zeit immer wieder aufkommende Diskussion um die Notengebung im Sport sein, die zu Unsicherheiten führt. Im Zentrum der Debatte stehen dabei häufig der Vorwurf der mangelnden Aussagefähigkeit der Ziffernnote, der Vorwurf der Verzerrung durch subjektive Einflüsse wie Halo-Effekt, Tendenz zur Mitte – zur Normverteilung, geschlechts- bzw. schichtenspezifische Einflüsse etc. und die Kritik an der Selektionsfunktion von Noten (vgl. Miethling, 2007, S. 157).

Dabei geht das von manchen vorgetragene Argument der Auslesefunktion der Sportnote eigentlich ins Leere, denn die Notenskala wird im Fach Sport, wenn überhaupt, nur in wenigen Extremfällen komplett ausgenutzt. Schließlich bewegen sich die Noten in diesem Fach aus pädagogischen Gründen fast ausschließlich im Bereich von 1 – 3 und auch in der Oberstufe nur selten im negativen Bereich, womit die Sportnote als Mittel der Auslese nicht eigentlich relevant ist.

Andere Vorbehalte gegenüber der Benotung von Schülerleistungen durch die Lehrkräfte beziehen sich z. B. auf die Gewichtung und die mangelnde Transparenz von Beurteilungskriterien, das Problem der Verrechnung von Teilnoten (ebd., S. 158), die Schwierigkeit der Beurteilung von Verhalten (Leistungsbereitschaft, Leistungsfortschritt, soziales Verhalten, kognitive Beiträge) oder die behauptete Beeinträchtigung der individuellen Lernentwicklung durch Fremdbeurteilung. Einige dieser Kritikpunkte lassen sich aber allenfalls aufrechterhalten, wenn die vergebene Zensur von den Beurteilten nicht nachvollzogen werden kann (ebd., S. 157).

Probleme wie die hier beschriebenen sind ganz wesentlich dafür verantwortlich, dass Sportlehrkräfte sich bei der Benotung von Schülerleistungen unwohl oder unsicher fühlen. Es gibt jedoch Möglichkeiten, zumindest einen Teil der Schwierigkeiten zu vermeiden oder einzugrenzen. Ganz entscheidend dabei ist, dass die Beurteilten die Bewertung ihrer Leistungen nicht als Disziplinierungsmittel ansehen und nicht den Eindruck gewinnen, der Beurteilungssituation ausgeliefert zu sein. Stattdessen kann die **Diagnosefunktion** der Fremdbewertung hervorgehoben werden, wenn die Beurteilung mit Hilfe transparent gemachter Kriterien erfolgt und auf der Basis dieser Kriterien begründet wird. Dem einzelnen Schüler wird dabei erläutert, wo Stärken und Schwächen sichtbar wurden und an welchen Punkten er in Zukunft arbeiten soll, um sich zu verbessern. Wenn den Beurteilten also mit der Beurteilung gleichzeitig eine Perspektive aufgezeigt wird, werden sie ein derartiges Verfahren als Anreiz auffassen, gezielt ihre noch vorhandenen Defizite zu beheben. Das setzt aber voraus, dass Beurteilungen auf der Basis von Selbst- und Fremdbeurteilungen nicht nur am Ende einer Unterrichtseinheit eingesetzt werden. Derartige zwischenzeitliche Beobachtungen zu diagnostischen Zwecken können auch zur Feststellung von individuellen Lernfortschritten herangezogen werden, wenn sie später verglichen werden mit den unter gleichen Bedingungen erzielten Ergebnissen am Ende einer Unterrichtseinheit.

Grundsätzlich eignen sich gegenseitige Beobachtungen mit Hilfe diagnostischer Mittel wie Diagnosebögen gut zur Entwicklung des eigenverantwortlichen Handelns. Indem die Lernenden ihre Leistungsentwicklung im Laufe einer Unterrichtseinheit verfolgen können, ermöglicht es ihnen, sich individuelle Lernziele zu setzen. Gleichzeitig wird ihre Selbstbewertung gefördert durch die Konzentration auf die individuelle Leistungsentwicklung, was sie weniger abhängig macht von Fremdbewertungen. Sie lernen, ihre eigenen Leistungen miteinander zu vergleichen, anstatt ihre Leistungen an denen anderer zu messen (intra-individuelles statt inter-individuelles Vergleichen) (ebd., S. 161).

Zu einer größeren Gelassenheit der Schüler gegenüber Leistungsüberprüfungen trägt auch bei, wenn Beurteilungskriterien, deren Gewichtung und die Beurteilungsverfahren schon zu Beginn einer Unterrichtseinheit mit der Lerngruppe besprochen werden (in manchen Bundesländern durch Verordnung sogar verpflichtend).

Wenn die Lernenden dazu angehalten werden, sich nicht mehr primär mit anderen zu vergleichen, sondern ihre eigenen Leistungen als Vergleichsmaßstab nehmen sollen, dann stellt sich auch die Frage, ob bei Überprüfungen nicht Wahlmöglichkeiten angeboten werden sollten. Warum nicht die Wahl zwischen Hoch- und Weitsprung z. B., Barren und Reck oder Standwurf und Korbleger als Überprüfungsinhalt anbieten? Eine andere Wahlmöglichkeit könnte zwischen einer ergebnis- und einer kriterienorientierten Beurteilung geschaffen werden. Durch einen derartigen Modus könnten auch die durch unterschiedliche körperliche Voraussetzungen erzeugten Ungerechtigkeiten reduziert oder vermieden werden. Ein 1,90 Meter großer 90 Kilogramm schwerer Schüler könnte sich beim Kugelstoßen für ein ergebnisorientiertes Verfahren entscheiden, während sein 1,75 Meter großer Mitschüler vielleicht eher eine kriterienorientierte Überprüfung vorziehen würde. Eine andere Variationsmöglichkeit könnte bei einer kriterienorientierten Überprüfung für alle in der Wahl unterschiedlich schwerer Kugeln bestehen.

Die hier geäußerten Vorstellungen sind als Anregungen zu verstehen, selbst abhängig von der Situation vor Ort, dem aktuellen Lerngegenstand und im Zusammenwirken mit den jeweiligen Lerngruppen passgenaue Überprüfungsverfahren zu entwickeln.

Allgemeine Grundsätze für Leistungsbeurteilungen

Wann handelt es sich eigentlich um Leistungsmessung, wann um Leistungsbeurteilung und wann um Leistungsbewertung? Diese Begriffe sind nicht etwa synonym zu gebrauchen, denn sie stehen für ganz verschiedene Funktionen.

Bei der **Leistungsmessung** geht es um das Feststellen einer ergebnisorientierten Leistung, z. B. der Zeit im 100-Meter-Lauf, der Kugelstoßweite oder der erzielten Körbe bei einer festgelegten Zahl von Versuchen.

Die **Leistungsbeurteilung** kann verstanden werden als eine kriterienorientierte, an Bewegungskriterien ausgerichtete Leistungsfeststellung.

Die **Leistungsbewertung** dagegen ist die Beurteilung einer Leistung anhand einer Bezugsnorm. Das kann z. B. eine offizielle Tabelle sein oder auch ein von der Lehrkraft für eine bestimmte Lerngruppe entwickelter Maßstab, der konzipiert wird unter Berücksichtigung der vermittelten Inhalte bzw. deren Vermittlungsumfang und der Leistungsentwicklung der jeweiligen Lerngruppe (vgl. Bräutigam, 2006, S. 206).

Zensuren dagegen sind von Lehrkräften in Zahlen ausgedrückte Leistungsbewertungen, die sich in der Regel aus mehreren Teilbewertungen ergeben, deren Gewichtung aber nicht immer ersichtlich ist (vgl. Miethling, 2007, 156).

Was sollte im Zusammenhang mit Leistungsbewertungen beachtet werden?

- **Bewertet werden darf nur, was im Unterricht auch ausgiebig geübt worden ist.**
  Es ist den Schülern gegenüber z. B. nicht fair, sie ein- oder zweimal zu einem 800m-Lauf antreten zu lassen und dann schon eine abschließende Überprüfung anzusetzen.

- **Was im Unterricht behandelt worden ist, sollte in einer repräsentativen Auswahl bewertet werden.**
  Wenn alles, was im Unterricht geübt worden ist, abgetestet werden soll, nimmt die Überprüfung fast so viel Raum ein, wie das Unterrichten selbst. Die Schwerpunkte sollten mit den Schülern abgesprochen werden.

- **Überprüft werden sollte nur, was die Lerngruppe insgesamt erlernt hat, nicht das, was sie noch nicht beherrscht.**
  Schwerpunkt der Überprüfung sollte dabei das sein, was am intensivsten geübt wurde, nicht das, was womöglich am leichtesten zu überprüfen ist.

- **Die Inhalte der Überprüfung und die dafür angesetzten Kriterien müssen den Lerngruppen vor der Überprüfung bekannt sein.**
  Schüler müssen die Gelegenheit haben, sich auf die Überprüfung einzustellen und sich darauf vorbereiten können. Der Einwand, sie würden sich im Unterricht nur auf das konzentrieren, was später überprüft wird, lässt außer Acht, dass die Lernenden auch zu einem selbst bestimmten Handeln erzogen werden sollen.

- **Die Überprüfungsbedingungen sollen für alle gleich sein.**
  Diese Maßgabe bedeutet nicht, dass alle über einen Kamm geschoren werden sollen. Vielmehr geht es hier um die Organisation gleicher Bedingungen. So ist z. B. bei Überprüfungen im Badminton, Volleyball oder anderen Sportspielen sicherzustellen, dass eine vergleichbare Qualität des Zuspiels gewährleistet ist.

- **Überprüfungen sollen den Unterricht nicht mehr als unbedingt nötig stören.**
  Das bedeutet, sie sollen so rationell wie möglich angelegt sein und mit geringem organisatorischem bzw. Materialaufwand durchführbar sein.

- **Für die abschließende Halbjahresbenotung ist in der Sekundarstufe I nicht nur ein Bewertungsmaßstab – z. B. die messbare Leistung – heranzuziehen und nach Möglichkeit nicht nur eine Sportart.**
  Das Heranziehen von Leistungen aus verschiedenen Sportarten reduziert z. B. mögliche Ungerechtigkeiten, die durch die unterschiedlichen körperlichen Voraussetzungen entstehen oder ihre Ursachen in individuelle Befindlichkeiten (Vorlieben, Abneigungen, negative Vorerfahrungen) und verschieden stark ausgeprägten Bewegungserfahrungen in einzelnen Sportarten haben können.
  Auch das Verhalten im Sportunterricht ist zu berücksichtigen.

- **In der Sekundarstufe II soll sich die Leistungsbewertung zusammensetzen aus dem Gesamteindruck im Kurs und mindestens zwei punktuellen Überprüfungen.**
  Um auch Auskünfte über Lernfortschritte zu erhalten, sollten auch Überprüfungen als Zwischendiagnosen z.B. in Form von Partnerbeobachtungen mit Hilfe von Diagnosebögen eingeplant werden.
- **Neben der messbaren Leistung bzw. anderen punktuellen Überprüfungsergebnissen müssen lt. Lehrplan auch Aspekte wie die Lernbereitschaft, Lernfortschritte und das Sozialverhalten in die Note mit einfließen.**
  Durch die Forderung an den Sportunterricht, eine ganzheitliche Handlungskompetenz zu fördern und zur Persönlichkeitsentwicklung beizutragen, muss konsequenterweise auch die Kompetenzentwicklung in diesem Bereich bei der Leistungsbewertung berücksichtigt werden.
- **Den Lerngruppen sind jeweils zu Beginn eines Halbjahres zumindest die allgemeinen geltenden Kriterien für die Leistungsbeurteilung mitzuteilen und ggf. zu erläutern.**
  Wenn die Forderungen nach Transparenz und Mitgestaltung keine leeren Worte bleiben sollen, müssen die Schüler die Kriterien erfahren, nach denen sie beurteilt und bewertet werden sollen, um sich im Unterricht entsprechend darauf vorbereiten zu können.
- **Leistungsbeurteilungen und Noten sind transparent zu machen und zu begründen.**
  Dazu gehört, mit den Lerngruppen über geplante Überprüfungsinhalte, deren Gewichtung, Beurteilungskriterien und mögliche Überprüfungsabläufe zu sprechen und realistische Schülerwünsche zu berücksichtigen.
- **Der Bezug der Überprüfungen zu den Unterrichtszielen sollte deutlich gemacht werden.**
  Damit soll verhindert werden, dass die Bewertung nur mit der Notengebung assoziiert wird, sondern primär als Diagnosemittel, als Maßnahme zum Erkennen von Lernfortschritten aufgefasst wird.

Mögliche Verfahren zur Notenfindung

- **Beurteilung anhand von verabredeten Bewegungskriterien.**
  Diese Form der Beurteilung ist für die Beurteilten gut nachvollziehbar, schließt aber subjektive Einflüsse auf Seiten des Beurteilenden nicht aus (z.B. Beeinflussung durch den bis dahin gewonnenen Gesamteindruck oder andere subjektive Einflüsse).
- **Feststellen der messbaren Leistung.**
  Die damit suggerierte Objektivität aufgrund der Vermeidung subjektiver Einflüsse durch den Bewertenden ist jedoch nicht wirklich gegeben. Zunächst muss

das gemessene Ergebnis in eine Note transformiert werden, entweder durch einen selbst entwickelten Notenschlüssel oder unter Rückgriff auf vorhandene Tabellen.
Dabei bleiben auch die individuellen Voraussetzungen unberücksichtigt.

- **Erstellung einer Rangordnung/Paarvergleich**
  Dieses Verfahren erlaubt die Einordnung einer individuellen Leistung im Rahmen der jeweiligen Lerngruppe, aber keine Einschätzung der Leistung im Vergleich mit anderen Lerngruppen. Außerdem ist es Ermessenssache, wo dabei die jeweilige Notengrenze festgelegt wird.

- **Feststellen von Lernfortschritten durch Eingangs- und Ausgangstests oder Zwischendiagnosen.**
  Ein Rückgriff auf Eingangs- und Ausgangstests bietet sich vor allem in den Individualsportarten an, ist aber nur möglich, wenn die Lerngruppe zu Beginn der Unterrichtseinheit bereits ein bestimmtes Leistungsniveau erreicht hat. Dies gilt auch für den Einsatz von Zwischendiagnosen, ist dann aber in allen Sportarten möglich.

- **Zuordnung gemäß Normalverteilung.**
  Dieses Verfahren signalisiert, dass der Anteil guter, mittelmäßiger und weniger talentierter Lerngruppenmitglieder in etwa immer gleich ist. Das ist in der Realität jedoch selten der Fall. Wenn aber das Leistungsvermögen von Lerngruppe zu Lerngruppe sehr unterschiedlich ist, dann ist eine Notenfeststellung nach diesem Verfahren nicht vergleichbar.

- **Zuordnung nach Bewertungstabellen.**
  Bei einem Rückgriff auf derartige Tabellen mangelt es an Transparenz. Es ist unklar, auf welcher Basis die Werte erstellt wurden. Im Schwimmen z.B. wird womöglich davon ausgegangen, dass ein Schwimmkurs über ein Halbjahr geht, während die zu beurteilende Lerngruppe lediglich einen Kurs von 8 Wochen hatte.
  Die Voraussetzungen, unter denen die Leistungen erbracht werden, bleiben dabei unberücksichtigt. Kein Wunder also, dass viele Lehrkräfte oft über die vorgeschlagenen Werte staunen.

- **Zuordnung ausgehend vom Gruppenbesten.**
  Stellen Sie sich vor, Ihre Leistung wird nach diesem Verfahren bewertet, in Ihrer Gruppe befindet sich aber zufällig ein Sportler, der bereits international sehr erfolgreich war. So beschrieb es einmal ein Skifahrer, der die Lizenz des DSV erwerben wollte aber das Pech hatte, dass bei dem u. a. zu bestreitenden Abfahrtslauf zufällig auch der deutsche Abfahrtsmeister beteiligt war und die Richtzeit vorgab. Dies ist ein Extrembeispiel, macht aber das darin zum Ausdruck kommende Problem sehr deutlich.

Die Problematik bei dieser Bewertungsform liegt darin, dass sie realistische Bewertungen nur zulässt, wenn die Leistungen aller Gruppenmitglieder sich ausschließlich aus dem gehaltenen Unterricht ergeben. In vielen Fällen aber ist die Leistungsheterogenität zu groß, da einzelne Gruppenmitglieder bereits mit Vorerfahrungen in den Unterricht kommen. Abgesehen davon können auch die unterschiedlichen körperlichen Voraussetzungen zu Verzerrungen führen.

- **Subjektive Einschätzung durch die Lehrkraft / Schüler**
  Eine subjektive Einschätzung der Schülerleistungen durch die Lehrkräfte erfolgt eigentlich ständig im Verlauf des Unterrichts. Sie verfestigt sich im Laufe des Unterrichts zu einem Gesamteindruck, der jedoch leicht von prägnanten Vorkommnissen im Laufe des Unterrichts beeinflusst sein kann, die der Lehrkraft besonders in Erinnerung geblieben sind und von weiteren subjektiven Einflüssen (s. Miethling, 1997). Dessen sollte man sich immer bewusst sein.
  Dieser Gesamteindruck kann sich dann auch auf punktuelle Beurteilungen auswirken. Stimmen diese mit dem Gesamteindruck überein, kann sich die Lehrkraft bestätigt fühlen. Bei positiven oder negativen Abweichungen sollte man sich aber hinterfragen und auch andere Beurteilungskriterien zur Begründung oder als Korrektiv heranziehen. Auch die Einschätzung der Schüler, die aber jeweils begründet werden sollte, kann dabei aufschlussreich sein.

Diese Auflistung macht deutlich, dass es offenbar nicht den einen Königsweg für die faire Beurteilung von Schülerleistungen im Sport gibt. Mögliche Ungerechtigkeiten lassen sich aber reduzieren, wenn man zur Festlegung der Noten auf eine Kombination mehrerer Verfahren zurückgreift.

Es kann aber auch zu ungerechten Leistungsbewertungen auf einer ganz anderen Ebene kommen.

Nehmen wir als Beispiel eine Abiturprüfung in Badminton. Bei der Bewertung des Spielverhaltens deklassiert ein Prüfling seinen Gegner mit 15:2 Punkten, indem er die Schwächen des Gegners mit Schmetterschlägen konsequent ausnutzt. Ein Teil der Prüfungskommission schlägt danach als Bewertung 15 Punkte vor, da der Prüfling sich taktisch klug verhalten und die Schwächen des Gegners mit seinen Schmetterschlägen konsequent zu seinen Gunsten ausgenutzt habe. Ein anderer Teil der Kommission ist dagegen für 12 Punkte mit der Begründung, der Prüfling habe seine Schläge nicht genügend variiert. Es handelte sich bei dem geschilderten Prüfungsteil jedoch eindeutig um eine ergebnisorientierte Überprüfung, die Forderung nach einer möglichst großen Variation an Schlägen war nicht Teil der Anforderung. Man stelle sich in dem Zusammenhang Steffi Graf bei der Abiturprüfung im Tennis vor, die zeitweise bei Rückhandschlägen nur den Slice einsetzte. Nach der Argumentation der 12 Punkte-Befürworter hätte Steffi Graf bei der Überprüfung der Spielfähigkeit dann keine 15 Punkte bekommen können.

Das Problem, das hier sichtbar wird ist, dass bei den Befürwortern der schwächeren Punktzahl nicht klar zwischen ergebnis- und kriterienorientierter Bewertung unterschieden wurde. Diese Vermischung beider Formen führt dann aber zu Meinungsverschiedenheiten, unnötigen Diskussionen und im Endeffekt womöglich zu ungerechten Bewertungen. Die hier beschriebene Tendenz, im wettkampforientierten Spiel überwiegend eine bestimmte Technik einzusetzen, mit der man immer wieder Erfolg hat, ist nicht als einseitig und damit negativ zu sehen, sondern zeigt vielmehr ein gutes taktisches Verständnis, indem der Spieler in Abwägung seiner Stärken und der Schwächen des Gegners die für ihn am meisten Erfolg versprechende Maßnahme wählt.

Als ausgesprochen schwierig empfinden es viele Lehrkräfte, der Forderung nachzukommen, die Lernbereitschaft, den Lernfortschritt und das soziale Verhalten in die Beurteilung begründet einzubeziehen. Schließlich kann man sich als Lehrkraft im Unterricht nicht ständig Notizen dazu machen. Eine Möglichkeit wäre, dies an Schüler zu delegieren, die nicht aktiv am Sportunterricht teilnehmen können. Aber wie verlässlich sind die so gewonnenen Erkenntnisse (selektive Wahrnehmung, Überforderung durch die Anzahl der zu beobachtenden Schüler)?

Ein wesentlich aussagekräftigeres Verfahren ist eine Einschätzung durch die Schüler selbst. Allerdings sollte man dabei auf einen möglichst geringen Zeitaufwand achten. Deshalb ist zu bedenken, dass die gewünschten Auskünfte sich auf wenige bedeutsame Aspekte beschränken, die Aussagen, zu denen Stellung bezogen werden soll, aus kurzen, unmissverständlichen Formulierungen bestehen, Antwortmöglichkeiten vorgegeben sind und die Auswertung unkompliziert zusammen mit den Schülern erfolgen kann. Kaum eine Lerngruppe ist nämlich begeistert, umfangreiche Abfragelisten zu bearbeiten, wobei dann auch noch die Gefahr besteht, dass Nachfragen kommen oder Fragen missverstanden werden. Und der Zeitaufwand für die Auswertung ist auch zu bedenken.

Vorschlag für einen Selbsteinschätzungsbogen

Ich habe mich angestrengt					
	immer	meistens	manchmal	selten	gar nicht
Ich habe dazu gelernt					
	sehr viel	viel	es geht	nicht viel	gar nichts
Ich war hilfsbereit					
	immer	meistens	manchmal	selten	gar nicht
Ich war fair					
	immer	meistens	manchmal	selten	gar nicht
Ich war aufmerksam					
	immer	meistens	manchmal	selten	gar nicht

Das mehrfach erprobte Verfahren sieht vor, quadratische, selbstklebende Merkzettel auf die einzelnen Felder eines Plakates zu kleben, die die Größe der Merkzettel haben. Dann werden die Schüler aufgefordert, sich ihren Vorstellungen entsprechend in die Felder mit Namen einzutragen.

Es stellt sich dann in der Regel heraus, dass sich die meisten Schüler in die Felder der Spalten 2 und 3 eingetragen haben.

Wenn der Vorgang abgeschlossen ist, wird die gesamte Lerngruppe vor dem Plakat zusammengerufen und gebeten, ihre Meinung zu den Ergebnissen und besonders zu der Häufung der Zuordnungen in bestimmten Feldern zu äußern, begleitet von der Frage ***„Meint ihr wirklich, dass die vielen Eintragungen von euch in der zweiten und dritten Spalte eurem Verhalten im Unterricht entsprechen? Oder gibt es nicht***

einige, die es verdienen, sich in der ersten Spalte einzutragen und auch einige, die sich weiter hinten eintragen sollten?"

Nach diesen Denkanstößen und einer kurzen Diskussion unter den Schülern werden dann die beschriebenen Merkzettel durch neue ersetzt, und die Schüler dürfen sich nun erneut zuordnen mit der Ermunterung ***„Traut euch ruhig, euch da einzutragen, wo ihr meint, es verdient zu haben"***. Dazu erfolgt die Ankündigung, dass die Ergebnisse danach noch besprochen werden.

In diesem zweiten Durchgang ergibt sich dann ein wesentlich differenzierteres Bild, da die Schüler die ursprünglichen Hemmungen jetzt abgelegt haben und sich nun, auch aufgrund der gemeinsamen Besprechung, trauen, offen anzugeben, was sie sich verdient haben. Die wirklich sehr engagierten Schüler befinden sich nun in der ersten Spalte. Und durch die gegebene Öffentlichkeit geben nun auch Schüler, die sich im Unterricht in den thematisierten Bereichen nicht gerade hervorgetan haben, zu, dass sie sich den schwächeren Kategorien zuordnen müssen. Auf diese Weise kann man zu einem von den Lehrkräften und Schülern als sehr realistisch empfundenen Überblick gelangen.

Durch das mit diesem Verfahren geforderte Nachdenken über ihr Verhalten im Sportunterricht werden die Lerngruppen gezwungen, sich bewusst mit diesen Aspekten des Unterrichts zu beschäftigen. Als Konsequenz ist nach einer derartigen Selbsteinschätzung in der Regel eine erstaunlich positive Veränderung des Schülerverhaltens zu beobachten. Der Geräteauf- und Abbau funktioniert nun reibungslos und ohne besondere Aufforderung an bestimmte Schülergruppen, die Aufmerksamkeit und der Arbeitseifer steigen deutlich und auch der Umgang miteinander ist entspannter. Daher bietet es sich an, ein derartiges Verfahren nicht nur am Halbjahresende durchzuführen!

7.6 Zur Funktion von Abschlussgesprächen

Am Ende einer Sportstunde soll ein Abschlussgespräch stattfinden. Das wird schon in der Ausbildung als unumgänglich bezeichnet. Also hält man sich nach Möglichkeit auch daran.

Allerdings wird am Ende einer Unterrichtsstunde häufig die Zeit knapp. Als Lehrkraft muss man sich dann entscheiden, die letzte Übungsform, das Abschlussspiel noch etwas weiter laufen zu lassen – schließlich war man bis dahin noch nicht so ganz zufrieden mit den bisher gezeigten Leistungen und die Schüler wollten ja auch noch spielen – oder aber abzubrechen und die Lerngruppe zum Abschlussgespräch zusammenzurufen. Fällt die Entscheidung für das Gespräch, hat dieses dann häufig allerdings lediglich eine Alibifunktion. Das Stundenende kündigt sich an, womöglich klingelt es auch gerade und die Lerngruppe will in die Pause. Über ein *„Wie war's?"* der Lehrkraft und einem *„War ganz okay"* der Schüler geht das Gespräch dann kaum hinaus.

Die hier geschilderte Situation entspricht natürlich nicht den Ansprüchen an ein sinnvolles Abschlussgespräch. Was aber kann die Funktion eines solchen Stundenabschlusses sein? Grundsätzlich dient es der Ergebnissicherung.

Wenn Lehrende und Lernende einen Sinn darin sehen sollen, muss ein derartiges Gespräch auch Ergebnisse liefern, die für beide Seiten einen Erkenntnisgewinn darstellen. Denn nur unter der Bedingung, dass sie von einem solchen Gespräch profitieren können, kann man von Lerngruppen erwarten, dass sie sich darauf einlassen und sich produktiv daran beteiligen.

Das bedeutet für die Lehrkräfte, dass sie im Unterrichtsverlauf bemerkenswerte Aspekte registrieren, die es wert sind, am Stundenende angesprochen zu werden. Diese können sich auf das Bewegungsverhalten der Lernenden beziehen oder auf Auffälligkeiten, die dem methodischen, organisatorischen oder sozialen Bereich zuzuordnen sind.

Die Ergebnissicherung kann bestehen aus Demonstrationen der im Unterricht erzielten Lernfortschritte im Bereich des Bewegungslernens oder des taktischen Verhaltens. Dazu sollten unterschiedliche Beobachtungsaufträge verteilt werden, um die Qualität der Demonstrationen beurteilen zu lassen, verbunden mit Frageimpulsen wie *„Was war bei dieser Demonstration besonders gelungen?" „Woran muss noch gearbeitet werden?" „Welche Tipps könnt ihr zur Verbesserung geben?" „Welche Bewegungskriterien oder Verhaltensregeln können wir festhalten?"*

Die Verteilung unterschiedlicher Beobachtungsaufträge erleichtert den Lernenden die gestellte Aufgabe, da sie sich nur auf spezielle Aspekte konzentrieren müssen und dadurch leichter die für die Diskussion relevanten Punkte erkennen. Damit erhöht sich die Chance, dass produktive Beiträge auch zügig erzielt werden.

Wichtig ist auch, den Schülern die Gelegenheit zu geben, den Stundenablauf bzw. bestimmte Schwerpunkte aus ihrer Sicht zu beurteilen. Denn nur dann fühlen sie sich ernst genommen, für den Unterrichtserfolg mitverantwortlich und sind bereit, mitzudenken.

Einen weiteren Schwerpunkt des Abschlussgesprächs kann auch die Diskussion über den Erfolg der methodischen oder organisatorischen Maßnahmen bilden. Wenn das Bedürfnis dazu nicht von den Lernenden selbst geäußert wird, kann die Diskussion über einen gezielten Frageimpuls durch die Lehrkraft initiiert und mit weiteren gedanklichen Anstößen in die richtige Richtung gelenkt werden. Dabei können einzelne Aufgabenformen, die Effektivität der evtl. eingesetzten Stationsarbeit, die bereitgestellten Materialien oder dabei vielleicht aufgefallene Probleme, die den organisatorischen Ablauf oder das Verständnis und die Klarheit eingesetzter Arbeitsmittel betreffen, besprochen und beurteilt werden.

Der Lehrkraft können die Ergebnisse wichtige Hinweise liefern, die sich nicht unbedingt mit den eigenen Erkenntnissen decken müssen aber auch eine Bestätigung der eigenen Beobachtungen sein können. Auf jeden Fall sind die in dieser Diskussion gewonnenen Einsichten wichtige Informationen für die Lehrkraft im Hinblick auf zukünftige Planungen.

Für die Schüler können die Ergebnisse dieser Diskussionen einen Beitrag leisten für die Entwicklung ihrer Methodenkompetenz, indem sie sich bewusst mit methodischen und organisatorischen Fragen auseinandersetzen müssen.

Je nach Verlauf des Unterrichts können auch Aspekte des sozialen Miteinanders in den Mittelpunkt des Abschlussgesprächs rücken. *Wurden die gestellten Aufgaben bei Partner- oder Gruppenarbeit zur Zufriedenheit aller Gruppenmitglieder bearbeitet? Wenn nicht, woran kann das gelegen haben? Haben alle die Arbeitsaufträge ernst genug genommen? Waren die Aufgaben klar genug formuliert? Wurden die erteilten Beobachtungsaufträge z.B. mit der nötigen Sorgfalt ausgeführt? Oder wurde in Spielphasen so miteinander kooperiert, dass alle zu einem befriedigenden Spielerlebnis kamen? Wenn nicht, was kann dagegen unternommen werden?* Diese und ähnliche Fragen können das Bewusstsein der Lerngruppe für die Bedeutung einer guten Kooperation schärfen und die Erkenntnis fördern, dass jeder Einzelne davon profitiert, wenn man verlässlich zusammenarbeitet.

Wichtige Ergebnisse bzw. Erkenntnisse sollten nach Möglichkeit schriftlich festgehalten werden (Plakat, Wandzeitung), damit sie in den Folgestunden als Basis für die Weiterarbeit genutzt werden können.

Natürlich können nicht alle die erwähnten Aspekte in einem Abschlussgespräch thematisiert werden. Für die Lehrkraft gilt es daher zu entscheiden – auch in Absprache mit der Lerngruppe – welche Dinge vorrangig angesprochen werden sollen. Das hängt vor allem ab vom thematischen Schwerpunkt, der Zielsetzung und dem Verlauf der Stunde.

8. Überlegungen zur Sportspielvermittlung

Zum Begriff der Spielfähigkeit

Der Begriff der Spielfähigkeit ist ein sehr weit gefasster Ausdruck. Deshalb ist eine differenziertere Betrachtung notwendig. Unterschieden wird zunächst zwischen **allgemeiner** und **spezieller Spielfähigkeit**. Dabei wird die allgemeine Spielfähigkeit, unabhängig von einem bestimmten Spiel, kurz gefasst, verstanden als das Organisieren und Aufrechterhalten eines Spiels auch bei Störungen und wenn die eigenen Erwartungen nicht immer erfüllt werden.

Die spezielle Spielfähigkeit dagegen bedeutet, sich auf der Basis technischer Fertigkeiten und taktischer Fähigkeiten aktiv an Spielen beteiligen zu können (s. Dietrich, 1984).

Diese Unterscheidung wird jedoch noch auf einer sehr allgemeinen Ebene getroffen – die implizierten Fähigkeiten beziehen sich noch nicht auf ein konkretes Spiel und können daher, wenn sie für alle Spiele einer Kategorie gelten sollen, die speziellen Anforderungen an die Spielfähigkeit konkreter Spiele, insbesondere der Sportspiele, nicht hinreichend berücksichtigen. Innerhalb der Sportspiele wird zudem zwischen der Gruppe der Zielschussspiele und der der Rückschlagspiele unterschieden. Für beide Kategorien lassen sich jeweils gemeinsame Grundqualifikationen feststellen, so dass in der Anfängerausbildung des Sportspielunterrichts eine Sportspiel übergreifende Vermittlung vorgeschlagen wird (vgl. Kröger/Roth, 1999).

Für die darüber hinausgehende Sportspielvermittlung ist eine weitergehende Differenzierung von Bedeutung, indem zwischen **Spielfähigkeit im weiteren** und **engeren Sinn** unterschieden wird (vgl. König, 1997).

Im ersten Fall sind Sportspiel übergreifende Fähigkeiten gemeint, koordinative Fähigkeiten wie das Antizipieren von Ballflugwegen und taktische Kompetenzen wie Freilaufen und Decken oder Lücken zwischen Abwehrspielern zu erkennen sowie Fertigkeiten wie der kompetente Umgang mit Bällen (vgl. Kröger/Roth). Damit entspricht sie in etwa der eingangs erwähnten speziellen Spielfähigkeit nach Dietrich. Die Spielfähigkeit im engeren Sinn dagegen ist jeweils auf ein bestimmtes Sportspiel beschränkt und beinhaltet das Verständnis für die grundlegenden Spielzusammenhänge und das spieltypische Verhalten in dem betreffenden Spiel sowie die Fähigkeit, typische Handlungssituationen zu erkennen und Handlungsabläufe vorauszusehen, also das Spiel zu „lesen" und darauf situationsgemäß zu reagieren.

Diese differenziertere Betrachtung der Spielfähigkeit hat folgerichtig Auswirkungen auf die Vermittlung von Sportspielen in der Schule. Denn wenn es darum geht, ein spieltypisches Verhalten anzustreben und die Fähigkeit zu vermitteln, für ein bestimmtes Spiel charakteristische Situationen zu erkennen und darauf angemessen reagieren zu können, dann muss die Spielvermittlung über eine Technikvermittlung hinausgehen, auch die grundlegende Spielidee verdeutlichen sowie grundlegende taktische Elemente ansprechen. In der Unterrichtsrealität wird dem jedoch noch zu wenig Rechnung getragen, auch wenn es inzwischen eine ganze Reihe von Vermittlungsmodellen im Sportspielbereich gibt.

Eine Übersicht über die unterschiedlichen Spielvermittlungsmodelle findet sich u. a. bei Söll, 2008, S. 239–248.

8.1 Zum Problem der Sportspielvermittlung im Anfängerbereich

Bei der Sportspielvermittlung gibt es jedoch immer noch die weit verbreitete Meinung, dass am Anfang die Technikvermittlung Vorrang hat. Dem gegenüber steht aber der inzwischen allgemein anerkannte Grundsatz, dass Spielen vor Üben geht bzw. von Anfang an gespielt werden soll (vgl. Kröger/Roth, 1999).

In der Sportspielvermittlung ist dann z. B. oft festzustellen, dass nach der Einführung einer Bewegung von einem Teil der Sportlehrkräfte sofort die Anwendung in einer komplexen Spielsituation erwartet wird, ohne die in der Regel notwendigen Zwischenschritte wie Festigungsphasen und überschaubare Überzahlsituationen angeboten zu haben. Außerdem wird zu wenig beachtet, dass für den gezielten Einsatz einer gerade erlernten Technik auch deren Funktion im Spiel mit vermittelt werden muss, denn ohne das taktische Verständnis für den Sinn und Zweck einer Bewegung im Handlungsgefüge des betreffenden Spiels kann eine situationsangemessene Anwendung in der konkreten Spielsituation nicht erwartet werden. Den Schülern muss z. B. klar sein, wann, d. h. unter welchen günstigen Bedingungen der Einsatz der neuen Bewegung sinnvoll ist und welche Voraussetzungen dafür geschaffen werden müssen. Nur so können sie in die Lage versetzt werden, in konkreten Spielsituationen sinnvolle Entscheidungen zu treffen.

Ein anderer Teil der Lehrkräfte tendiert dazu, die Möglichkeiten ihrer Schüler zu unterschätzen. Das Bewegungslernen wird in diesem Fall für alle sehr kleinschrittig geplant, womit zumindest ein Teil der jeweiligen Lerngruppe unterfordert wird. Als Folge davon können Motivationsprobleme und Unterrichtsstörungen z. B. in Form von Nebenbeschäftigungen oder nicht gewollten Aktionen auftreten.

Warum sollen Lerngruppen insgesamt z. B. einen ganzen Katalog von Vorübungen für ein Bewegungsziel abarbeiten, wenn ein Großteil der Schüler die ganzheitliche Bewegung unter erleichterten Bedingungen mehr oder weniger auf Anhieb erlernen kann? Für diejenigen, denen dies nicht gelingt, können dann je nach Bedarf einzelne Übungserleichterungen als differenzierende Maßnahmen angeboten werden.

So muss man z. B. bei der Vermittlung des Sprungwurfs im Handball keine intensive Rhythmusschulung als Vorbereitung vorsehen, wie dies z. T. vorgeschlagen wird (vgl. DHB, 1992, S. 29). Es genügt dagegen, die Schüler im links-rechts-links-

Rhythmus nach einer Demonstration von einer erhöhten Abwurfstelle (z. B. Kastenoberteil) aus, Sprungwürfe versuchen zu lassen. Sie werden so an den 3er-Rhythmus gewöhnt, lernen gleichzeitig die Stemmbewegung nach oben und haben durch die erhöhte Absprungstelle auch durch die verlängerte Flugphase mehr Zeit für den Wurf. Ablaufmarkierungen, Rhythmisierungshilfen und eine verlangsamte Ausführung (z. B. zunächst im Gehen) können dann als differenzierende Hilfen eingesetzt werden ebenso wie der unterschiedlich schnelle Abbau des erhöhten Absprungs (s. Schröter, 2001, S. 334/335).

Ein Problem, dem sich viele Lehrkräfte bei der Sportspielvermittlung gegenübersehen ist, dass sie in sehr kurzer Zeit – häufig stehen nur einige Doppelstunden für die Einführung eines Sportspiels zur Verfügung – dieses Spiel in seinen Grundzügen vermitteln und dabei vor allem auch das Interesse der Lernenden für das Spiel wecken sollen. In verschiedenen Übungsformen werden die wesentlichen technischen Fertigkeiten gelehrt mit einer kurzen Spielphase am Stundenende. Derartige Vermittlungsversuche sind jedoch nicht dazu geeignet, bei den Lernenden Einsichten in die Zusammenhänge des Spiels zu vermitteln und damit Interesse oder Begeisterung zu wecken.

In der schulischen Sportspielvermittlung sind aber immer wieder derartige Vorgehensweisen zu beobachten, die die Motivation der betroffenen Lerngruppen stark beeinträchtigen, zügigen Lernfortschritten im Weg stehen und verhindern, dass Schüler ein Verständnis für die Struktur des „vermittelten" Spiels entwickeln können.

Die Sportspielvermittlung scheint für die Unterrichtenden auf den ersten Blick relativ unproblematisch zu sein. Man hat selbst oft eigene Spielerfahrung und die Schüler sind in der Regel motiviert. Wenn man dann aber über das Vorgehen und die ersten Planungsschritte nachdenkt, stößt man schnell auf eine ganze Reihe von Fragen wie etwa folgende:

- Beginne ich mit einer Technikvermittlung oder gleich mit einem Spiellehrgang?
- Soll ich Übungs- oder lieber Spielreihen wählen?
- Welche technischen Fertigkeiten müsste ich und welche kann ich in der verfügbaren Zeit vermitteln?
- Welche Reihenfolge ist dabei am sinnvollsten?
- Wann lasse ich spielen und in welcher Form (gleich das Zielspiel, mit reduzierter Spielerzahl und/oder mit Überzahl)?
- In welchem Umfang und in welcher Form spreche ich taktische Belange an?

Ein unreflektiertes Vorgehen unter Vernachlässigung der erwähnten Fragestellungen kann in Verbindung mit häufig widrigen Rahmenbedingungen wie großen Klassen, wenig Zeit und wenig Ballmaterial sowie unbefriedigendem Hallenraum dazu führen, dass Lehrkräfte die Sportspielvermittlung als unbefriedigend und Lerngruppen sie als wenig attraktiv oder gar frustrierend empfinden.

Um diesen Gefahren zu begegnen, sollten die folgenden Aspekte beachtet werden.

8.2 Grundsätze für die Vermittlung von Sportspielen

Vor Beginn einer sportspielspezifischen Unterrichtseinheit empfiehlt es sich, in den jüngeren Jahrgängen den Lerngruppen über eine Einheit zum Umgang mit Bällen allgemeine Erfahrungen mit Bällen zu vermitteln.

Die Kinder können so z. B. das Verhalten von springenden, fliegenden und rollenden Bällen erfahren, die Ballkontrolle erlernen und die Angst vor fliegenden Bällen verlieren.

Die Spiel bestimmende Handlung sollte immer im Mittelpunkt stehen. Das ist bei den Zielschussspielen der Torschuss, Tor- oder Korbwurf.

Dementsprechend sollte es vermieden werden, z. B. ausgiebig isolierte Übungen zum Dribbling (Basketball), zum Werfen und Fangen (Handball) oder zum Passen und Stoppen (Fußball) anzubieten. Erst die Kombination dieser Techniken mit der eigentlichen Zielbewegung erhält bzw. fördert die Bereitschaft, sich aktiv mit Übungen auseinanderzusetzen und ermöglicht ein motivierendes, spielnahes Handeln.

Neben der Technik muss parallel dazu auch das individual- und gruppentaktische Verhalten geschult werden.

Ohne diese gleichzeitige Taktikschulung sind die Spieler im Anfängerbereich in Spiel überfordert, da die verschiedenen Handlungssituationen sehr komplex sind, sie aber auf schnell zu treffende Handlungsentscheidungen nicht vorbereitet sind und nicht wissen, welche Entscheidung gerade die richtige ist.

In der Anfängerschulung sollte in Spielsituationen deshalb die Spielerzahl deutlich reduziert sein und anfangs in Überzahl gespielt werden.

Nehmen wir einen Handballspieler, der Schlag- und Sprungwurf erlernt hat. In isolierten Übungssituationen gelingen ihm die Würfe. Im Spiel aber sieht er sich dann ganz anderen Herausforderungen gegenüber: Nun stehen gegnerische Abwehrspieler im Weg und deren Aktionen müssen beobachtet werden, Mitspieler wollen angespielt werden und deren Laufwege müssen mit dem eigenen koordiniert werden. In derartig komplexen Spielsituationen zeigt sich die Überforderung des Spielers dann z. B. in überhasteten, oft auch ungenauen Abspielen oder häufigen Würfen aufs Tor, ohne in einer günstigen Wurfposition zu sein oder in grundsätzlichen Abspielen zum Nebenmann, selbst wenn eine gute Wurfposition besteht.
Zu dem Gefühl, den Spielsituationen nicht gewachsen zu sein, kommt die frustrierende Erfahrung, das in den Übungsphasen erworbene Können nicht erfolgreich anwenden zu können. Motivationsfördernd ist das nicht.

Da die komplexen Spielsituationen Anfänger überfordert, muss das Spiel durch die Einschränkung der Entscheidungsmöglichkeiten überschaubarer gemacht werden.

Neben dem noch fehlenden taktischen Verständnis ist ein weiterer, bereits angedeuteter Grund für die beschriebene Überforderung von Anfängern die Entscheidungsvielfalt in komplexen Spielsituationen.
Um bei Handball zu bleiben, ein unerfahrener Spieler sieht sich im Spiel etwa folgender Problemsituation gegenüber: „Spiele ich den erhaltenen Ball zurück zur Mitte oder weiter nach außen, dribble ich zuerst oder sollte ich gleich eine Nahtstelle anlaufen? Soll ich vielleicht doch versuchen, den Kreisläufer anzuspielen? Aber geht das ohne eine vorherige Täuschungsbewegung? Eigentlich könnte ich ja auch selbst aufs Tor werfen, aber kommt dann nicht ein Abwehrspieler auf mich zu?"
Als Fazit dieser Situationsbeschreibung lässt sich festhalten, dass eine derartig komplexe Handlungssituation einen Anfänger gleich in mehrfacher Hinsicht überfordert.

In der Anfängerschulung sollte zunächst die Anforderung variiert werden oder eine überschaubare Situation, nicht aber beides gleichzeitig.

Um bei dem Beispiel *Sprungwurf* zu bleiben, wenn der Sprungwurf nach dem Abbau der Absprunghilfe weiter gefestigt werden soll, ist es nicht ratsam, gleichzeitig das Anspiel durch einen Partner hinzuzunehmen oder die Situation durch das Werfen über eine Matte bzw. einen Abwehrspieler zu variieren. Durch derartige Aufgabenstellungen entstehen Mehrfachanforderungen, die zu Überforderungen führen können. Die Schüler müssen sich nach dem Wegfall der Absprunghilfen nun selbst den Absprungpunkt suchen, sollen die Aufmerksamkeit aber gleichzeitig auf das Anspiel oder das hinzugekommene Hindernis (Matte bzw. Abwehrspieler) konzentrieren.

Um die spezifischen Spielerfahrungsdefizite im Schulsportunterricht auszugleichen, müssen Situationen geschaffen werden, in denen ein spieltypisches Problem deutlich wird und dafür Lösungen gesucht werden können.

Als Voraussetzung für ein situationsangemessenes Handeln in Spielsituationen muss den Schülern die Grundidee des Spiels klar sein und die Funktion einzelner Spielhandlungen für das Herausarbeiten erfolgreicher Angriffssituationen. Erst wenn die Schüler ein Problembewusstsein dafür entwickelt haben, welche Voraussetzungen für eine Erfolg versprechende Aktion geschaffen werden müssen, können sie sinnvolle Lösungsansätze entwickeln, Handlungsmöglichkeiten in unterschiedlichen Spielsituationen erkennen und auf dieser Basis Sicherheit in ihren spieltaktischen Entscheidungen gewinnen. Durch diese zunehmende Handlungssicherheit kann das Verständnis und in der Folge die Begeisterung für ein angebotenes Spiel geweckt und gefördert werden.

Wenn Schülern nicht klar ist, warum sie z. B. im Handball den Ball in der Vorwärtsbewegung annehmen und auf die Lücke zwischen zwei Abwehrspieler stoßen sollen, im Volleyball ihnen nicht bewusst ist, warum sie dem Partner den Ball möglichst so hoch zuspielen sollen, dass dieser ihn oberhalb der Stirn weiterspielen kann und warum im Basketball der den Block stellende Spieler sich in den freien Raum absetzen soll, kann nicht erwartet werden, dass die Lernenden ein Verständnis für den Sinn dieser Aktionen entwickeln und sich aktiv um Lösungsmöglichkeiten bemühen.

8.3 Beispiel einer Situationsreihe zum Sprungwurf

Voraussetzungen

Der Versuch, diese Erkenntnisse methodisch umzusetzen, führte zu den im Folgenden dargestellten Konzept einer Situationsreihe für Handball, die sich mit altersangemessener Variation sowohl in der Sekundarstufe I und II (ab Klasse 7), als auch bei Jungen und Mädchen sowie in großen Klassen bei sehr begrenztem Raum bewährt hat.

Die Mindestvoraussetzung, z. B. im Rahmen eines allgemeinen Spiellehrgangs, ist eine Koordinationsschulung unter besonderer Berücksichtigung des Umgangs mit fliegenden Bällen, die Vermittlung des Fangens und Werfens und allgemeine Spielerfahrung über kleine Spiele (vgl. König, 1997) oder entsprechend dem integrativen Spielvermittlungskonzept z. B. nach Kröger/Roth, (1999). Vorschläge dazu finden sich u. a. auch bei Hönl et al., (1992) (Integrative Sportspielvermittlung), Kursawe/ Pflugrath, (1986) (Basisspiel) oder Müller, (1997) und Horn, (1999) (Koordinative Übungen mit Bällen). Eine Erfolg versprechende Teilnahme an Ballspielen setzt nämlich u. a. voraus, dass Ballwege antizipiert werden können, Gegner und Mitspieler wahrgenommen werden (vgl. Hönl u. a., 1992; König, 1997) sowie Ängste vor Bällen abgebaut worden sind, die den Spielern entgegenfliegen.

Die Situationsreihe

Im Gegensatz zu anderen Situationsreihen (vgl. DHB, 1991; DHB, 1992) baut diese Situationsreihe auf der Einführung des Sprungwurfs als dem motivierendsten, häufigsten und am variabelsten einsetzbaren Wurf im Handball auf und verzichtet zunächst ganz auf das Dribbeln, das – verglichen mit seiner Bedeutung im Spiel – bisher einen zu hohen Stellenwert in der Anfängerschulung hat und außerdem ein Zusammenspiel nicht gerade fördert (vgl. DHB, 1991).

Die 1 : 0 – Situation

Nach einer Demonstration wird der Sprungwurf nach drei Schritten zunächst mit, später ohne Absprunghilfe (Kastenoberteil) schräg zum Tor ausgeführt. Auf den 3-Schritt-Rhythmus ist anfangs besonders zu achten, damit dieser handballspezifische Rhythmus verinnerlicht werden kann. Später können als Variation zur Festigung auch Sprungwürfe nach 2 Schritten angeboten werden. Der Absprung vom Kastenoberteil ist nicht nur als Absprunghilfe zur Verlängerung der Flugphase zu sehen. Gleichzeitig fördert er auch den kräftigen Abdruck nach oben.

Die 1 : 0 + 1 – Situation

Nach erfolgreichen Würfen ohne Absprunghilfe kann nun der Sprungwurf nach dem Zuspiel in die Vorwärtsbewegung (zuerst gehen, dann laufen) erfolgen. Bodenmarkierungen (links – rechts – links bzw. rechts – links – rechts) sind dabei hilfreich. Der Passgeber sollte nach Blickkontakt in die Vorwärtsbewegung des Partners abspielen, um dieses taktische Grundverhalten schon hier mit einzustudieren. Es empfiehlt sich, die Pässe zunächst von der dem Wurfarm entgegengesetzten Seite in die beginnende Laufbewegung zu spielen, da dies von Anfängern als leichter empfunden wird. Der Ball wird nämlich bei schräg nach vorn verlaufendem Anlauf annähernd in Laufrichtung gespielt und kann nach dem Fangen sofort in die Ausholbewegung weiter geleitet werden. Außerdem erfolgt für Rechtshänder bei einer Wendung nach links der erste Schritt mit links, so dass die Anfänger leichter in den noch zu festigenden Rhythmus (links – rechts – links) kommen.

In der Literatur (z. B. DHB, 1991) wird dagegen häufig ein Anspiel von der Wurfarmseite her empfohlen, was aber ungünstiger ist, da es deutlich schwieriger ist, den Ball sicher zu fangen, wenn man dem zugeworfenen Ball entgegenläuft. Außerdem muss in diesem Fall die Ballflugbahn zur Ausholbewegung für Rechtshänder in eine Gegenbewegung umgelenkt werden. Zudem ist bei einer Wendung des Passempfängers nach rechts (linkes Bein vorn) die Gefahr von Schrittfehlern größer.

Zur weiteren Festigung können hier als Variation gezielt auch Sprungwürfe nach 2 Schritten bzw. 1 Schritt gefordert werden.

Die 2 : 0 Situation

Der Sprungwurf erfolgt nun nach einer deutlichen, der späteren Stoßbewegung ähnelnden Vorwärtsbewegung von Passempfänger <u>und</u> Passgeber. Dabei ist auf den Blickkontakt vor dem Zuspiel zu achten. Als neue Herausforderung kommt hinzu, dass das Anspiel nun mit dem Laufweg beider Spieler koordiniert werden muss.

Die 2 : 1 Situation

Zum Sprungwurf kommt es hier nach einer Stoßbewegung beider Angreifer jeweils <u>neben</u> den zunächst passiven, später halbaktiven bzw. aktiven Abwehrspieler. Mit der zunehmenden Aktivität des Abwehrspielers gerät jetzt auch das Abwehrverhalten in den Blick. Neben der Beinarbeit (Nachstellschritte) sollte deshalb das grundlegende taktische Verhalten wie Abschirmen der Wurfarmseite, Abblocken und Heraustreten hier thematisiert und nun immer mit beachtet werden, sobald der Abwehrspieler aktiv werden soll. Als Variation kann später aus dieser Situation heraus auch schon der Sprungwurf von der Außenposition probiert werden (Näheres s. 3 : 2 Situation).

Die 3 : 2 Situation

Sprungwurf von Außen nach Stoßbewegung der beiden Mitspieler und Anlaufen der Nahtstellen zwischen den Abwehrspielern:

Die Stoßbewegung beginnt in der Mitte: Rechtshänder kommen dabei auf der linken, Linkshänder auf der rechten Seite zum Wurf, nachdem sie aus der Spielfeldecke parallel zum Kreis hinter dem Rücken des äußeren Abwehrspielers in Richtung 7-Meter-Punkt in den Kreis gesprungen sind.

Mit dieser 3 : 2 Spielsituation, die auch im richtigen Handballspiel immer wieder als ideale Voraussetzung für einen erfolgreichen Torwurf angestrebt wird, werden die bisher initiierten Lernprozesse gefestigt und gleichzeitig erweitert. Auf Seiten der Angreifer werden jetzt die Stoßbewegungen u. a. zielgerichtet auf die Nahtstelle zwischen zwei Abwehrspielern ausgeführt und damit der Sinn der Stoßbewegungen verdeutlicht. Die Nützlichkeit dieser Handlungen wird schließlich unterstrichen durch die Erkenntnis, dass die Stoßbewegung in Verbindung mit einem schnellen Abspiel außerdem ein effektives taktisches Mittel ist, um einen Mitspieler, in diesem Fall den Außenspieler, in eine gute Wurfposition zu bringen. Darüber hinaus muss beim Freispielen des Außenspielers der Sprungwurf nun variiert werden. Im Gegensatz zum Sprungwurf aus dem Rückraum wird er als Sprungwurf in die Weite und mit Verzögerung ausgeführt, um einen möglichst günstigen Wurfwinkel zu erhalten.

Damit eignet sich diese Sprungwurfvariante auch gut als Differenzierungsangebot. Auf Seiten der Abwehrspieler entsteht jetzt zusätzlich die Notwendigkeit, Lücken zu schließen und sich in Absprache mit dem Mitspieler zur Ballseite hin zu verschieben.

Als Alternative beginnt die Stoßbewegung von außen. In diesem Fall kann dies neben einem Sprungwurf aus der Rückraumposition auch zur Vorbereitung des Kreisläuferanspiels dienen.

Die 1 : 1 + 1 Situation

Bisher wurden die Angreifer bevorzugt, dadurch dass sie ohne bzw. gegen eine verringerte Anzahl von Gegnern agieren konnten. Dies geschah bewusst, um ihnen für den Technikerwerb und das Sammeln von Erfahrungen im taktischen Bereich möglichst günstige Bedingungen zu schaffen. Die Abwehrspieler dagegen brauchten nur zu reagieren, ohne dabei technisch anspruchsvolle Bewegungen ausführen zu müssen.

Jetzt sieht sich der Werfer einem zahlenmäßig gleich starken Gegner gegenüber, der den Wurf verhindern will. Die sich daraus ergebenden Probleme für ihn (Laufweg,

Abstand zum Abwehrspieler, verstärkte Beobachtung des Gegners) lassen es angezeigt erscheinen, wiederum zunächst die Aktivität des Abwehrspielers einzuschränken (z. B. zunächst nur abblocken, dann erst heraustreten). Gleichzeitig wird dem Werfer die Notwendigkeit von Täuschungshandlungen bewusst, so dass nach einer Erprobungsphase an dieser Stelle erste Täuschungsbewegungen gezielt angesprochen werden können.

Eingebaut werden könnte – eventuell auch als Differenzierungsangebot- der Sprungwurf nach Ausfallschritt entgegengesetzt zur Wurfarmseite zunächst ohne-, dann nach Pass in den Lauf.

Die 2 : 2 Situation

Die Erfahrungen und Probleme mit dieser Situation („*Wie schaffe ich es, mich selbst oder den Mitspieler in eine günstige Wurfposition zu bringen?*“) können nach der Festigung bzw. dem Ausbau von Täuschungshandlungen auch genutzt werden, um die Kreuzung einzuführen als taktisches Mittel gegen einen zahlenmäßig gleich starken Gegner.

Sprungwurf nach Kreuzung:

Hierbei ist es wichtig, die Laufwege und die Funktion der Spieler bewusst zu machen. Angreifer lernen hierbei die Funktion der Sperre kennen bzw. das Absetzen, Abwehrspieler das Vermeiden, gesperrt zu werden und das Übernehmen eines Gegenspielers.

Die 3 : 2 Situation mit Anspiel des Kreisläufers

Kreisläuferanspiel aus dem Rückraum nach einer von außen begonnenen Stoßbewegung und nach einem angetäuschten Sprungwurf von der Rückraumposition:

Nach der Einführung der Kreuzung empfiehlt es sich, noch einmal zur 3 : 2 Situation zurückzukehren, wenn man das Kreisläuferanspiel mit aufnehmen will. Dieses würde sich an dieser Stelle anbieten, da es einerseits über die Stoßbewegungen und das Anlaufen der Nahtstellen bereits vorbereitet ist, den taktischen Handlungsspielraum um einen wesentlichen Bestandteil des Handballspiels erweitert und im Sinne der Stufung des Lernprozesses für den Sprungwurf einen weiteren Schritt zur variablen Verfügbarkeit darstellt, da nun der Sprungwurf nur angetäuscht wird, um anschließend im Sprung den Kreisläufer anspielen zu können. Gleichzeitig kann hier gut ein Entscheidungstraining durchgeführt werden. Der Rückraumspieler hat je nach Situation zu entscheiden, ob er den Kreisläufer anspielt oder besser selbst werfen kann.

Schließlich kann hier, bei genügend Zeit, noch die Einführung des Fallwurfs angeschlossen werden, um den Kreisläufern ein für diese Position spezifisches technisches Können und taktisches Verhalten (seitliche Stellung, Ab- und Wegtauchen) zu ermöglichen.

Abschließende Bemerkungen zur Situationsreihe

Mit diesem Lehrgang werden die wesentlichen Elemente des Handballspiels spielnah eingeführt, wobei Spielhandlungen immer mit einem Torwurf abgeschlossen werden. Gleichzeitig werden grundlegende taktische Verhaltensmuster geschult und deren Funktion bewusst gemacht. Die Sinnhaftigkeit bestimmter Verhaltensweisen wird verdeutlicht, indem die Lernenden zunächst mit bestimmten spielspezifischen Situationen konfrontiert werden, in denen sie Probleme erkennen und Lösungsmöglichkeiten erproben können. Auf Grund des so gewonnenen Problembewusstseins werden Spielsituationen anders wahrgenommen als eingangs geschildert, nun nämlich als Chance, erlernte Techniken gezielt einzusetzen sowie ein sinnvolles taktisches Verhalten bewusst anzuwenden und später verinnerlichen zu können (vgl. Bietz, 1998).

Gleichzeitig wird vermieden, dass Anfänger von der Komplexität der Spielanforderungen überwältigt werden und den Überblick verlieren. Der Zielgedanke des Spiels, der Torwurf und das Herausspielen einer Torwurfmöglichkeit, stehen immer im Mittelpunkt, so dass die Anfangsmotivation erhalten bleibt und die Erwartungshaltung nicht enttäuscht wird bzw. Motivation für das Spiel geweckt werden kann. Schnelle individuelle Lernerfolge und Erfolgserlebnisse beim Torwurf vermitteln Spaß am Spiel. Die dafür notwendige Handlungssicherheit kann in Situationen erworben werden, die für die Lernenden überschaubar sind und anschließend auch unter Wettbewerbsbedingungen gezeigt werden. Auf diese Weise können „Übungstrott und Überforderungssituationen“ (König/Zentgraf, 1999, S.279) vermieden und Kinder für die Sportspiele gewonnen werden.

Ein anderes zentrales Anliegen ist die Betonung des gemeinsamen Spiels, das systematisch bis zum Spiel in der Dreiergruppe geschult wird. Der Verzicht auf das Prellen führt dabei neben der Förderung des Zusammenspiels auch zu einer zügigeren Passfolge und erleichtert damit gleichzeitig das Herausspielen einer Torwurfmöglichkeit.

Im Gegensatz zu Kursawe/Pflugrath, (1986), die über ein für Basket-, Fuß- und Handball gemeinsam konstruiertes Basisspiel den Erwerb von Handlungsflexibilität für die genannten Sportspiele im Sinne einer integrativen Sportspielvermittlung anstreben, ist mittlerweile vorherrschende Meinung, dass dieses Verfahren nur die allgemeine Spielfähigkeit schult. Für die sportspielspezifische Spielfähigkeit dagegen ist das Verständnis für die jedem Spiel eigenen Zusammenhänge notwendig. Derartige Einsichten sind aber nur über einen spielspezifischen Lehrgang zu vermitteln. Das Spielen eines Basisspiels kann also nur allgemeine Grundlagen – in diesem Fall für die Zielschussspiele – legen (vgl. Groth/Kuhlmann, 1989).

8.4 Zum Stellenwert der technischen Fertigkeiten

Wenn man davon ausgeht, dass das Fangen und Werfen parallel zum Torwurf benötigt wird, warum soll man dann diese Elemente nicht möglichst frühzeitig kombinieren? Fangen und Werfen lassen sich im Zusammenhang mit dem Wurf festigen und müssen nicht über das im Zusammenhang mit der Vermittlung einer allgemeinen Spielfähigkeit erworbene Können hinaus vor einer Wurfschulung intensiv geübt werden.

Die weit verbreitete und intensive Schulung des Prellens wird u. a. damit begründet, dass diese Technik zur Überwindung des Raumes unerlässlich sei (s. DHB, 1991). Dies gilt jedoch nur für die individuelle Überbrückung des Raumes. Dagegen spricht der inzwischen übliche schnelle Ballvortrag (schnelle Mitte) gegen das Prellen als Schwerpunkt. Außerdem soll in der Schule gerade das Miteinander in den Spielen gefördert werden, so dass neben dem Torwurf eher Fangen und Werfen – auch in der Vorwärtsbewegung – in den Mittelpunkt gerückt werden müsste. Abgesehen davon spielt der Aspekt des Raumgewinns im Schulhandball anders als etwa im *American Football* eine untergeordnete Rolle gegenüber dem Herausspielen einer Torwurfgelegenheit, zumal es sich in der Schule in der Regel um ein sehr begrenztes Raumangebot handelt. Die Betonung des Prellens ist also bei näherer Betrachtung nicht ganz nachvollziehbar, liegt aber wohl vor allem daran, dass diese Technik sich durch die große Zahl an Übungs- und Spielformen zu diesem Bereich hervorragend für die Aufwärmarbeit eignet.

Gegen die gezielte Schulung des Prellens spricht jedoch vor allem, dass es sehr stark das eigensinnige Spiel fördert, bei geringer Bedeutung für das Herausspielen von Torwurfmöglichkeiten unnötig Zeit für die Schulung der Technik kostet und zudem eine im Handballspiel oft zu beobachtende Unart bzw. sogar ein taktisches Fehlverhalten darstellt (grundsätzliches Tippen nach dem Fangen des Balles), was die Möglichkeit von Durchbruchsversuchen verhindert und Torwürfe oder schnelle Passfolgen verzögert, so dass dann Maßnahmen ergriffen werden müssen, die das Prellen wieder einschränken!

Ganzheitliches Vorgehen oder Zergliederung?

Im Gegensatz zur weit verbreiteten Ansicht, nicht nur in der Handballliteratur (u. a. Käsler, 1976; DHB, 1992; Schünemann/Koch, 1972), hat es sich im Schulsport erwiesen, dass relativ komplexe Techniken wie der Sprungwurf nicht unbedingt zergliedert in Form von methodischen Übungsreihen vermittelt werden müssen, wie bereits erläutert, sondern unter Einsatz von Materialhilfen in kurzer Zeit ganzheitlich erlernt werden können. Dies ist für die Lernenden wesentlich motivierender und für den Lehrenden zeitsparender, wie das beschriebene Beispiel des Sprungwurfs zeigt. So kann man diesen Wurf z. B. einschließlich des Dreierrhythmus in der oben beschriebenen Form innerhalb einer Doppelstunde unter Verzicht auf Vorübungen einführen und der Lerngruppe eine Reihe z. T. ermüdender Vorübungen ersparen. Außerdem kann man den Schülererwartungen mit Torwürfen von Anfang an entgegenkommen. Zwischenschritte können dann immer noch gezielt denen angeboten werden, die Lernschwierigkeiten haben.

Der ganzheitlichen Vermittlung liegt auch die Überlegung zu Grunde, dass die entscheidenden Bewegungsprobleme von Lernenden erst wirklich erfasst werden, wenn die Zielbewegung erprobt wird. Bei Vorübungen ist den Übenden zum großen Teil überhaupt nicht einsichtig, welche Funktion die jeweilige Übung hat. Entsprechend unkonzentriert oder zumindest wenig motiviert werden daher Übungen wie etwa das Überlaufen einer Kasten- bzw. Mattenbahn oder der 3-Schritt-Rhythmus mit Sprung auf ein Kastenoberteil (vgl. DHB, 1992, S. 29) ausgeführt.

Wenn dagegen beim Erproben der ganzheitlichen Bewegung Probleme auftreten, sind die Schüler in der Regel unmittelbar daran interessiert, das Problem zu lösen, vor allem dann, wenn sie sehen, dass Mitschülern die Bewegung schon gelingt. Dieses gezielte Problembewusstsein macht viel empfänglicher für Hilfen und Korrekturhinweise. Ein zielgerichtetes, konzentrierteres und erfolgreicheres Üben ist die Folge (vgl. Bietz, 1998).

Tipps für den Umgang mit räumlich begrenzten Verhältnissen

Auch wenn nur ein Hallendrittel zur Verfügung steht, kann man anfangs an 3–4 Toren, später an 2–3 Toren nebeneinander üben bzw. spielen lassen. Dabei stellen hochgestellte Weichböden ideale Tore dar. Man kann Zielbereiche gut markieren – z. B. auch die Umrisse eines Torhüters mit Kreide auf der Matte aufzeichnen –, und wenn die Matten vor einer nachgebenden Hallenwand postiert werden (evtl. gegen einen Kasten lehnen), springen Bälle nicht zurück. Linien auf dem Hallenboden können häufig den Kreis ersetzen. Geübt und gespielt werden kann ab der 2 : 0 Situation jeweils an einem Tor im Wechsel von 3, evtl. auch 4 Mannschaften: Bei der 2 : 0 Situation greift eine Mannschaft an, von einer Mannschaft steht 1 Spieler im Tor oder auch beide befinden sich dort, und 1–2 Teams stehen in Warteposition.

Bei der 2 : 1 Situation geht 1 Spieler in die Abwehr, der andere steht im Tor.

Wenn Ziele im oberen Bereich von richtigen Toren benötigt werden, sollte man statt der häufig benutzten Gymnastikreifen lieber Sprungseile diagonal an den Ecken anbringen – die Gymnastiklehrerinnen werden es dankbar vermerken. Für Ziele im unteren Bereich können kleine Kästen mit der Lederfläche nach vorn ins Tor gestellt werden

8.5 Gegensatz Schule – Verein?

Wenn man die unterrichtliche Planung an der Lerngruppe ausrichtet, kommt man eigentlich folgerichtig zu der Erkenntnis, dass sich die Vermittlung der Sportspiele in Schule und Verein deutlich unterscheiden muss. Dafür sprechen u. a. die sehr unterschiedliche Heterogenität der Lerngruppen, deren Größe, der zur Verfügung stehende Raum aber vor allem die für die Ausbildung zur Verfügung stehende Zeit. Allein aufgrund der knapp bemessenen Zeit ergeben sich für die Schulen notgedrungen ganz andere Zielsetzungen. Diese gravierenden Unterschiede werden aber in der Fachliteratur häufig nur unzureichend berücksichtigt.

So wird im Handball oder Basketball z. B. von offizieller Seite propagiert, in der Anfängerschulung grundsätzlich Manndeckung spielen zu lassen, um so u. a. frühzeitig eine vielseitige technische Ausbildung zu fördern und dadurch eine technische und taktische positionsspezifische Einseitigkeit zu vermeiden. Für die Vereinsarbeit erscheint dies sinnvoll, für den Schulbereich dagegen wäre ein derartiges Vorgehen kontraproduktiv. Im Vereinstraining können die Anfänger kontinuierlich ein- bis zweimal pro Woche etwa eine Stunde lang Erfahrungen sammeln, Strategien ausprobieren. Im Schulunterricht dagegen sind die Spielanteile für eine wesentlich größere Gruppe deutlich kürzer und nur über einen sehr begrenzten Zeitraum erlebbar, so dass ein Lernen über *trial and error* in der Kürze der Zeit, wenn überhaupt, dann nur rudimentär erfolgen könnte. Als Folge erleben die Anfänger in 6 bis 8 Wochen bei Manndeckung mehr Misserfolgs- als Erfolgserlebnisse, denn bei der anfangs mangelnden Technik der Lernenden sind die Abwehrspieler im Vorteil (s. o.). Ein planvolles Angriffsspiel mit Erfolg versprechenden Torwürfen kommt nicht zu Stande, da die Angreifer, wenn sie schon weit vor dem Tor bzw. der Zone angegriffen werden, oft gar nicht bis zum Wurfkreis bzw. Korb vordringen können.

Deshalb müssen die Angreifer im Anfangsunterricht der Schule die Gelegenheit bekommen, einen Angriff in Ruhe weitgehend ungestört aufbauen zu können, anfangs auch in Überzahl, um die Möglichkeit zu erhalten, in 6 bis 8 Wochen nicht nur – pointiert ausgedrückt – Prellen, Werfen und das individuelle Sich-Durchsetzen sowie Chaos auf dem Spielfeld (s. o.) als Basket- oder Handballspiel zu erleben, sondern neben dem Erwerb der grundlegenden Techniken auch die das Spiel charakterisierenden Standardsituationen mit dem dazu gehörenden angemessenen Verhalten zu begreifen sowie die Spielidee zu verstehen. Die Vermittlung eines taktischen Verständnisses ist also als integraler Bestandteil der Ausbildung zu verstehen. Nur so ist ein dem Spiel gerecht werdendes Verständnis für das Spiel zu vermitteln und womöglich langfristiges Interesse zu wecken. Dieses Spielverständnis und das Erkennen technisch-taktischer Möglichkeiten können sich jedoch im Schulsport mit seinen kurzen Sportspieleinheiten nicht von selbst nur durch intensives Spielen entwickeln. Vielmehr muss über das Ansprechen auftretender Problemsituationen im Spiel bei den Lernenden ein Bewusstsein geschaffen werden für diese typischen Spielsituationen, bevor die Schüler selbst diese als Möglichkeit erkennen und mit entsprechendem technisch-taktischen Verhalten darauf reagieren können.

Darüber hinaus wirkt sich die Verbindung von Technikvermittlung mit taktischer Schulung nach neueren Erkenntnissen offenbar auch positiv auf das Bewegungslernen aus (vgl. Szymanski nach Volle/Zentgraf, 1999).

Die hier dargestellten Gedanken beziehen sich zwar vornehmlich auf das Handballspiel, viele der aufgezeigten Fragestellungen und Probleme gelten aber in ganz ähnlicher Form auch für andere Sportspiele. So können die eingangs skizzierten Planungsfehler beispielsweise ebenso im Basketball- oder Fußballunterricht immer wieder festgestellt werden.

Die vorgestellten Lösungsvorschläge lassen sich zumindest teilweise auf andere Bereiche übertragen oder können evtl. Anlass sein, entsprechende Schulsportkonzepte für die anderen Spiele zu entwickeln.

9. Überlegungen zur Planung von Unterrichtsreihen

9.1 Grundsätzliche Überlegungen

Generelles Spannungsfeld:

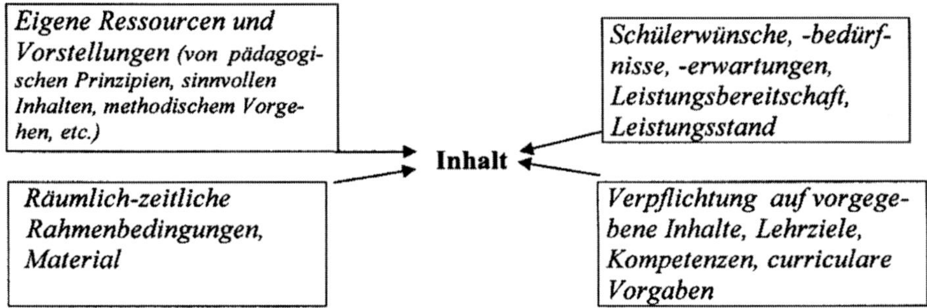

Aus diesem Bedingungsgefüge ergeben sich grundsätzliche Überlegungen etwa zur Themenwahl, den anzustrebenden Zielen, zur Vermittlungsweise.

Auf dieser Basis können dann Entscheidungen über Inhalte, Ziele und Methode mit den notwendigen Lern- und Organisationsschritten getroffen sowie mit dem veranschlagten Zeitbedarf aufeinander abgestimmt und Evaluationsmöglichkeiten überlegt werden.

Zu beachtende Gesichtspunkte bei der Planung von Unterrichtseinheiten:

Auf eine sinnvolle Abfolge der geplanten Einheiten im Schuljahr achten.
Z. B. ist Gerätturnen zu Schuljahresbeginn nicht sinnvoll, wenn die Außenanlagen noch genutzt werden können. Außerdem ist zu bedenken, dass heutzutage vor einer Einheit wie Gerätturnen häufig erst die konditionellen Voraussetzungen durch ein vorheriges Kraft- und Koordinationstraining geschaffen werden müssen.

Sinnvolle Systematik innerhalb der Einheit beachten:
Mit welcher Disziplin/Technik beginne ich am besten? Ist es sinnvoll, mit dem Prellen in BB oder HB anzufangen, wenn die Schüler genau das im Spiel später möglichst vermeiden sollen? Welche Voraussetzungen müssen für welche Technik/ Taktik gegeben sein? Z.B. ist im Badminton der Unterhand-Clear bzw. der hohe Aufschlag für den Überkopf – Clear Voraussetzung, im Basketball die Einführung des Stopps im Zusammenhang mit dem Positionswurf notwendig, um Schrittfehler zu vermeiden. Im Volleyball ist ein sicheres Spiel über Position III vor der Einführung des Angriffsschlages angezeigt, wenn der Angriff nicht nur in isolierter Form erwartet wird. Außerdem ist zu überlegen, welche thematischen Schwerpunkte sich

gut miteinander verbinden lassen (z. B. Schnellangriff im Zusammenhang mit dem Rebound).

Was motiviert, was erwarten die Schüler?
Bei Sportspielen z. B. sollte immer vom Spielgedanken ausgegangen werden. Schüler werden systematisch demotiviert, wenn ihnen über mehrere Stunden hinweg die Zielhandlung (Torschuss, Korb- / Torwurf) vorenthalten wird durch endloses Üben von Techniken wie Passen und Fangen bzw. Dribbling.

Gleichzeitig ist zu bedenken, dass Schüler Bewegungen unterschiedlich schnell lernen. Was Tim nahezu auf Anhieb gelingt, dafür benötigt Tom deutlich mehr Übungszeit und womöglich zusätzliche Hilfen. Für beide die gleiche Übungszeit vorzusehen, kann den einen nach kurzer Zeit langweilen, während der andere sich beim Übergang zur nächsten Übungsform noch überfordert fühlt.

Wecken Sie keine falsche Erwartungshaltung: Wenn man Ballspielerfahrungen über eine Spielreihe entwickeln will, sollte man der Klasse nicht „Handball“ oder „Basketball“ ankündigen.

Nicht nach Vollständigkeit streben.
Müssen denn in einer begrenzten Tischtennis- oder Badmintoneinheit alle „gängigen“ Schlagtechniken einschließlich Angriffsschlag / Smash bzw. Rückhandschlägen eingeführt werden?

Sind im Volleyball Block und Angriffsschlag unbedingt notwendig, um Schülern ein befriedigendes Spielerlebnis zu vermitteln? Je mehr Techniken angesprochen werden, umso weniger Zeit bleibt für deren Festigung und der Vermittlung des grundlegenden taktischen Verständnisses. Entscheidender ist, mit welchen Techniken grundlegende Spielerfahrungen ermöglicht werden können.

Es wird häufig zu optimistisch geplant.
Jede Stunde eine neue Bewegung einzuführen oder gar 2 Fertigkeiten in 45 Minuten, überfordert die Lerngruppen, denn dann ist die Progression in der Regel zu steil.

Unabgängig davon ist häufig zu beobachten, dass grundsätzlich zu optimistisch geplant wird und deshalb zu zügig vorangegangen wird. Den hohen Aufschlag im Badminton oder den Aufschlag in Volleyball auf Ziele in der Einführungsstunde zu erwarten, ist nicht unbedingt realistisch. Ebenso wenig kann am Ende einer Einführungsstunde die Umsetzung des Korblegers oder des Sprungwurfs schon in komplexen Spielsituationen oder gar im Spiel 5:5 bzw. 7:7 erwartet werden.

Die Schwierigkeiten der jeweiligen Bewegungen / Techniken nicht unterschätzen.
Für die Vermittlung des hohen Aufschlags in Badminton oder des Angriffsschlags in Volleyball z. B. ist mit Sicherheit deutlich mehr Zeit anzusetzen als für den kurzen Aufschlag im Badminton oder den Aufschlag von unten im Volleyball. Eine genaue Sachstrukturanalyse deckt dies z. B. auf.

Übungsvielfalt und sinnvolle Progression nicht vergessen.
Zu beachten ist die systematische Schwierigkeits- bzw. Komplexitätssteigerung der Übungs- bzw. Spielformen. Die Erwartung, dass Schüler direkt nach der Einführung einer Bewegung diese in komplexen Spielhandlungen bzw. in Übungsverbindungen oder unter Zeitdruck umsetzen können, ist unrealistisch.

Konzentration auf wesentliche Aspekte besonders bei begrenzter Zeit.
Warum soll im Basketballunterricht der Sekundarstufe I z.B. der Sprungwurf thematisiert werden, nur weil die Fachliteratur die Bedeutung dieses Wurfs für das Spiel betont (Differenzieren zwischen Verein und Schule!)? Warum müssen im Volleyball bei begrenzter Stundenzahl in der Mittelstufe z.B. auch der Aufschlag von oben und der Angriffsschlag angesprochen werden, wenn die Zeit kaum ausreicht, um das untere und obere Zuspiel soweit zu festigen, dass zusammen mit dem Aufschlag von unten ein befriedigendes Zusammenspiel möglich wird? Der Aufschlag von oben verhindert nur das Zustandekommen eines Spiels, da die Annahme deutlich erschwert wird, der Angriffsschlag kann häufig nicht eingesetzt werden, da noch kein gezieltes Spiel über Position III möglich ist. Ein befriedigendes Volleyballspiel ist ohne diese Techniken sogar eher möglich, da die Wahrscheinlichkeit längerer Ballwechsel zunimmt.

Die Konzentration auf die Technik in der Sportspielvermittlung verstellt den Blick für andere Ziele.
Das Streben nach möglichst umfassender Technikvermittlung lässt kaum Zeit für die gleichzeitig notwendige Taktikschulung und die damit einhergehende Vermittlung eines Spielverständnisses oder das gezielte Eingehen auf soziale Lernziele. Was nützt den Lernenden die Beherrschung von Techniken, wenn sie nicht wissen, unter welchen Umständen sie diese überhaupt anwenden können bzw. welche Voraussetzungen für eine erfolgreiche Anwendung gegeben sein müssen und wie diese geschaffen werden können?

Schüler nicht überfordern durch einseitige Anforderungen.
Eine ganze Stunde lang in VB nur das obere Zuspiel üben zu lassen, ist ebenso unangebracht wie (fast) ausschließlich das untere Zuspiel zu thematisieren. Im 1. Fall müssen die Schüler ständig nach oben schauen, was zu Nackenschmerzen führen kann, im 2. Fall schmerzen die Unterarme. Ebenso kann es Schüler physisch und psychisch überfordern, wenn Übungen innerhalb 1 Stunde zu oft wiederholt werden, da Konzentration und Kraft relativ schnell nachlassen: Untersuchungen ergaben, dass bei Erwachsenen bereits nach 12 Wiederholungen die Bewegungsqualität nachlässt).

9.2 Einführung – und was dann?

Die Einführung einer Technik erscheint häufig als unproblematisch. Die Lerngruppe ist neugierig und motiviert, der Lehrkraft stehen Vorschläge zur Einführung wie Übungs- und Spielreihen zur Verfügung. Der Stundenablauf ist damit gut zu planen.

Nehmen wir an, das Vorgehen war erfolgreich, die Lernenden haben das angestrebte Ziel offenbar erreicht und sind in der Lage, in der geübten Konstellation die Bewegung auszuführen. Aber gilt das wirklich für alle? Und können sie die gerade erlernte Technik in der folgenden Stunde noch? Und was passiert, wenn die bisher gewohnte Übungssituation verändert wird?

Mit anderen Worten, kann man nach der Einführungsstunde davon ausgehen, eine verlässliche Basis für eine zügige Weiterarbeit geschaffen zu haben? Bei realistischer Betrachtung eindeutig „nein“, denn die neu erlernten Bewegungen können noch nicht gefestigt sein.

In dem Bemühen, für einen abwechslungsreichen Sportunterricht zu sorgen und aufgrund einer zu optimistischen Vorstellung von der Lernfähigkeit der Lerngruppe neigen viele Lehrkräfte aber dazu, unter Vernachlässigung von ausgeprägten Festigungsphasen ihre Lerngruppen zu überfordern, indem sie die Lernenden zu früh mit veränderten und komplexeren Aufgaben oder neuen Bewegungen konfrontieren. Mit anderen Worten, das Problem ist hier, die angemessene Lernprogression zu finden.

Da motorisches Lernen im Allgemeinen als ein längerfristiger Prozess zu betrachten ist, der in physisch-konditioneller und motorisch-koordinativer Hinsicht nicht geradlinig, sondern in Stufen und Sprüngen mit zwischenzeitlichen Lernplateaus verläuft (vgl. Söll, 1977, S. 197), ergibt sich daraus als Konsequenz:

Motorische Lernprozesse sollten in verschiedenen, aufeinander aufbauenden Stufen angeboten werden.

Stufe der Vorbereitung: Sie ist nicht in jedem Fall nötig, aber z. B. als Kraftschulung vor einer Gerätturneinheit oder als Sammeln von Erfahrungen im Umgang mit Bällen vor einer Ballspieleinheit.

Stufe des normierten Lernens: Hier geht es um den Erwerb der Grundform eines Bewegungsablaufs in einer gleich bleibenden Übungssituation.

Stufe des Übens: Durch Variationen der normierten Bewegung bzw. Veränderungen der Übungssituation wird die neu erlernte Fertigkeit gefestigt. Zwischenzeitlich ist es ratsam, auf die ursprüngliche Grundform zurückzukommen, z. B. am Stundenbeginn oder wenn sich Unsicherheiten bzw. Fehler in den Bewegungsablauf einschleichen.

Stufe des Anwendens: In zunehmend komplexeren Situationen soll das erreichte Fertigkeitsniveau stabilisiert und variiert werden.

Bei der Vermittlung **komplexer geschlossener, normierter Bewegungen** wie Fertigkeiten aus dem Bereich „Gerätturnen“ ist zunächst zu überlegen, mit welchen Maßnahmen die Komplexität der Zielbewegung reduziert werden kann und in welchen Schritten die Erleichterungen später zurückgenommen werden können (vgl. Roth, 2007). Nach dem Erwerb der Zielbewegung in isolierter Form geht es dann vorrangig darum, diese neu erworbene Bewegungsfertigkeit in Verbindung mit anderen Übungsteilen (Gerätturnen) oder in veränderten Situationen (z.B. oberes Zuspiel im Volleyball) zu festigen.

Bei der Vermittlung **offener Fertigkeiten** ist zu berücksichtigen, dass der Lernprozess noch nicht abgeschlossen ist, wenn das neu erlernte Bewegungsmuster in veränderten Übungssituationen stabil gezeigt wird. Durch die Notwendigkeit, in komplexen Situationen flexibel auf sich ständig verändernde Bedingungen reagieren zu können, wie dies vor allem in den Sportspielen und auch in Natursportarten der Fall ist, muss die Fertigkeit dementsprechend auch in zunehmend komplexeren Situationen und in Variationen geschult werden.

Zur Verdeutlichung sei auf die von W. Brehm vorgenommene Typisierung sportmotorischer Fertigkeiten verwiesen. (vgl. Brehm, 2007).

9.3 Stadien des Fertigkeitserwerbs

Normung: Bewegungen werden bei gleich bleibenden Bedingungen möglichst exakt den optimalen Koordinationsmustern entsprechend ausgeführt.

Dies gilt vor allem für geschlossene (Leichtathletik, Gerätturnen), aber auf der ersten Stufe des Bewegungslernens auch für offene Bewegungsfertigkeiten (z.B. die Würfe im Basketball oder Handball).

Veränderung: Darunter ist das Üben einer erlernten Bewegung in variierter Form gemeint. Bewegungselemente werden bei **konstanten Umfeldbedingungen** (z.B. gleicher Skihang, gleicher Organisationsrahmen) variiert.

Ziel ist die Flexibilisierung der normierten Fertigkeitsmuster bzw. die Erhöhung der Ausführungsgenauigkeit.

Beispiele:

- Abbau von Bewegungshilfen (z.B. des erhöhten Absprungs, der Orientierungshilfen, Verzicht auf leichtere Geräte).
- Würfe/Schüsse auf unterschiedliche Ziele (z.B. auf alle 4 Torecken, als Aufsetzer).

- Sprungwurf/Korbleger aus dem Gehen, Laufen, nach 1 x tippen, – nach Dribbling, – nach Zuspiel.
- Veränderung der Dynamik/des Krafteinsatzes (z. B. Veränderung der Anlauflänge beim Weitsprung, Sprungwurf in die Weite).

Weitere Variationsmöglichkeiten: Aus dem Stand – mit verkürzter Bewegung (z. B. Sprungwurf nach 1 Schritt), von langsamer zu schnellerer Bewegungsausführung, Kombination zweier/mehrerer Elemente/Techniken, Richtungsänderungen (z. B. oberes Zuspiel im Dreieck), Zieleingrenzung, veränderte Geräte/Spielfeldmaße.

Anpassung: Hier geht es um eine konstante Ausführung in einem sich verändernden Umfeld (Anpassung an die wechselnden Bedingungen auf einem Skihang oder an die unterschiedlichen Windverhältnisse beim Beachvolleyball, Tennis oder gar beim Skispringen) bzw. sich ändernde Handlungssituationen (z. B. komplexere Spielsituationen etwa durch die Hinzunahme von Abwehrspielern).

Beispiele:

- Veränderung der Entfernung bzw. Position (Pritschen nach Erlaufen, – nach hinten, Baggern seitlich)
- Angriffsschlag *longline* statt diagonal,
- Korbleger von links,
- Korbleger nach Abrollen,
- Sprungwurf von Links- bzw. Rechtsaußen, – nach Kreuzung,
- Bewegungsausführungen mit hohem Tempo oder Verzögerung,
- Kopfball/Sprungwurf unter gegnerischer Einwirkung (halbaktiv, aktiv)
- Würfe/Schüsse nach Täuschungsbewegungen,
- größere Abweichung von der Falllinie bei Skischwüngen,
- Ausführung unter Zeitdruck oder im Ermüdungszustand,
- Erhöhung der Spielerzahl,
- schnelle Passfolgen im Fußball auf engem Raum,
- Ausweitung der Entscheidungsmöglichkeiten.

Übertragung: Bei variierenden Umfeldanforderungen oder auch neuen werden konstante Fertigkeitsprinzipien eingesetzt (z. B. Prinzip Hochentlastung, Kippbewegung).

Beispiele:

- Wurftechnik als Täuschungshandlung (Positionswurf antäuschen – am Gegner vorbeiziehen, Sprungwurf antäuschen – Kreisläuferanspiel),
- Bewegungsausführung mit der schwächeren Hand / dem schwächeren Fuß,
- von der Stemmbewegung beim Schlagwurf zu der beim Sprungwurf, von der Absprungbewegung beim Sprungwurf zu der beim Korbleger,
- vom beidbeinigen Absprung zum Angriffsschlag zum einbeinigen Absprung,
- von der Kippe am Reck zur Kippe am Barren.

Gestaltung: Zur bewussten Variation von Fertigkeiten kommen sich verändernde Umfeldbedingungen hinzu. Dies läuft auf eine doppelte Veränderung hinaus.

Hier geht es um den kreativen Umgang mit gefestigten Fertigkeiten in Abhängigkeit von variierenden Handlungssituationen, die zu neuen Bewegungskombinationen oder Fertigkeiten führen. Dies gilt vor allem für gestalterische Sportarten wie etwa Tanz, Gerätturnen, Turmspringen etc., kann sich aber auch in den Spielsportarten ergeben. Mit der Wiederholung durch Training geht diese Kreation später über in die Ebene der Anpassung.

Ab der Stufe der **Anpassung** ist gleichzeitig eine intensive Wahrnehmungsschulung nötig – in den Sportspielen verbunden mit einem Entscheidungstraining, das die Lernenden dazu anleitet, in den spielbestimmenden Handlungssituationen situativ die taktisch sinnvollste Entscheidung treffen zu können.

Dieses **Entscheidungstraining**, ist ein ganz wesentlicher Aspekt in der Sportspielvermittlung, denn Anfänger empfinden komplexe Spielsituationen meistens als zu unübersichtlich, was sich häufig z.B. in einem stereotypen oder überhasteten Abspiel ausdrückt nach dem Motto *Hauptsache, ich bin den Ball wieder los.* Wo erfahrene Spieler einen frei stehenden Mitspieler in guter Wurf- bzw. Schussposition sehen oder für sich eine Lücke im Abwehrverband, da sieht ein unerfahrener Spieler nur eine unüberwindliche Mauer aus Abwehrspielern, die ihm den Ball abjagen wollen.

Um die Lernenden anfangs nicht zu überfordern, sollten daher zunächst Handlungssituationen geschaffen werden, in denen die Schüler nur die Wahl zwischen zwei Möglichkeiten haben, z.B. auf die Aktion eines Abwehrspielers zu reagieren. Tritt dieser zum Ball führenden Spieler heraus, ist ein Abspiel angezeigt, wenn nicht, kann der Spieler selbst auf den Korb bzw. aufs Tor werfen / schießen. Bei ungeübten

Schülern dagegen ist häufig zu beobachten, dass sie grundsätzlich den Ball abspielen oder aber immer überhastet den Abschluss suchen.

Da situativ angemessene Entscheidungen nur getroffen werden können, wenn die betreffende Spielsituation zuvor mit ihren Möglichkeiten erkannt wurde, ist Entscheidungstraining immer auch Wahrnehmungsschulung.

Es sind also Möglichkeiten zum selbständigen Erproben zu schaffen, in denen die Lernenden in überschaubaren Konstellationen die Reaktionen auf ihre Entscheidungen erfahren können.

Weitere Konsequenzen für die Planung (Lernprogression)

- Kurze Übungsphasen: Sie verhindern ein Absinken der Konzentration und vermeiden eine konditionelle Überforderung. Konzentration u. Kondition lassen vor allem bei Stress- u. Kraftbelastung schnell nach. Bei Kindern lässt die Bewegungsqualität je nach Alter unter hohem Kraftaufwand schon nach wenigen Wiederholungen nach.
- Verteiltes Lernen ist besser als massiertes: Aus der Lernpsychologie ist bekannt, dass lange Übungsphasen keinen zusätzlichen Lerneffekt erzeugen oder gar zu Rückschritten führen. Hingegen führen kürzere Übungsphasen, die über einen längeren Zeitraum verteilt werden, zu deutlich besseren Ergebnissen (s. oben).
- Deshalb ist es wichtig, immer wieder zurückzukommen zu bestimmten einfachen Übungsprozessen, um ungestört durch variierende Einflüsse die Aufmerksamkeit auf die Verbesserung von Details konzentrieren zu können.
- Es ist eine Illusion zu glauben, methodische Übungsreihen liefen so problemlos ab, wie die Literatur dies verspricht. Meistens sind sie viel zu kleinschrittig für eine komplette Übernahme! Deshalb sollte man als Lehrkraft überlegen, welche Lernschritte man für unabdingbar hält, die methodische Übungsreihe, wenn man sich zur Übernahme entschließt, nicht auf 1 Std. beschränken und variierende Übungs- und Anwendungsphasen mitplanen. Außerdem sollte man sich die Frage stellen, ob nicht womöglich eine ganzheitliche Vermittlung denkbar ist. Eventuell reicht für das Gelingen der Zielbewegung z. B. eine einfache Übungserleichterung, die die für die Ausführung zur Verfügung stehende Zeit verlängert. Dieses „Lernen auf Anhieb“ wird in der Regel jedoch nicht allen Mitgliedern einer Lerngruppe gelingen. Denjenigen Schülern, denen die Zielbewegung unter erleichterten Bedingungen noch nicht möglich ist, können dann je nach Art der Lernschwierigkeit Übungsschritte aus der methodischen Übungsreihe als differenzierende Maßnahmen angeboten werden.

Konsequenz: Die Sachstruktur des Lerngegenstandes unter Berücksichtigung der jeweiligen Lerngruppe auch im Hinblick auf mögliche Vermittlungsprobleme untersuchen.

9.4 Beispiele für Unterrichteinheiten

9.4.1 Beispiel für die Festigung einer Bewegung: Von Normung über Veränderung zu Anpassung – unteres Zuspiel im Volleyball

Entsprechend den Ausführungen zu einem sachlogischen Vorgehen bei der Bewegungsvermittlung im Sportunterricht wird hier ein Vorschlag zur systematischen Festigung des unteren Zuspiels im Volleyball vorgestellt.

1. Unteres Zuspiel nach Anwerfen: Dabei ist darauf zu achten, dass das Zuwerfen im hohen Bogen erfolgt und der Werfer den zurückgespielten Ball möglichst über Kopfhöhe fangen können soll. Bei zu flach zugeworfenen Bällen hat der Baggernde zu wenig Zeit und wird zu einem aktiven Armeinsatz gezwungen. Der Werfer muss auch darauf achten, die Bälle nicht direkt zum Übenden zu werfen, sondern so, dass sie vor dessen Füßen den Boden berühren würden, da sonst die Annahme nicht mit gestreckten Armen erfolgen kann.
2. Unteres Zuspiel nach Anwerfen in hohem Bogen durch einen Partner, sich selbst den Ball per Bagger stellen, über Kopfhöhe fangen und dann zum Partner zurückpritschen. Mit dieser Übungsform werden die Übenden gezwungen, deutlich „unter den Ball zu gehen" und bekommen über die Flugkurve des Balles sofort die Rückmeldung über ihre Bewegungsqualität.

   Wenn diese Übungsform gut gelingt, kann der Ball ohne den Zwischenschritt des Fangens zum Partner gepritscht werden.
3. Bälle kurz aber in hohem Bogen anwerfen lassen, in Stellung laufen und wahlweise per Bagger zunächst sich selbst stellen und per Pritschen zurückspielen oder direkt hoch zurückbaggern.
4. Nach Anwerfen/Zupritschen aus größeren und kleineren Abständen direkt zurückbaggern.
5. Bälle seitlich anwerfen/zupritschen lassen – nach Sidesteps zum Partner zurückbaggern. Durch Drehung und Blick zum Partner vor der Ballannahme kann der Ball gerade zum Partner zurückgebaggert werden.
6. Nach Anwerfen/Zupritschen von Partner A und B jeweils zu A und B zurückbaggern.

   Dabei kann die Schwierigkeit erhöht bzw. differenziert werden, indem A und B enger oder weiter auseinander nebeneinander stehen. Es kann auch schon Zeitdruck aufgebaut werden, wenn A und B jeweils einen Ball bzw. mehrere Bälle zur Verfügung haben (die ihnen von der Lehrkraft oder einem weiteren Schüler zugeworfen/-gespielt werden).
7. A und B werfen bzw. pritschen den Ball seitlich zum Übenden – nach einer Bewegung zur Seite baggert er gerade zurück zu A und B (ohne Drehung).

Auch hier kann eine Differenzierung durch unterschiedliche Abstände zwischen A und B und durch unterschiedlichen Zeitdruck vorgenommen werden.

8. Übungsanordnung wie bei Nr. 7 aber der Ball von A wird zu B gebaggert und umgekehrt.

   Dadurch wird nun neben der Bewegung zur Seite auch noch eine Drehbewegung erforderlich.

9. Bälle übers Netz einwerfen/zupritschen sich selbst stellen und auf Position 3 pritschen.

   Der Übende muss nun den Ballflug antizipieren und selbst für die optimale Stellung zum Ball sorgen.

10. Annahme von Aufschlägen von unten – sich selbst stellen – Spiel auf Position 3.

11. Annnahme von Aufschlägen von unten – direktes Spiel auf Position 3 per Bagger.

12. Annahme von Aufschlägen von oben – sich selbst stellen – Spiel auf Position 3.

13. Annahme von Aufschlägen von oben – direktes Spiel auf Position 3 per Bagger.

14. Annahme von Aufschlägen von oben in seitlicher Stellung (zu hoch für frontale Annahme) – direktes Spiel auf Position 3 per Bagger.

15. Spiel 1:1: Bei jeweils drei Ballkontakten immer ein- bis zweimal baggern.

    Die Spieleröffnung sollte jeweils per Einwurf und zunächst möglichst gezielt zum Gegenüber erfolgen, damit das beabsichtigte Spiel zustande kommen kann. In der Länge und Breite sehr begrenzte Spielfelder können dies unterstützen.

16. Spiel 2:2: Annahme per Bagger ist Pflicht – Spiel zum Partner, der vor dem Zuspiel ans Netz läuft und dann parallel zum Netz zum nach vorn gelaufenen Spieler pritscht oder baggert.

Übertragungsmöglichkeiten:

- Seitliche Annahme tiefer Bälle über einarmiges Baggern mit Abrollen (Japanrolle),
- Frontale Annahme tiefer Bälle per Hechtbagger.

Die hier vorgestellten Maßnahmen zur Festigung des unteren Zuspiels können in einer 6 bis 8 Wochen umfassenden Unterrichtseinheit mehrheitlich zum Einsatz kommen, wenn sich die Vermittlung der Volleyballtechniken beschränkt auf das obere und untere Zuspiel sowie den Aufschlag von unten. Diese grundlegenden Techniken reichen zunächst vollkommen aus, um den Lernenden eine Vorstellung vom Spiel zu vermitteln und ihnen zufrieden stellende Spielerlebnisse zu ermöglichen. Die einzelnen Übungs- bzw. Spielformen sollten dabei auf verschiedene

Stunden verteilt werden, und im Verlauf des Kurses sollte auch zwischendurch immer wieder einmal auf einzelne Übungen zurückgegriffen werden.

Die Übungskombinationen im Zusammenhang mit dem Aufschlag von oben und in seitlicher Stellung sind mit aufgeführt, da diese Maßnahmen den systematischen Aufbau der Bewegungskompetenz vervollständigen, sie sind aber in den meisten Fällen insgesamt zu anspruchsvoll für eine mehrwöchige Unterrichtseinheit zur Einführung des Volleyballspiels. Sie dürften in einem derartig kurzen Unterrichtsvorhaben allenfalls als Zusatzangebot im Rahmen differenzierender Maßnahmen für besonders talentierte Gruppenmitglieder in Frage kommen.

An einigen Stellen können sich auch Öffnungsmöglichkeiten ergeben – u.a. im Zusammenhang mit Nr. 5. Hier könnte eine Bewegungsaufgabe z.B. lauten *„Welche Voraussetzungen müssen erfüllt sein, damit ein genaues Zuspiel zum Partner gelingt?“*

9.4.2 Basketball: Einführung bzw. Festigung der grundlegenden Fertigkeiten in Verbindung mit Korbwürfen

Eine Basketballeinheit wird von der Lehrkraft angekündigt. Die Reaktion der Lerngruppe – zumindest von einem großen Teil – ist ein begeistertes „Au *ja*!“ Dann beginnt der Unterricht mit vielen Übungen zum Dribbeln und zum Fangen und Werfen sowie einigen Wettkampfformen dazu. Nach der dritten so verbrachten Stunde bringen vor allem die Jungen ihre Enttäuschung zum Ausdruck und fragen *„Wann spielen wir denn endlich Basketball?“* Der Einwand der Lehrkraft, *„Aber ihr müsst doch zuerst einmal das Werfen und Fangen lernen“* wirkt auf die Kinder nicht sehr überzeugend.

Szenarien wie das gerade skizzierte lassen sich immer wieder beobachten.

Dabei lässt die anfängliche Begeisterung für ein angekündigtes Spiel bei den Schülern schon nach kurzer Zeit nach und schlägt um in Enttäuschung und Lustlosigkeit, weil die geweckten Erwartungen zunächst nicht erfüllt werden. Diese Erwartungen richten sich in den Spielen in erster Linie auf die Zielhandlung, bei Basketball also darauf, auf den Korb zu werfen. Deshalb sollten sich die Lehrkräfte bei ihren Planungen bemühen, diesen Erwartungen so früh wie möglich Rechnung zu tragen.

Natürlich sind vor allem die Fertigkeiten Werfen und Fangen Voraussetzung dafür, den Raum bis zum Korb zu überbrücken, aber warum können die Schüler, wenn ihnen das gelungen ist, dann nicht auch erste Korbwurfversuche unternehmen?

Ein Vorschlag, Übungen zum Werfen und Fangen oder zum Dribbeln mit dem Korbwurf früh zu verbinden, soll deshalb im Folgenden dargestellt werden.

Einführung bzw. Festigung der grundlegenden Basketballfertigkeiten in Verbindung mit Korbwürfen.

I. Erprobungs- und Erarbeitungsphase

1. Partnerweise: *Probiert verschiedene Zuspielarten mit den Händen aus.*
2. *Welche habt ihr gefunden?* – Demonstration (direkte, indirekte Pässe, ein- und beidhändig)
3. *Jetzt versucht, all diese Zuspielarten in einem Parteiballspiel mit unterschiedlichen Bällen anzuwenden (Handball, Volleyball, Basketball). Ich frage euch nachher nach euren Erfahrungen.*
4. *Welche Beobachtungen habt ihr beim Spielen mit den verschiedenen Bällen gemacht?* Ergebnis bezüglich des Basketballs: Vorzugsweise beidhändige Zuspiele entweder über Kopf oder von vor der Brust, also Druckpass.
5. Bewegungsaufgabe zur Erarbeitung von Fangen und Druckpass: *Findet heraus, wie das Fangen und Werfern per Druckpass am besten funktioniert. Beobachtet euch gegenseitig beim Parteiballspiel.*
6. Sammeln und Diskussion der Beobachtungsergebnisse.
7. Demonstrationen plus Erläuterung und Beobachtungsaufgaben. (Z. B. *Werden die Arme dem Ball zum Fangen entgegengestreckt? Werden die Arme mit dem Fangen des Balles zum Körper herangezogen? Wird der Ball mit einer Vorwärtsbewegung abgespielt? Zeigen die Ellenbogen vor dem Abspiel schräg nach unten?*)
8. Sicherung: *Worauf achten wir beim Druckpass und beim Fangen?* Festhalten von Bewegungsmerkmalen.

II. Übungsphase

9. Die Lerngruppe stellt sich in Gassenform auf und spielt sich zu

   a) partnerweise per Druckpass direkt und indirekt. Beobachtungsaufgabe: *Beobachtet euch gegenseitig im Hinblick auf die besprochenen Bewegungsmerkmale und gebt euch Rückmeldungen.*
   b) im Zick-Zack zuerst ohne –, dann mit Verfolgung (2, 3, 4 Bälle),
10. wie b) aber der Letzte der Stafette wirft auf den Korb, sein Gegenüber geht mit zum Korb, um den Ball nach Korberfolg oder Rebound aufzunehmen. Beide laufen – sich zupassend – zum gegenüber liegenden Korb. Korbwurf und Ballaufnahme durch den jeweils anderen Akteur.
11. *Welche Würfe waren erfolgreich? Welche Probleme hattet ihr?*
    Thematisierung des Korblegers – evtl. auch der Funktion des Rebounds.

12. Demonstration des Korblegers plus Erläuterung und Beobachtungsaufgabe 1: *Wo trifft der Ball das Brett, wenn der Ball in den Korb geht?*

    Beobachtungsaufgabe 2: *Wo muss man abspringen, damit man die vordere Ecke des Rechtecks treffen kann?*
13. Anstelle einer Demonstration des Korblegers kann auch eine Bewegungsaufgabe gestellt werden: *„Versucht, Korbwürfe nach einem Sprung zum Korb zu erzielen. Beobachtet euch dabei gegenseitig und findet heraus, was ihr beachten müsst, damit ihr Erfolg habt"*.
14. Einschub: Korblegerversuche.
15. Sicherung: *Worauf müssen wir beim Korbleger achten?* Demonstration erfolgreicher Würfe. Sammeln der Erkenntnisse und Fixierung von ersten Bewegungsmerkmalen z. B. bezüglich der Schrittfolge, dem Abstand zum Korb und des Legens ans Brett statt des Werfens.
16. Korbleger individuell mit Unterstützung durch Bodenmarkierungen bzw. erhöhter Absprungstelle, später auch nach Zuspiel.
17. Partnerweise sich in der Bewegung (je nach Sicherheit mit zunehmender Geschwindigkeit) per Druck- oder Bodenpass zuspielen, mit Korbleger abschließen. Der Partner nimmt den Ball auf (ggf. als Rebound), dribbelt nach außen – dann Pass zum Partner, der vom Korb schräg nach außen in Richtung Mittellinie startet, den Pass aufnimmt, zur gegenüber liegenden Seite dribbelt und zurück zum Partner passt, der mit einem Korbleger abschließt. Nach Sichern des Balls stellen sich beide an die Gruppe an.
18. *Was müsst ihr beim Dribbeln beachten?*
19. Thematisierung des Dribblings (Handgelenkeinsatz, Ball seitlich vor dem Körper führen).
20. Üben des Dribbelns.
21. Wiederaufnahme von Aufgabe 17 nach Demonstration des Dribbelns und Klären von evtl. aufgetretenen Problemen.
22. Korblegerspiel in Mannschaften: An der Mittellinie befinden sich zwei kleine Kästen mit Basketbällen; daneben steht jeweils ein Team: Auf Kommando nehmen sich die vordersten Mitglieder jedes Teams einen Ball, dribbeln zum Korb in der gegenüberliegenden Spielfeldhälfte und schließen mit einem Korbleger ab. Danach nehmen sie den Ball wieder auf, dribbeln zurück und legen den Ball wieder in den Kasten. Dann folgt der Nächste, während sich der Erste bei seiner Mannschaft hinten anstellt. Es gewinnt die Mannschaft, die in einem Durchgang die meisten Körbe erzielt hat oder später – als Variante unter erhöhtem Zeitdruck – das Team, das zuerst 5 Körbe geworfen hat.

Vereinfachte Variante ohne Dribbling, falls das Dribbeln noch nicht sicher genug erfolgt:

In dieser Variante können Zweierteams sich den Ball bis zum Korb zupassen, der Werfer startet nach dem Korbwurf zurück zum Ausgangspunkt, erhält von seinem Partner einen Pass und legt den Ball anschließend zurück in den Kasten. Beide stellen sich dann wieder an. Beim zweiten Durchgang wechseln sie die Seiten, so dass jetzt der andere Spieler zum Korbwurf kommt. Das Team, das zuerst 5 Treffer erzielt hat, gewinnt.

Skizze Korblegerspiel:

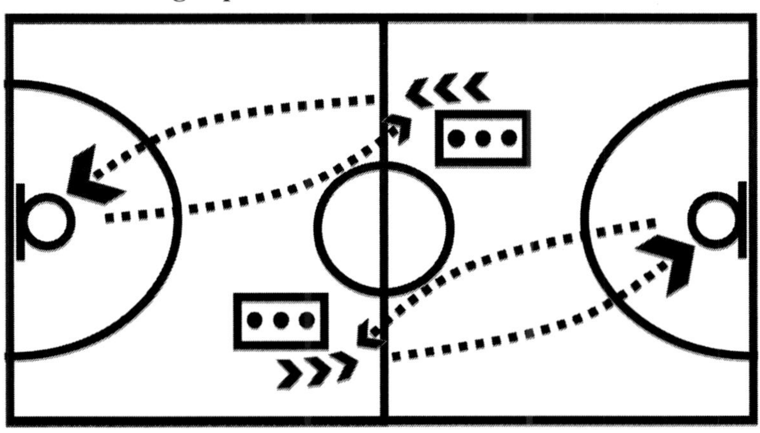

Legende

› = Spieler

▪▪▪▪▪▪ = Spieler dribbelt

❯ = Spieler wirft

[●●●] = Kasten mit Bällen

Die mit diesem Vorgehen verbundene Absicht ist, die Einführung und Festigung der grundlegenden Fertigkeiten zu verbinden mit dem Korbleger als Zielbewegung, um den Lernenden frühzeitig das Erlebnis von Korberfolgen zu ermöglichen und damit die Motivation für Basketball zu erhalten, auch wenn sie das richtige Spiel noch nicht erleben. Gleichzeitig können taktische Verhaltensweisen des Spiels in Ansätzen schon mit vermittelt werden. Die für Basketball spezifische Schrittregel kann in diesem frühen Lernstadium noch vernachlässigt werden, damit die Lernenden sich auf die bis dahin vermittelten Techniken konzentrieren können. Im Hinblick auf bewegungsbegabte Schüler kann dieser Rhythmus allerdings schon angesprochen und von der Lehrkraft durch akustische Hilfen z. B. unterstützt werden.

Zunächst sind auch Absprungmarkierungen als Orientierungshilfe angebracht, da Anfänger anfangs dazu neigen, zu dicht an den Korb heranzulaufen.

10. Diagnosen als fester Bestandteil von Unterricht und Unterrichtsplanung

Mit der Diskussion um Kompetenzorientierung und ihrer Outputorientierung ist auch das Problem der Überprüfung von angestrebten Lernerfolgen stärker in den Blick geraten. Gleichzeitig wird durch die Forderung nach zunehmender Selbststeuerung von Unterrichtsprozessen durch die Lernenden selbst die Notwendigkeit deutlich, ihnen Möglichkeiten zu eröffnen, ihren eigenen Lernfortschritt selbst zu überprüfen. Und schließlich ist eine passgenaue Unterrichtsplanung nicht möglich, ohne den aktuellen Lernstand der betreffenden Lerngruppe genau zu kennen.

10.1 Transparenz schaffen – aber wie?

Auch im Rahmen der Diskussion um Qualitätsentwicklung im Schulsport ist die Überprüfbarkeit angestrebter Kompetenzen und Ziele stärker in den Vordergrund gerückt. So fordern Schierz/Thiele (2003) „Effizienz und Effektivitätsnachweise" (S. 230), Neumann (2010) „Handlungsergebnisse kriteriengeleitet zu überprüfen" (S. 62) und Balz (2010) eine „schülergerechte Passung" (S. 51). Die in diesen Aussagen zum Ausdruck kommende Forderung nach Transparenz lässt sich zumindest in 3 Bereiche gliedern:

1. Die Forderung nach einer transparenten Evaluation am Ende einer Unterrichtseinheit,
2. Möglichkeiten einer zwischenzeitlichen Lernerfolgskontrolle im Verlauf einer Unterrichtseinheit,
3. die Notwendigkeit von Lernzustandserhebungen als Voraussetzung für die weitere Stundenplanung.

Um der legitimen Forderung nach Transparenz auf diesen unterschiedlichen Ebenen gerecht zu werden und verlässliche Werte dafür zu erhalten, sind **Diagnosen** im Unterricht notwendig. Die dabei gewonnenen Erkenntnisse über den Lernstand einer Lerngruppe sind einerseits für die individuelle Weiterentwicklung der Lernenden selbst von großer Bedeutung und ermöglichen andererseits den Lehrenden, aufgrund dieser Erkenntnisse begründete und transparente pädagogische Entscheidungen zu treffen.

Während Maßnahmen zur Evaluation und Lernerfolgskontrollen inzwischen durchaus gängig sind, gilt dies jedoch für genaue Lernzustandserhebungen eher weniger.

Dabei wird die genaue Kenntnis des Leistungsstandes einer Lerngruppe durchaus als eine wesentliche Voraussetzung für solide Unterrichtsplanungen angesehen.

Dafür sorgen soll eine so genannte Lerngruppenanalyse. Doch obwohl diese Lerngruppenanalyse als unverzichtbar für eine solide Unterrichtsplanung gilt, beschränkt sie sich häufig nur auf einige wenige formelhafte Aussagen zu Gruppengröße, Heterogenität und zum Anteil von Jungen und Mädchen. Als ernstzunehmende Lerngruppenanalyse ist das nicht zu bezeichnen – kann dies auch nicht sein, solange der Lernstand der Gruppe hinsichtlich des beabsichtigten Unterrichts nicht wirklich erfasst ist.

Für eine seriöse Lernzustandsanalyse dagegen bedarf es

- konkreter Erkenntnisse bezüglich des Umgangs der Lerngruppe mit dem Lerngegenstand und
- einer Diagnose des tatsächlich vorhandenen Lernstandes.

Zu prüfen sind dabei vor allem der erreichte Lernzuwachs und noch bestehende Defizite, um auf dieser Basis begründete Entscheidungen für den weiteren Unterricht treffen zu können. Zur Klärung von Fragen wie *„Wie ausgeprägt sind die bisher vermittelten Bewegungsfertigkeiten tatsächlich vorhanden?"* sind Diagnosen notwendig, mit denen der bisher erreichte individuelle Lernstand der Gruppenmitglieder festgestellt werden kann (vgl. Bildungsserver Berlin-Brandenburg, 2012, S. 7)

Für die Inhaltsebene bieten sich hier verschiedene Diagnosemöglichkeiten an, die der Lehrkraft Hinweise für die weitere Planung liefern, vor allem aber auch den Schülern selbst Auskunft über ihre Lernfortschritte bzw. noch vorhandene Defizite geben können.

Diagnosemöglichkeiten

Grundsätzlich ist im motorischen Bereich zwischen ergebnis- und kriterienorientierten Diagnosen zu unterscheiden. Im Fall von **ergebnisorientierten Diagnosen** geht es um die Effektivität, die erfolgreiche Anwendung einer Bewegungsfertigkeit, ohne dabei auf eine normgerechte Ausführung zu achten. Die Idee dahinter ist, dass eine individuelle Ausprägung einer normierten Bewegung zulässig ist, vor allem dann, wenn z. B. die Kugel weit fliegt, der Korb getroffen wird oder der hohe Aufschlag hoch und weit ins Hinterfeld des Gegenübers gespielt werden kann. Denn dann müssen die betreffenden Akteure vieles richtig gemacht haben. Und schließlich geht es im Wettkampf nicht um möglichst „schöne" Bewegungen, sondern um erfolgreiche Aktionen.

Bei **kriterienorientierten Diagnosen** dagegen steht die Annäherung an eine als erfolgreich anerkannte Bewegungsausführung im Vordergrund. Der Gedanke hierbei ist, dass die Umsetzung von bestimmten Kriterien einer Gesamtbewegung die Voraussetzung für einen erfolgreichen Bewegungsvollzug darstellt. Als Diagnosemittel eignet sich diese Form besonders im Verlauf des Prozesses der Aneignung einer Bewegung, wenn bestimmte Mängel eine zufrieden stellende bzw. erfolgreiche Bewegungsausführung noch verhindern und die Ursachen dafür herausgefunden werden sollen. Nicht verstanden werden sollte diese Form der Diagnose als Versuch, die ideale Normbewegung – meistens entwickelt aus der Perspektive des Leistungssports – möglichst genau zu kopieren.

Im kognitiven Bereich und bei sozialorientierten Diagnosen bilden vorwiegend Befragungen, und im zweiten Fall Beobachtungen, den Schwerpunkt der Maßnahmen. Während das erworbene Wissen relativ unkompliziert in schriftlicher oder mündlicher Form festgestellt werden kann, sind Informationen über das Schülerverhalten wesentlich schwieriger zu erfassen (Näheres dazu unter Punkt 7.5, Selbsteinschätzungsbogen).

10.2 Beispiele für ergebnisorientierte Diagnosemöglichkeiten

In der Leichtathletik oder im Schwimmen sind es Leistungsmessungen, die über Lernfortschritte Auskunft geben können, im Basketball beispielsweise ist es die Anzahl erfolgreicher Korbwürfe aus einer einfachen Situation heraus wie Korbleger nach Zuspiel. Bei allen Diagnosetests ist darauf zu achten, dass die Bedingungen bei wiederholten Überprüfungen des Lernfortschritts nicht verändert werden, wenn es um Vergleichbarkeit, d. h. den erreichten Lernfortschritt geht.

Am ***Beispiel „Badminton"*** kann der Lernfortschritt bezüglich der Grundschläge *„Hoher Aufschlag", „Vorhand-Überkopf-* und *Unterhand-Clear"* in einer für diese Schläge gleichen Organisationsform und in relativ einfach zu handhabender Form überprüft werden – von der Lehrkraft oder auch von den Schülern selbst, da alle drei Schläge hoch und weit ins gegenüberliegende Spielfeld gespielt werden sollen. Der Zielbereich im hinteren Teil des Spielfeldes wird dabei in drei gleich große Sektoren unterteilt (z. B. je 76 cm,), ausgehend von den beiden hinteren Aufschlaglinien. Die Schläge müssen über den erhobenen Schläger eines auf der Zentralposition stehenden Spielers gespielt werden. Während der Unterhand-Clear von der Zentralposition aus mit einem seitlichen Ausfallschritt nach vorn ausgeführt wird, erfolgt der Vorhand-Überkopf-Clear aus der Rückwärtsbewegung und nach einem Stemmschritt. Für die Schläge *Drop* und *Smash* werden den veränderten Erfordernissen entsprechend ebenfalls gestufte Zielbereiche vorgeschlagen. Lediglich für den kurzen Aufschlag muss ein verändertes Verfahren angewendet werden.

Da Schüler auch immer gerne wissen möchten, wie ihr aktueller Leistungsstand zu bewerten wäre und Lehrkräfte transparente Beurteilungsmöglichkeiten suchen, kann diesem Ansinnen Rechnung getragen werden, indem den einzelnen Sektoren Punkte zugeordnet werden.

Treffer im anspruchsvollsten Sektor werden mit drei Punkten gewertet, Treffer in den anderen Sektoren mit zwei bzw. mit einem Punkt. Treffer außerhalb der drei Sektoren ergeben null Punkte. Bei 5 Versuchen können so 15 Punkte erreicht werden. Auch der Überprüfungsvorschlag zum kurzen Aufschlag beinhaltet eine Umrechnung in das in der Oberstufe übliche 15-Punkte-System.

Es ist auf jeden Fall darauf zu achten, dass das Zuspiel von guten Spielern erfolgt, da sich das Diagnoseverfahren aufgrund von ungenauen Zuspielen sonst zu sehr in die Länge zieht und auch nicht vergleichbar ist.

Hoher Aufschlag: Spieler A macht von der Aufschlaglinie aus hohe Aufschläge diagonal über den erhobenen Schläger von Spieler B in dessen Hinterfeld.

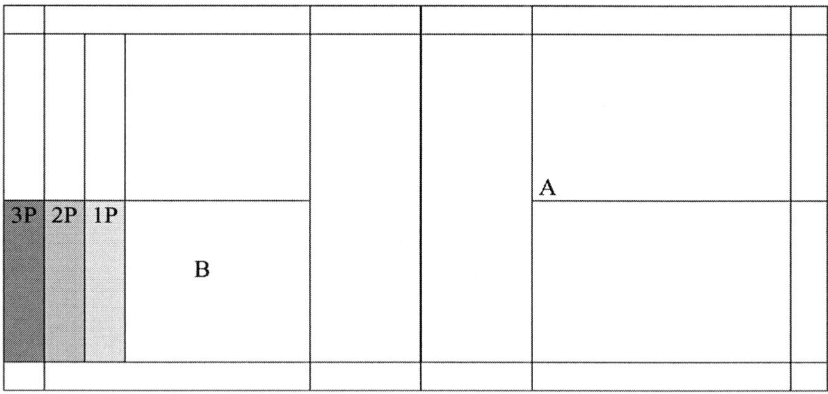

Vorhand- Überkopf-Clear: Spieler B erhält von A hohe Aufschläge auf die Vorhandseite und spielt jeweils einen Überkopf-Clear nach einer Rückwärtsbewegung von der Zentralposition aus (mindestens 2 Schritte). A bewegt sich nach dem Aufschlag mit erhobenem Schläger zur Zentralposition A^{1}.

Vorhand-Unterhand-Clear: Spieler A steht auf der Zentralposition seines Halbfeldes und erhält kurze Aufschläge, die er nach einem seitlichen Ausfallschritt nach vorn auf Position A^{1} mit einem Unterhand-Clear über den erhobenen Schläger von

Spieler B beantwortet, der sich nach dem Aufschlag zur Zentralposition B^1 bewegt. Wenn das Zuspiel auf A noch zu ungenau ist, kann es auch durch ein Einwerfen übers Netz erfolgen.

Drop: Spieler A steht auf der Zentralposition seines Halbfeldes und erhält hohe Aufschläge von B auf die Vorhandseite. A läuft zurück auf Position A^1, spielt (nach Umspringen) einen Überkopf-Drop auf den farbigen Zielbereich und bewegt sich zurück zur Zentralposition.

Je nach Zielgenauigkeit zählen die Treffer im farbigen Bereich 3 bzw. 2 Punkte oder 1 Punkt.

Vorschlag für die Zielflächen: Die 3 Punkte-Fläche beträgt 0,80m x 1,20m, die für 2 Punkte 1,00m x 1,40m und die für 1 Punkt 1,20m x 1,60m.

Zur Veranschaulichung: Zwei hochkant nebeneinander gelegte aufgeschlagene Seiten einer überregionalen Tageszeitung entsprechen annähernd den Maßen 0,80m x 1,20m.

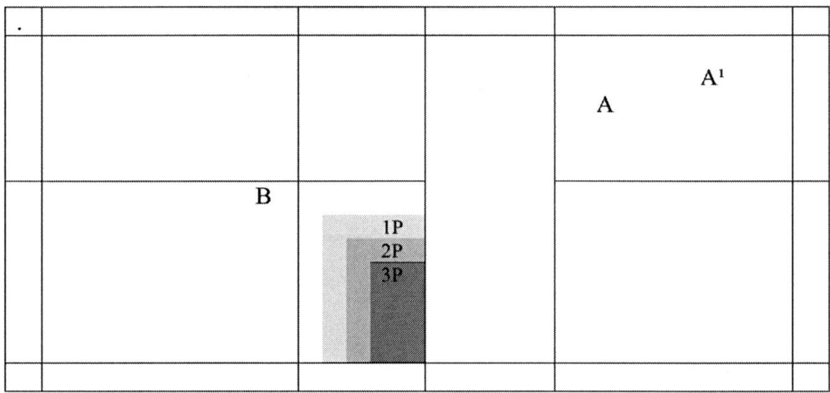

Smash: Spieler A bewegt sich nach einem hohen Aufschlag durch B auf die Vorhandseite von der Zentralposition aus ins Hinterfeld und schmettert nach Umsprung in die markierte Trefferfläche in der Mitte des Spielfelds. Danach kehrt er wieder zur Zentralposition zurück. Als Smash zählt nur ein kräftig nach unten geschlagener Ball.

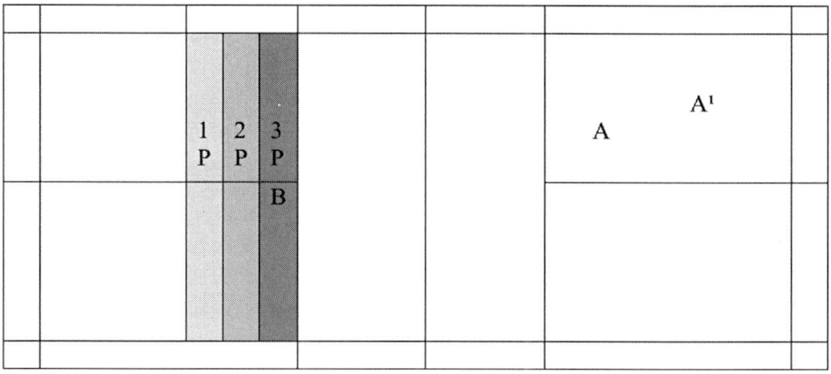

Die Trefferflächen können den Bedürfnissen der Lerngruppe entsprechend festgelegt werden und sollten jeweils in Abhängigkeit vom Leistungsstand der Lerngruppe und der Dauer der Unterrichtseinheit abgesprochen werden.

Kurzer Aufschlag: Für ihn kann man die Konstanz der Bewegungsgenauigkeit einordnen, indem man feststellt, wie viele Versuche ein Spieler für 5 erfolgreiche Aufschläge benötigt. So könnte man sich mit der Lerngruppe darauf einigen, bei maximal 6 Versuchen 3 Punkte zu vergeben, bei maximal 8 Versuchen 2 Punkte und bei maximal 10 Versuchen 1 Punkt.

Bei leistungsstärkeren Gruppen wäre z. B. auch eine Abstufung über maximal 6, 7 und 8 Versuche denkbar.

Übersichtstabelle zur Auswertung von ergebnisorientierten Diagnosen

Name:				**Datum:**		**Ergebnis**
Hoher Aufschlag 5x						
Überkopf-Clear 5x						
Unterhand-Clear 5x						
Drop 5x						
Smash 5x						
Kurzer Aufschlag 5x erfolgreich						

Die Einträge in eine derartige Tabelle können den Lernenden wie auch der Lehrkraft einen guten Überblick verschaffen über Stärken und Schwächen der einzelnen Schüler und damit beiden Seiten die Richtung weisen für die Weiterarbeit.

10.3 Kriterienorientierte Diagnosemöglichkeiten

Nach dem in diesen ergebnisorientierten Diagnoseverfahren festgestellten Leistungsstand können in einem weiteren Schritt über kriterienorientierte Diagnosemöglichkeiten die Ursachen für nicht zufrieden stellenden Ergebnisse erforscht werden.

Über gegenseitige Beobachtungen unter Zuhilfenahme eines Beobachtungsbogens, der die im Verlauf des Erarbeitungsprozesses entwickelten Bewegungskriterien – tabellarisch aufgelistet – enthält, können die Schüler die für ihre noch nicht optimalen Ergebnisse verantwortlichen Defizite feststellen und anschließend in Partnerarbeit an die Behebung der beobachteten Bewegungsmängel gehen. Auf dieser Basis können sie sich dann im weiteren Verlauf des Unterrichts gezielt auf bestimmte Bewegungsschwerpunkte konzentrieren bzw. ihr Bewegungsverhalten an Stationen über ausgewählte Bewegungsaufgaben verbessern.

Lehrkräfte gewinnen mit den ausgefüllten Beobachtungsbögen einen Überblick über den von den Lernenden ereichten Lernstand und erhalten damit eine gesicherte Basis für ihre weitere Unterrichtsplanung.

Die hier bzw. unter Punkt 14.2 vorgestellten Beispiele sind in erster Linie konzipiert für die Oberstufe. Jüngere und wenig geübte Schüler im Umgang mit Beobachtungsaufgaben sollten mit einem weniger detaillierten Beobachtungsbogen arbeiten bzw. sich immer nur auf wenige verabredete Beobachtungsschwerpunkte konzentrieren, die sie nacheinander beobachten.

Es ist weiterhin darauf zu achten, dass bei den einzelnen Beobachtungsaufträgen jeweils nur **ein** Kriterium aufgeführt wird, da der Beobachter bei 2 Beobachtungsschwerpunkten in einem Beobachtungsauftrag in einen Entscheidungskonflikt gerät, wenn nur eins der angegebenen zwei Kriterien erfüllt wird. Deshalb ist, wie bei den aufgeführten Beispielen, in einigen Fällen eine zusätzliche Unterteilung notwendig.

Beispiel eines Diagnosebogens für den hohen Aufschlag:

Während Spieler A und B die verabredeten Schläge ausführen, trägt Spieler C seine Beobachtungen in den Beobachtungsbogen ein. Ebenso verfahren Spieler A und B, wenn sie als Beobachter tätig sind. Anschließend vergleichen und diskutieren sie ihre Ergebnisse.

Hoher Aufschlag **Datum:** **Name (A):** **Name (B):** **Name (C):**	**A** (+/-)	**B** (+/-)	**C** (+/-)
Seitliche Schrittstellung **mit Gewicht auf dem hinteren Bein**			
Schleifenbewegung **mit Zurücknahme des Schlagarmes**			
Anwerfen des Balles schräg nach vorn			
Der gestreckte Schlagarm **schwingt dicht am Körper vorbei**			
Der Schlägerkopf befindet sich unterhalb der Schlaghand			
Das Handgelenk ist nach hinten abgeknickt (Schlägerkopf zeigt nach hinten)			
Das Gewicht wird auf das vordere Bein verlagert **durch das Vorbringen von Hüfte und Schlagschulter**			
Der Schläger wird durch das Strecken des Handgelenks beschleunigt			
Der Ball wird seitlich vor dem Körper **unter Hüfthöhe getroffen**			
Der Schlagarm schwingt über Gegenschulter aus			

Eine Schwerpunktsetzung im Anfängerbereich kann beim hohen Aufschlag darin bestehen, die Konzentration der Beobachter zunächst auf die seitliche Schrittstellung mit dem Gewicht auf dem hinteren Bein, auf die Schlagbewegung mit gestrecktem Arm und auf das Treffen des Balles seitlich vor dem Körper zu richten.

Die Ausgangstellung in seitlicher Schrittstellung mit dem Gewicht auf dem hinteren Bein ermöglicht die Streckung des Schlagarms und eine dynamische Ausholbewegung. Die Streckung des Schlagarmes begünstigt die Beschleunigung des Schlägerkopfes, und das Treffen des Balles seitlich vor dem Körper erfordert eine Gewichtsverlagerung nach vorn. Damit wird den Lernenden gleichzeitig verdeutlicht, dass der Ball angeworfen werden muss, wenn man die genannten Kriterien erfüllen will.

Da das Anwerfen aber für Anfänger eine erhöhte Schwierigkeit darstellt, kann dies durch einen Partner erfolgen, der einen Schritt schräg vor der Schlaghand des Übenden steht und den Ball etwa aus Schulterhöhe senkrecht fallen lässt. Der Vorteil dabei ist, dass der Übende auf jeden Fall zu einer Vorwärtsbewegung schräg nach vorn gezwungen ist und sich auf die Ausführung des Schlages konzentrieren kann. Auch die Beobachter werden entlastet, da sie sich auch nur auf die Beobachtung der Schlagbewegung konzentrieren können.

Diagnoseverfahren wie das hier vorgestellte lassen sich auch zum Abschluss einer Unterrichtsreihe als Evaluationsinstrumente verwenden, wobei dabei von Vorteil ist, dass die jeweiligen Lerngruppen die Verfahren bereits kennen, was unnötige Reibungsverluste vermeiden hilft.

In ähnlicher Form lassen sich auch für andere Fertigkeiten Diagnosebögen erstellen, die die Lernenden selbständig handhaben können. Voraussetzung für aussagekräftige Diagnosen durch die Schüler selbst ist jedoch, dass sie bereits Erfahrungen mit Bewegungsbeobachtungen haben, die fraglichen Bewegungskriterien kennen und die Beobachtung ihrer Partner auch ernsthaft betreiben.

Weitere Diagnosebögen sind unter Punkt 14.2 zu finden.

10.4 Diagnosen in Sportspielen

In den großen Sportspielen ist es aufgrund der Komplexität der Spiele und der schnell aufeinander folgenden Aktionen vor allem für Schüler nicht gerade einfach, durch Beobachtungen, die dokumentiert werden sollen, zu aussagekräftigen Diagnosen zu gelangen. Deshalb ist es wichtig, sich auf die Handlungen zu konzentrieren, die das jeweilige Spiel bestimmen und Schwerpunkte für die Beobachtung festzulegen. Während Lehrkräfte zumindest in den Rückschlagspielen in Lerngruppen mit wenig Spielerfahrung auch mehrere Spieler beobachten können, da die Dauer der Spielhandlungen noch sehr kurz ist, kann eine genaue Dokumentation bei längeren Spielhandlungen nur von mehreren Beobachtern erfolgen. Bei einer Beobachtung durch Schüler ist es daher ratsam, von einem Schüler jeweils nur die Aktionen eines Spielers dokumentieren zu lassen. Dies gilt auch besonders für Spielbeobachtungen in den Zielschussspielen.

Spielbeobachtungsbogen Volleyball

Name: **Datum:**	**Aufschlag**	**Annahme (Baggern)**	**Pritschen**	**Angriff**	**Block**	**Summe (+:–)**	**Ergebnis**
Spieler A (Beispiel)	+ + + – +	– – + – –	+ + 0 + + – + + +	– 0 –	–	12:9	1,3

Legende: + : Erfolgreiche Aktion
– : Misslungene Aktion
0 : Nicht klar, ob der Fehler bei dem Spieler oder beim Zuspieler lag

Aus der Analyse des angegebenen fiktiven Beispiels lässt sich ableiten, dass der betreffende Spieler Aufschläge relativ sicher beherrscht, noch deutliche Schwächen bei der Annahme hat aber im oberen Zuspiel schon relativ sicher ist. Das Mittel des Angriffs kann offenbar noch nicht erfolgreich eingesetzt werden, der Block wird offenbar noch nicht beherrscht und kaum versucht. Aus dieser Analyse ergibt sich für den betreffenden Spieler, dass er vor allem an der Verbesserung der Annahme arbeiten muss. Hinsichtlich des Verhaltens bei Angriff und Block wäre noch genauer zu untersuchen, ob die Minuspunkte durch missglückte Versuche zustande kamen oder weil er trotz vorhandener Chancen sich nicht traute. Egal welche Ursache verantwortlich ist, Unsicherheit oder technische Mängel, festhalten lässt sich auf jeden Fall, dass dieser Spieler diese beide Techniken noch nicht sicher genug beherrscht.

Hier zeigt sich eine Schwäche der vorgestellten Diagnoseform, denn mit ihr lässt sich nicht feststellen, ob die Schwächen eher im technischen oder taktischen Bereich liegen.

Zur Klärung wären deshalb Nachfragen nötig oder ein anders konzipierter Beobachtungsbogen, der z. B. die situationsgerechte Anwendung einer Technik, die Genauigkeit des Zuspiels und das Spielverständnis erfassen kann, wie das folgende Beispiel zeigt.

Name: **Datum:**	**Beobachtungsschwerpunkt**	**immer**	**oft**	**selten**	**nie**
Technik	**Wendet das obere Zuspiel situationsgerecht an**				
	Das obere Zuspiel erreicht den Mitspieler mit hoher Spitze				
	Wendet das untere Zuspiel situationsgerecht an				
	Mitspieler können das untere Zuspiel gut verwerten				
	Spielt sichere Aufschläge				
Spielverständnis	**Kann den Ballflug antizipieren**				
	Erfüllt seine Aufgaben positionsgerecht				
	Setzt Mitspieler ein				
	Erkennt die Lücken beim Gegner				
	Spielt den Ball genau auf die Lücken				

10.5 Bewertungen

Die Ergebnisse dieser Spielbeobachtungsbögen können zum Abschluss einer Unterrichtseinheit auch zur Bewertung herangezogen werden. Dazu muss sich die Lehrkraft allerdings einen Umrechnungsschlüssel für die gewonnenen Ergebnisse erarbeiten, der dem Leistungsstand der Lerngruppe gerecht wird. Dabei ist auch zu berücksichtigen, welche Techniken im Mittelpunkt des Unterrichtsgeschehens gestanden haben. Davon abhängig sind dann auch die Beobachtungsschwerpunkte zu wählen, so dass gegebenenfalls eine Beschränkung auf die grundlegenden Techniken sinnvoll ist, in diesem Fall Aufschlag, oberes und unteres Zuspiel.

Umrechnungsvorschlag zum 1. Spielbeobachtungsbogen für eine Lerngruppe mit durchschnittlichem Spielniveau (Oberstufe): Die Anzahl der erfolgreichen Aktionen (+) wird durch die Anzahl der negativen Aktionen (-) geteilt. Der dabei erzielte Wert kann dann einer Punktzahl zugeordnet werden.

	Beispiel : (+) : (-)
15 P : über 4,0	12 : 3 = 4,0
14 P : – 3,5	11 : 3 = 3,66
13 P : – 3,0	10 : 3 = 3,3
12 P : – 2.5	13 : 5 = 2,6
11 P : – 2,0	12 : 6 = 2,0
10 P : – 1,6	10 : 6 = 1,66
9 P : – 1,3	12 : 9 = 1,3
8 P : – 1,0	9 : 9 = 1,0
7 P : – 0,9	12 : 13 = 0,9
6 P : – 0,8	8 : 10 = 0,8
5 P : – 0,7	10 : 13 = 0,7
4 P : – 0,6	7 : 11 = 0,6
3 P : – 0,5	6 : 12 = 0,5
2 P : – 0,4	4 : 9 = 0,4
1 P : – 0,3	3 : 10 = 0,3

Bei dem 2. Beobachtungsbogen kann jeweils eine Punktzahl für die Technik und das Spielverständnis festgestellt werden, indem für die Zuordnung zu ***immer*** jeweils 3 Punkte vergeben werden, für ***oft*** 2 Punkte und für ***selten*** 1 Punkt. In der Addition ergeben sich daraus für jeden Bereich maximal 15 Punkte.

Während die überschaubare Abfolge der Aktionen im Volleyball und anderen Rückschlagspielen die Auswahl der Beobachtungskriterien erleichtert, stellt sich die Situation in den Zielschussspielen wesentlich diffiziler dar, da Spielhandlungen komplexer, weniger vorhersehbar sind und nicht so oft unterbrochen werden. Dennoch lassen sich auch in diesen Spielen Diagnosen mit einem ähnlichen Raster erstellen, wie mit dem zweiten Beobachtungsbogen vorgestellt. Als Beobachtungskriterien können neben erfolgreichen Abschlüssen und Zuspielen, die zu Abschlüssen führen – Neudeutsch *assists* – z. B. Kriterien wie Passgenauigkeit, Balleroberung (FB), das Abblocken von Würfen, Blocken bzw. Sperren (BB, HB), Lücken erkennen und ausnutzen bzw. verhindern oder erfolgreiche Täuschungshandlung (BB, FB, HB) vereinbart werden. Eine Reduzierung der Komplexität ist auch möglich durch die Beschränkung der Betrachtung auf das Angriffs- oder das Abwehrverhalten.

Beispiele für derartige Diagnosebögen sind unter Punkt **14.2** Diagnosebögen zu finden.

11. Zum Stellenwert von Reflexionen

11.1 Reflexionen im Unterricht

Zunächst einmal ist zu klären, wann Reflexionen stattfinden, von wem sie vorgenommen werden und welchem Zweck sie dienen sollen. Grundsätzlich ist zu unterscheiden zwischen dem Reflektieren im Verlauf bzw. am Ende des Unterrichts und der Reflexion der Lehrkraft nach dem gehaltenen Unterricht.

Im Unterricht geht es für die Schüler bei Reflexionen darum, Bewegungserfahrungen auszutauschen, Empfindungen auszudrücken und das unterrichtliche Handeln dadurch bewusst wahrzunehmen, Zusammenhänge zu verstehen sowie sportliches Handeln und Meinungen kritisch zu beleuchten (vgl. Neumann, 2006, S. 55). Denn das bloße Nachempfinden sportlicher Bewegungsabläufe ohne die bewusste Auseinandersetzung mit dem sportlichen Handeln kann dem Anspruch an modernen Sportunterricht nach Vermittlung einer ganzheitlichen Handlungskompetenz nicht genügen. Wer z. B. nicht gelernt hat, die Struktur sportlicher Bewegungen zu erfassen, Sinnzusammenhänge im sportlichen Handeln zu begreifen, die Bedeutung von Regeln für das Miteinander zu verstehen und zu akzeptieren sowie Problemlösestrategien in der Auseinandersetzung mit Bewegungsproblemen und der Organisation des sportlichen Miteinanders erfolgreich einzusetzen, von dem kann kein selbständiges Handeln im Sport erwartet werden.

Daraus ergibt sich konsequenterweise, dass Theorieanteile in den Sportunterricht mit einfließen müssen, indem sportliches Handeln durch Phasen des Reflektierens immer auch auf die Ebene des Bewusstseins gehoben wird. Dabei ist jedoch darauf zu achten, dass die sportliche Bewegung im Mittelpunkt des Unterrichts bestehen bleibt, Reflexionen also den Bewegungsunterricht lediglich begleiten und unterstützen.

Zu beachten ist auch, dass die Sprechanlässe auch aus Schülersicht einen wichtigen Beitrag zum Unterrichtserfolg leisten. Dies ist der Fall, wenn ein Problem thematisiert wird, das den Schülern aufgefallen ist oder ihnen bewusst gemacht wird, wenn also Lehrende und Lernende das Unterrichtsgeschehen bzw. Teilbereiche davon im Gespräch gemeinsam analysieren und z. B. den Unterrichtserfolg einschätzen oder das Vorgehen bzw. eine Organisationsform kritisch beleuchten oder aber Empfindungen verbalisiert werden.

In diesen Fällen kann von den Schülern eine echte Gesprächsbereitschaft erwartet werden. Dabei ist es wichtig, durch gezielte Fragestellungen der Lehrkraft dafür zu sorgen, dass eng am Thema diskutiert und zügig ein substantielles Ergebnis erzielt wird, das, wenn es über die aktuelle Situation hinaus von Bedeutung ist, auch für die weitere Arbeit festgehalten wird. Ein bloßes Plaudern am Stundenende über die pauschale Frage etwa, ob die Schüler die Stunde gut fanden, wird kaum Erhellendes zu Tage fördern und bei den Schülern nur den Eindruck hinterlassen, dass es sich bei einem derartigen Abschlussgespräch um ein bloßes Ritual handelt (vgl. Auras, 2010, S. 35).

11.2 Reflektieren nach dem Unterricht

Bei der Reflexion von Unterricht durch die Lehrkräfte geht es darum, das Unterrichtsgeschehen kritisch zu beleuchten, in diesem Fall allerdings erst nach dem Unterricht und zwar zum Zweck der Auswertung.

Entsprechend dem Motto „nach dem Unterricht ist vor dem Unterricht“, sind Planen, Durchführen und Auswerten als eine Einheit zu sehen (vgl. Balz, 2007, S. 204) denn die Überlegungen, die den gehaltenen Unterricht auswerten, beeinflussen direkt den folgenden Unterricht. Stellt man z. B. fest, dass die eingesetzte Spielform einen Teil der Lerngruppe noch überfordert hat, die Zeit zur Bearbeitung einer Aufgabe zu knapp bemessen war, Erklärungen zu Organisationsformen nicht klar genug formuliert waren oder gedankliche Anstöße bei problemorientierten Aufgabenstellungen gefehlt haben, muss man sich für die kommende Sportstunde Alternativen überlegen.

Man sollte sich daher möglichst unvoreingenommen mit dem gehaltenen Unterricht auseinandersetzen, ihn wertend reflektieren. Das erlebte Unterrichtsgeschehen ist zu analysieren, zu deuten und zu bewerten (ebd., S. 204). Auch wenn die abgelaufene Stunde aus Lehrersicht reibungslos verlaufen ist, die Schüler offenbar zufrieden aus dem Unterricht gegangen sind und ein positiver Gesamteindruck zurückbleibt, sollte man sich vor Selbstzufriedenheit hüten. Ein kritischer Blick auf unterschiedliche Aspekte des Unterrichtsgeschehens mit einem Vergleich von Planung und Durchführung mit dem erreichten Ergebnis kann Schwachstellen deutlich werden lassen aber auch Gelungenes transparent machen und damit Hinweise geben für die Schwerpunktsetzung bei der weiteren Arbeit und dadurch die künftige Planung erleichtern.

Diesen Vorstellungen dürften die meisten Lehrkräfte zustimmen, den Aussagen aber sogleich ein großes „aber“ hinzuzufügen. Und diese Einschränkung bezieht sich auf die alltägliche Unterrichtssituation.

Wer hat es nicht schon selbst erlebt, dass er sich bei der Planung einer Stunde an einen gelungenen Unterricht erinnert, sich dann aber vergeblich an die Einzelheiten zu erinnern versucht.

Mit einem resignierenden *„Hätte ich doch nur … “* wendet man sich daraufhin der neuen Planung zu. Gründe für eine derartige Unterlassung lassen sich viele finden. Die Pause reicht gerade einmal für das Umziehen. Der Weg zwischen Sporthalle und dem nächsten Unterricht im Schulgebäude verhindert selbst kurze Notizen.

Womöglich muss sogar zu einem anderen Schulstandort gefahren werden, die Kollegen warten schon zwecks einer Besprechung im Lehrerzimmer oder Schüler haben noch Fragen bzw. suchen noch nach Wertsachen. Hinzu kommt, dass sich im Allgemeinen die Beschäftigung mit Unterricht vor allem auf den Bereich der Durchführung, ansatzweise auch noch auf einige Planungsüberlegungen konzentriert (ebd., S. 205). Die Auswertung dagegen bleibt eher ein Sonderfall, nicht zuletzt aufgrund der geschilderten Umstände.

Aus den bereits erwähnten Gründen geschieht das Auswerten in den meisten Fällen durch die einzelne Lehrkraft. Da sie den gehaltenen Unterricht auch geplant hat und ihr die damit verbundenen Absichten präsent sind, kann sie den Unterrichtserfolg z. B. am ehesten abschätzen. Allerdings sind diese Erkenntnisse natürlich subjektiv gefärbt. Ein unabhängiger Unterrichtsbeobachter aus dem Kollegenkreis könnte dieser Gefahr begegnen, aber eine derartige Möglichkeit dürfte eher die große Ausnahme sein. Realistischer dagegen sind als Korrektiv zu den eigenen Beobachtungen und Eindrücken Schüleräußerungen. Vorausgesetzt, man überlegt sich als Lehrkraft gezielte Fragen z. B. zu festgestellten Problemen, zu Ergebnissen aus Schülersicht oder hinsichtlich des gewählten Vorgehens, die den Kern des Abschlussgesprächs bilden, können diese Schülereindrücke wichtige Informationsquellen für die Unterrichtsauswertung sein. Gelingen wird dies aber nur, wenn ein vertrauensvolles Unterrichtsklima besteht, die Schüler an derartige gemeinsame Gespräche gewöhnt sind und sie das Gefühl haben, dass ihre Meinungen ernst genommen werden. Ebenso kann auch die Auswertung von Diagnoseergebnissen wichtige Planungshinweise liefern, die die eigenen Eindrücke ergänzen oder modifizieren. Eine weitere Möglichkeit der Evaluation von Unterricht ist der Einsatz von Fragebögen zur Beurteilung des Unterrichtsgeschehens. Da dies allerdings sowohl für Lehrer, als auch für Schüler ein ziemlich aufwändiges Verfahren ist, eignet sich dies eher zur Auswertung am Ende einer Unterrichtseinheit.

Klar ist aber auch, dass eine Unterrichtsstunde nie in ihrer Gesamtheit ausgewertet werden kann, denn dazu tragen zu viele Einzelaspekte zum Gesamteindruck einer Stunde bei (ebd., S. 207).

Schwerpunkte einer Auswertung können z. B. sein (ebd., S. 207/208):

- der Unterrichtsverlauf,
- die Unterrichtsergebnisse,
- die Einschätzung der angenommenen Lernvoraussetzungen und der daraus folgenden didaktisch-methodischen Entscheidungen,
- die Unterrichtsteuerung durch die Lehrkraft,
- das Schülerverhalten,
- das Lehrerverhalten,

– die Unterrichtsorganisation,
– die Sicherung von (Zwischen-)Ergebnissen.

Wann immer möglich, sollten Lehrkräfte sich nach dem Unterricht zumindest kurze Notizen zu besonderen Vorkommnissen, Eindrücken, besonders erfolgreichen oder wenig erfolgreichen Maßnahmen machen und interessante Ideen, die sich im Unterricht ergeben haben, festhalten, da sonst vieles in der Hektik des Alltagsgeschäfts schnell in Vergessenheit gerät (s. oben). Durch regelmäßige Auswertungsgespräche am Stundenende lässt sich eine gewisse Kontinuität in der Auswertungspraxis erreichen, die ergänzt werden kann durch Diagnosen im laufenden Unterricht, die von den Schülern selbst durchgeführt werden können, Aufschluss über den aktuellen Lernstand geben und für Lehrende wie Lernende Hinweise liefern können, wie der weitere Unterricht gestaltet werden sollte. Damit kann der Unterricht auch für die Schüler durchschaubarer werden und gleichzeitig einen Beitrag zu bewusstem Lernen liefern.

Eine weitere gute Möglichkeit, Informationen über den laufenden Unterricht zu bekommen, sind Beobachtungsaufträge an Schüler, die an der aktiven Teilnahme am Sportunterricht verhindert sind (ebd., S. 208). Indem man ihnen konkrete Beobachtungsaufträge zu bestimmten Schwerpunkten des Unterrichts gibt, zu denen sie ihre Beobachtungen schriftlich festhalten sollen, werden diese Schüler in den Unterricht mit sinnvollen Aufgaben eingebunden. Um ihnen die Aufgabe zu erleichtern, kann man ihnen einen vorstrukturierten Beobachtungsbogen an die Hand geben. Allerdings sollte man ihnen auch den Zweck dieser Aufgabenstellungen mitteilen, damit sie diese Aufgaben nicht als Strafarbeit für ihre Nicht-Teilnahme oder als bloße Beschäftigung betrachten, sondern als einen wichtigen Beitrag zur Optimierung des Unterrichts auffassen. Sie werden jedoch diese Beobachtungsaufgaben nur ernst nehmen, wenn ihre zusammengetragenen Beobachtungen am Stundenende zur Sprache kommen oder einzelne Punkte, nach Auswertung durch die Lehrkraft, zu Beginn der folgenden Stunde angesprochen werden.

Da die genannten Maßnahmen, wie bereits erwähnt, nicht alle relevanten Unterrichtsaspekte gleichzeitig abdecken können und auch nicht immer durchführbar sind, kann ein Fragenkatalog Struktur in die Gedanken bringen, die man sich später in Ruhe zur Auswertung machen möchte.

11.2.1 Fragen zur Selbstreflexion

Der folgende Fragenkatalog ist nicht als starres Konzept zu verstehen sondern als ein Beispiel für die eigene Reflexion des Unterrichts. Je nach Unterrichtskonzept und Zielrichtung des Unterrichts können auch andere Fragestellungen relevant sein. Sie sollen aber möglichst viele Aspekte des Unterrichtgeschehens erfassen und den gehaltenen Unterricht selbstkritisch beleuchten.

Ein derartiger Fragenkatalog kann aber auch eingesetzt werden, wenn sich Lehrkräfte gegenseitig im Unterricht besuchen oder in der Referendarausbildung Unterrichtsbeobachtung unter bestimmten Schwerpunkten erfolgen soll.

Habe ich alle / die meisten / nur wenige Schüler motivieren können?

- Haben sich alle / die meisten / nur ein Teil der Schüler intensiv beteiligt?
- Waren die Schüler aufmerksam in Gesprächsphasen?
- Führten sie Anweisungen / Arbeitsaufträge erwartungsgemäß aus?
- Haben sich Schüler dem Unterrichtsgeschehen entzogen?

Wie ist der Lernerfolg einzuschätzen?

Welche Ziele habe ich erreicht / nur zum Teil erreicht / nicht erreicht?

Was können die Gründe dafür sein?

Habe ich

- die Lernvoraussetzungen realistisch eingeschätzt,
- den Lerngegenstand sinnvoll gewählt,
- den Lerngegenstand ausreichend analysiert (Lernschwierigkeiten?),
- die Ziele richtig gewählt?

Habe ich die richtigen methodischen Entscheidungen getroffen?

Habe ich

- die Lernschritte richtig gewählt,
- ausreichend Übungs- / Erprobungszeit gewährt,
- sinnvolle Hilfen bzw. die richtigen gedanklichen Anstöße gegeben,
- für Anschaulichkeit gesorgt,
- Anweisungen / Aufgaben bzw. Probleme klar genug formuliert,
- die kognitive Unterstützung, z. B. eine Bildreihe, sinnvoll platziert,
- aufgetretene Probleme diskutiert,
- wesentliche Aspekte, z. B. die richtigen Bewegungskriterien angesprochen,
- die erzielten Ergebnisse zur Diskussion gestellt und angemessen gesichert,
- die Korrekturen effektiv (Fehlerursachen und nicht nur Symptome) eingesetzt?

Bin ich auf die unterschiedlichen Bedürfnisse der Schüler eingegangen?

- Habe ich die Interessen der Schüler getroffen?
- Welche differenzierenden Maßnahmen waren / waren nicht wirkungsvoll? Warum?
- Waren Schüler über- / unterfordert?

Waren die Organisationsformen ökonomisch und sinnvoll?

- Habe ich beim Auf- und Abbau bzw. bei Erklärungen zum Ablauf Zeit verschenkt?
- Kann ich weitere Aufgaben an Schüler delegieren?

War die Belastung insgesamt angemessen?

- War die Reihenfolge der Belastung angemessen?
- War das Verhältnis von Belastung und Erholung ausgewogen?

Habe ich den Schülern genügend Raum für eigene Entfaltung gegeben?

- Habe ich sie angehört und ausreden lassen?
- Konnten sie eigene Ideen einbringen?
- Habe ich ihnen dafür genügend Zeit gegeben?

Hat die Stunde dazu beigetragen, die Handlungsfähigkeit der Schüler zu verbessern?

Habe ich

- Entscheidungen begründet,
- Zusammenhänge erläutert,
- Möglichkeiten zu selbstständigem Handeln gegeben (Erproben, Organisieren, Entwickeln, Gestalten)?

Hat die Stunde zur Förderung der Methodenkompetenz beigetragen?

Erhielten die Schüler

- Aufgaben, die die Entwicklung eigener Lernstrategien förderte,
- Anleitungen/Hilfen zum methodischen Vorgehen,
- Gelegenheit, ihr Vorgehen bei ihren Lösungsversuchen zu erläutern, mit anderen zu vergleichen und zu beurteilen?

Konnten die Schüler ihre Selbstkompetenz verbessern?

Konnten die Schüler

- ihr eigenes Befinden mitteilen,
- ihr eigenes Können im Hinblick auf Aufgabenstellungen bzw. das Leistungsvermögen anderer einschätzen?
- eigene Bewegungsdefizite selbst oder mit Partnerhilfe erkennen?

Hatten die Schüler die Chance, ihre Sozialkompetenz zu verbessern?

Bestand für die Schüler die Möglichkeit

- partnerweise oder in Gruppen produktiv miteinander zu kommunizieren,
- Regeln oder Organisationsstrukturen zu verändern,
- eigene Erwartungen zu äußern/auf andere einzugehen (z.B. Rücksicht zu nehmen),
- Probleme/Konflikte untereinander zu lösen?

12. Häufige Schwachstellen im Unterricht und bei der Planung

Erinnern Sie sich noch an Sportstunden aus Ihrer Schulzeit? Ein, zwei Runden in der Halle, gefolgt von Gymnastik- und Dehnübungen, dann ein von der Lehrkraft vorgegebenes Übungsprogramm und zum Abschluss ein Spiel.

Sie meinen, das sei doch Schnee von gestern? Dann unterschätzen Sie, wie stark die Erfahrungen aus der eigenen Schulzeit auch später noch die Planung und Durchführung von Sportunterricht mit beeinflussen können, vor allem, wenn man sich noch lebhaft an den selbst erlebten Sportunterricht erinnert. Man greift gern auf Routinen zurück, die man von früher kennt bzw. die man selbst im Laufe der Zeit entwickelt hat oder aber man verlässt sich auf Vorschläge zur Unterrichtsgestaltung aus der Literatur. Das erleichtert zwar vordergründig die Planung des Unterrichts, kann aber langfristig zu einer Erstarrung in Routinen führen, wenn die Besonderheiten der Lerngruppen, die Materialausstattung, die Hallensituation und das jeweilige Schulprofil keine ausreichende Berücksichtigung finden.

Übersehen wird häufig auch, dass sich im Laufe der Zeit die Anforderungen an Sportunterricht stark verändert haben (allgemeiner Erziehungsauftrag, Mehrperspektivität, umfassende Handlungsfähigkeit) und auch die Erwartungen der Schüler heute differenzierter und vielfältiger sind.

Im Einzelnen gibt es eine Reihe von Fehlern, die immer wieder zu beobachten sind.

- **Zu Stundenbeginn lässt die Lehrkraft die Lerngruppe im Unklaren über den geplanten Stundenverlauf und ihre Absichten.**
  Ohne Informationen über das, was die Lehrkraft mit der Lerngruppe vorhat, können die Lernenden die Unterrichtsmaßnahmen schlecht nachvollziehen und sich auch nicht aktiv mit eigenen Ideen einbringen.
- **Eine methodische Reihe wird der gesamten Lerngruppe mit all ihren Lernschritten zugemutet.**
  Das Wort „zugemutet“ ist hier bewusst gewählt, denn oft empfinden Schüler die Vielzahl an Vorübungen als Zumutung. Entweder können sie den Sinn einzelner Lernschritte nicht erkennen oder sie betrachten verschiedene Lernschritte als unnötig, als Zeitverschwendung, da sie sich damit unterfordert fühlen, ungeduldig werden und schneller zur Zielbewegung gelangen wollen.
- **Der Übergang von einem offenen Stundenbeginn (Erprobungsphase) zu einer weiterführenden Aufgabe bzw. Übungsphase ist nicht stimmig.**
  Nach dem Sammeln von ersten Bewegungserfahrungen müssen diese Erfahrungen geordnet, in eine Struktur gebracht werden, die für die Lernenden nachvollziehbar ist. Die gewonnenen Erkenntnisse müssen zu konkreten Ergebnissen zusammengefasst werden. Auf dieser Basis kann dann eine überzeugende weiter-

führende Aufgabe gestellt werden. Eine weitere Erprobungsphase ohne präzisierte Aufgabenstellung etwa nach dem Motto *„Jetzt übt mal weiter"* ist wenig Erfolg versprechend und wird von den Lernenden womöglich als bloße Wiederholung der ursprünglichen Erprobungsphase angesehen. Ein zügig fortschreitender Lernprozess, den die Lernenden erwarten können, wird so verhindert.

- **Reflexionsphasen zum Erfahrungsaustausch nach Erprobungs- oder Übungsphasen verlaufen unstrukturiert.**
  Unterbrechungen des Unterrichts werden von den Lernenden nur bereitwillig akzeptiert, wenn sie den Eindruck haben, davon in ihrem Lernprozess profitieren zu können.
  Lehrkräfte müssen daher bereits im Planungsstadium durch überlegte Frageimpulse, die zu einem zügigen Herausarbeiten von Ergebnissen führen, diese Phasen vorbereiten und später für die Sicherung der Ergebnisse sorgen, um auf dieser Basis die nächsten Unterrichtsschritte Erfolg versprechend einleiten zu können.

- **Zwischenergebnisse werden nicht ausreichend konkretisiert.**
  Ergebnisse, die von Gruppen erarbeitet wurden, werden mündlich vorgetragen aber nicht demonstriert, unpräzise Formulierungen werden nicht hinterfragt. Die nicht an der Ausarbeitung beteiligten Schüler können in diesen Fällen die Ausführungen womöglich nur mit Schwierigkeiten nachvollziehen, vor allem dann, wenn sie selbst sich mit anderen Fragestellungen beschäftigt haben. Eine produktive Diskussion der vorgestellten Ergebnisse ist unter diesen Voraussetzungen kaum möglich.

- **Gelenkstellen zwischen Aufgabenstellungen bleiben ungenutzt.**
  Im Übergang zwischen zwei Übungsphasen wird der Lerngruppe häufig nur die folgende Aufgabenstellung erläutert. Diese Unterbrechungen des Unterrichtsgeschehens sind gleichzeitig aber auch Gelegenheiten zu einem kurzen Erfahrungsaustausch, zu Korrekturhinweisen oder auch zu einem Lob. Sie sollten daher von der Lehrkraft immer als Chance zu einer kurzen Rückmeldung genutzt werden.

- **Rückmeldungen bzw. Bewegungskorrekturen erfolgen nicht systematisch.**
  Nach Abschluss eines Lernschrittes sollte der Lerngruppe die Möglichkeit zu Rückmeldungen gegeben werden. Über Frageimpulse wie *„Was ist gelungen?"* und *„Wo hattet ihr noch Probleme?"* kann die Lehrkraft unabhängig von den eigenen Beobachtungen erfahren, welche Lernprobleme noch aufgetreten sind, die Probleme erörtern, Ursachen klären, Lösungsmöglichkeiten entwickeln oder entsprechende Korrekturhinweise geben. Als Ergänzung können Demonstrationen Zwischenergebnisse sichern helfen. Danach wird der Unterricht mit einer präzisierten Aufgabenstellung oder veränderter Schwerpunktsetzung fortgesetzt.

- **Gestellte Beobachtungsaufträge werden von der Lehrkraft nicht ernst genug genommen.**
  Da Beobachtungsaufgaben mit zum Sportunterricht gehören, werden sie auch oft gestellt. Allerdings reicht ein *„Beobachtet euch jetzt gegenseitig“* nicht, um später konkrete Ergebnisse erwarten zu können. Denn dafür ist ein derartiger Auftrag zu unspezifisch. Stattdessen sollten den Lernenden konkrete Beobachtungsaufträge erteilt werden, wobei sie sich nur auf wenige, genau bestimmte Bewegungsmerkmale zu konzentrieren brauchen.
  Auf jeden Fall ist nach einer derartigen Übungsphase auf die gemachten Beobachtungen der Schüler einzugehen, denn wenn Beobachtungsaufträge sich als bloße Lippenbekenntnisse herausstellen, werden derartige Aufgaben von den Schülern nicht mehr ernst genommen.

- **Gelegenheiten für Schülermitgestaltung bleiben ungenutzt.**
  Im Verlauf des Sportunterrichts kommt es immer wieder einmal zu Situationen, die den reibungslosen Ablauf stören. Schüler stoßen in ihrem Bewegungshandeln an ihre Grenzen, der organisatorische Ablauf gerät durcheinander oder der soziale Umgang miteinander ist unbefriedigend. Teilweise lassen sich solche Probleme von Lehrkräften aufgrund ihrer Erfahrungen voraussehen, zum Teil aber können sie auch unverhofft im Unterrichtsverlauf zu Tage treten. Lehrkräfte sollten darauf vorbereitet sein, mögliche Problembereiche im Vorfeld schon zu erfassen bzw. im Unterricht zu erkennen und beim Auftreten die Chance zur Problematisierung mit den Lernenden nutzen. So lässt sich z. B. voraussehen, dass beim gemeinsamen Spielen von Jungen und Mädchen auf beiden Seiten Unmut über das Verhalten der jeweils anderen Gruppe entstehen kann oder dass Spielhandlungen als unbefriedigend empfunden werden, weil zu selten Erfolgserlebnisse durch gelungene Abschlüsse zu verzeichnen sind. In beiden Fällen können Lehrkräfte durch das Aufgreifen der Probleme die Lerngruppen zur gedanklichen Auseinandersetzung und zu möglichen Lösungsansätzen anregen.

- **Motorische Ziele werden nicht zügig und zielgerichtet genug verfolgt.**
  Um ihre Lerngruppen nicht zu überfordern neigen manche Lehrkräfte dazu, unnötig lange bei Vorübungen zu verweilen, einzelne Übungsphasen zu lange laufen zu lassen oder die Lernenden über den Zweck von Übungen oder Stationen im Unklaren zu lassen. Das kann dazu führen, dass die Schüler an die gestellten Aufgaben nicht mit der gebotenen Ernsthaftigkeit herangehen oder sehr schnell die Lust verlieren.

- **Lernschritte sind nicht in allen Phasen angemessen.**
  Lehrkräfte sind manchmal zu ungeduldig und unterschätzen den Übungsbedarf ihrer Lerngruppen. Bei der Einführung einer Technik können manche Übungsphasen für einzelne Schülergruppen zu kurz sein oder der Übergang zu Anwendungsphasen erfolgt zu schnell. Das lässt sich vor allem in den Sportspielen fest-

stellen, wenn die gerade erlernte Technik gleich in sehr komplexen Spielsituationen eingesetzt werden soll. Wenn bisher in einer überschaubaren Überzahlsituation wie der 2:1 –Situation geübt wurde, dann aber sofort ohne Überzahl zum Spiel 5:5 übergegangen wird, ist eine Überforderung ersichtlich.

- **Möglichkeiten zu differenzierenden Maßnahmen bleiben ungenutzt.**
  Um der Leistungsheterogenität und dem unterschiedlichen Lerntempo innerhalb einer Lerngruppe zu begegnen, sollten Lehrkräfte sich die Frage stellen, welche Möglichkeiten sich zu einem differenzierten Vorgehen anbieten. Dabei hängt die Entscheidung über die angemessenen Maßnahmen auch vom Lernstand der Lerngruppe bezüglich eines Bewegungsinhalts ab. Im Verlauf der Einführungsphase kann es sinnvoll sein, einzelnen Schülergruppen unterschiedlich lange Zeit für einzelne Lernschritte zu gewähren oder zwischen Grund- und Zusatzanforderungen zu unterscheiden. Bei fortgeschritteneren Lerngruppen dagegen bieten sich eher Stationen mit unterschiedlichem Schwierigkeitsgrad, verschiedenen thematischen Schwerpunkten an oder, bei größerer Selbständigkeit, ein individuelles Üben an selbst gewählten Schwerpunkten.

- **Die Sicherung bzw. Dokumentation von Ergebnissen unterbleibt.**
  Nach dem Ende von Gruppenarbeiten mit unterschiedlicher Thematik sollten alle Gruppen die Gelegenheit bekommen, ihre Ergebnisse vorzutragen, bei Gruppen mit gleicher Aufgabenstellung dagegen genügt es, wenn eine Gruppe ihre Ergebnisse vorstellt und die anderen lediglich Ergänzungen vornehmen, es sei denn sie haben andere Lösungen gefunden.
  Wenn Ergebnisse von Beobachtungen oder Gruppenarbeiten diskutiert werden, müssen sie am Ende zusammengefasst und möglichst auch festgehalten werden.

- **Abschlussgespräche sind zu unstrukturiert.**
  Ziel dieser Gespräche ist in der Regel die Sicherung der motorischen, kognitiven oder evtl. auch methodischen Ergebnisse. Dafür muss jedoch auch entsprechend Zeit zur Verfügung stehen. Ein kurzer Lehrermonolog wird der Bedeutung der Ergebnissicherung nicht gerecht. Um in möglichst kurzer Zeit substantielle Ergebnisse erreichen zu können, ist deshalb ein strukturiertes Vorgehen notwendig. Häufig bietet es sich an, das Abschlussgespräch mit Demonstrationen einzuleiten, die den Unterrichtserfolg unter Beweis stellen und dabei über die Analyse demonstrierter Bewegungen bzw. Handlungen durch gelenkte Beobachtungen Erfolgskriterien überprüfen zu lassen, noch bestehende Schwierigkeiten anzusprechen, deren Ursachen herauszufinden, Lösungsmöglichkeiten anzustreben und die Ergebnisse zu sichern.
  Um die in der Regel knappe Zeit möglichst effektiv zu nutzen, sollte die Lehrkraft das Gespräch nur auf wichtige Punkte konzentrieren und auch von sich aus gezielt kritische Aspekte ansprechen, wenn das Gespräch nicht von der Lerngruppe in die richtige Richtung gelenkt wird und nicht etwa erst zu versuchen, die

Schüler durch eine Reihe von Fragen zu Kernproblemen zu führen. Diese Abschlussgespräche sollen nicht nur aufschlussreich für die Lernenden sein. Auch die Lehrkräfte haben ein vitales Interesse daran, von ihren Lerngruppen über Rückmeldungen zu erfahren, wie sie den Unterricht wahrgenommen haben, ob die im Unterricht eingesetzten Themen, Maßnahmen und Impulse zur Steuerung des Unterrichts z. B. ihrem Leistungsniveau, ihren Interessen und Erwartungen entsprachen.

Gleichzeitig können Fragen nach der Einschätzung der Schüler über den Unterrichtsverlauf den Lerngruppen auch wichtige Anreize geben, sich aktiv mit dem Unterrichtsgeschehen auseinanderzusetzen. Die Schüler fühlen sich ernst genommen und mitverantwortlich für erfolgreichen Unterricht. Derartige Impulse fördern das Mitdenken und bieten Ansätze zur Mitgestaltung.

13. Kriterien eines guten Sportunterrichts

In der Literatur finden sich wiederholt Listen mit Kriterien für guten Unterricht (stellvertretend Meyer, 2003 (allgemein), Achtergarde, 2008 (Sportunterricht). Diese sind unterschiedlich ausführlich, betonen aber in vielen Punkten übereinstimmende Aspekte, die teilweise keines Kommentars bedürfen, zum Teil aber noch durch einige zusätzliche Erläuterungen bzw. einige Punkte ergänzt werden sollten.

Im Verlauf der Ausführungen sind bereits viele Einzelheiten zur Sprache gekommen, die zu einem guten Sportunterricht beitragen können. Diese sollen an dieser Stelle noch einmal gebündelt und erläutert werden.

1. Das Thema ist der Lerngruppe angemessen gewählt

Trifft das von der Lehrkraft vorgesehene Thema die Interessen und das Leitungsniveau der Lerngruppe oder ist eher der Optimismus bzw. die Vorliebe oder der Ehrgeiz der Lehrperson ausschlaggebend für die Themenwahl? Die Thematisierung des Aufschlags von oben in der Volleyballausbildung einer Klasse 8 z. B. wird im Normalfall den Möglichkeiten der Schüler mangels ausreichender Voraussetzungen sicherlich nicht gerecht. Mit einer Unterrichtseinheit zu Basketball zu beginnen, wenn die Klasse in vier Wochen an einem schulinternen Volleyballturnier teilnehmen möchte, ignoriert deren Interessenlage.
Ebenso ist es nicht klug, eine Unterrichtseinheit zum Gerätturnen vorzusehen, ohne zu klären, ob die Lerngruppe über die notwendigen Kraftfähigkeiten verfügt.

2. Die mit dem Thema verbundenen Absichten werden der Lerngruppe mitgeteilt

Die gewünschte aktive Mitgestaltung der Lernenden ist nicht wirklich möglich, wenn sie im Unklaren gelassen werden, was mit dem Unterricht bezweckt werden soll. Ohne zu wissen, welche Ziele mit der Stunde verfolgt werden sollen, können Schüler weder die Gedanken ihrer Lehrkraft nachvollziehen, noch sich bewusst auf die vorgegebenen Aufgabenstellungen einstellen oder eigene Ideen zum Erfolg des Unterrichts einbringen.

3. Die Stunde weist eine klare, auch für die Schüler gut nachvollziehbare Struktur auf

Im Hinblick auf die Verpflichtung, den Lernenden die Kompetenz zu einem selbständigen Handeln im Sport zu vermitteln, müssen Lerngruppen in die Lage versetzt werden, die von der Lehrkraft eingesetzten Unterrichtsschritte zu verstehen und beurteilen zu können.

4. Lernschritte und Progression sind sachlogisch und altersgerecht aufgebaut

Nicht alles, was z. B. als Übungserleichterung vorgeschlagen wird, erleichtert den Schülern tatsächlich ein erfolgreiches Üben. Eine kritische Überprüfung vorgesehe-

ner Maßnahmen ist also angebracht. So erleichtert z.B. bei der Einführung des Springens mit dem Minitrampolin das Abspringen von einer erhöhten Absprungstelle wie einer Langbank nicht das Einspringen ins Tuch, sondern wirkt erschwerend, da die Springer selbst wesentlich aktiver ins Tuch springen müssen, als wenn sie vom Boden abspringen.
So ist auch bei der Einführung des Standwurfs im Basketball zu bedenken, dass dies nicht ohne die gleichzeitige Einführung des Stopps sinnvoll ist. Und ohne absenkbare Körbe in der Halle wäre der einhändige Korbwurf in Klasse 5 auch nicht angebracht.

5. Die Lernenden werden mit ihrer Befindlichkeit ernst genommen

Was aus Lehrersicht einfach und unkompliziert erscheint, wird nicht unbedingt immer von der Lerngruppe insgesamt oder Teilen davon auch so wahrgenommen. Die als Aufmunterung gedachte Bemerkung *„Das ist doch ganz leicht"* trifft bei ängstlichen Schülern evtl. auf keinerlei Verständnis oder wird sogar als abwertend aufgefasst, da alle, die das nicht so sehen, als Schwächlinge abgestempelt werden und sich vor der Klasse bloßgestellt fühlen können. Um derartige Reaktionen zu verhindern, ist von den Lehrkräften die Fähigkeit gefragt, sich in die Lage der Lernenden hineinzuversetzen, für eine vertrauensvolle Lernatmosphäre und einen respektvollen Umgang miteinander zu sorgen, indem ihre Bedenken, Probleme oder Wünsche Berücksichtigung finden und sie in ihrem Lernprozess konstruktiv begleitet werden.

6. Die Unterrichtsziele sind dem Thema und der Lerngruppe angemessen gewählt

Die Voraussetzung dafür ist eine genaue Lernzustands- und Sachanalyse, um auf diese Weise den Lernstand und die Leistungsfähigkeit der Lerngruppe, ihre Bedürfnisse sowie die aus Lehrersicht notwendigen pädagogischen Ziele und die Möglichkeiten, die das Thema bietet, ausloten zu können und in Einklang zu bringen. Dazu zählen auch Aspekte aus den Bereichen Methoden-, Selbst- und Sozialkompetenz.

7. Die Unterrichtsorganisation ist ökonomisch und reibungsarm

Bevor umfangreiche Aufbauarbeiten ins Auge gefasst werden, sollten Lehrkräfte sich überlegen, ob nicht einfachere Übungsformen zum gleichen Ziel führen können. Ehe man die Schüler durch den Einsatz von Stabhochsprungständern und einer dazwischen gespannten Zauberschnur z. B. zu einem intensiveren Beineinsatz beim Pritschen veranlassen will, kann dieses Ziel auch erreicht werden, indem der Abstand zwischen den Partnern beim Pritschen über das Netz vergrößert wird. Um einen möglichst reibungslosen Aufbau verschiedener Übungsstationen zu gewährleisten, kann ein ausgehängter Aufbauplan z. B. langwierige und womöglich auch missverständliche Erklärungen unnötig machen.

8. Die Lerngruppen erhalten die Möglichkeit zur Mitgestaltung

Die Chance, dieser Forderung nachzukommen, erscheint für die älteren Jahrgänge relativ realistisch, wenn man sie gedanklich in den Unterricht einbindet. Als schwieriger dagegen wird diese Möglichkeit in den jüngeren Jahrgängen betrachtet. Doch auch dort gibt es durchaus Gelegenheiten.

Die Mannschaftsbildung z. B. kann eine solche Chance bieten. In der Realität kann sich dieses Unterfangen nämlich durch kontroverse Diskussionen sehr stark in die Länge ziehen. So geschehen in einer Klasse 7 auf dem Fußballplatz gegen Ende einer Stunde.

Durch endlose Streitereien bei der Bildung von 4 Teams verging so viel Zeit, dass ein Spiel nicht mehr möglich war. Auf das Problem angesprochen, waren die Schüler sehr einsichtig und kamen zur Lösung auf die Idee, sich bis zur nächsten Stunde auf 4 Mannschaften zu einigen und ihre Vorschläge schriftlich mitzubringen. Bestärkt durch die Lehrkraft, wurde dieser Vorschlag auch bis zur nächsten Sportstunde so umgesetzt.

9. Die Lerngruppen werden motiviert

Ein einfaches Mittel ist natürlich Lob als Unterstützung bei Lernbemühungen. Allerdings ist dabei darauf zu achten, dass ein derartiges Loben auch realistisch ist, denn nur dann kann es seine beabsichtigte Wirkung auch entfalten. Ein ständiges „sehr gut“ wird von den Lernenden nicht mehr als positive Bestätigung aufgefasst, sondern als bloße Worthülse angesehen. Motivierender ist dagegen, wenn die Schüler die Aufmerksamkeit der Lehrkraft spüren und eine realistische Rückmeldung erfahren, die durchaus Kritisches enthalten kann aber verbunden wird mit dem Aufzeigen einer Perspektive.

10. Das Verhältnis von Bewegungszeit und Gesprächsphasen ist angemessen

Die aktive Bewegungszeit der Schüler sollte nur eingeschränkt werden, wenn es sachlich zu verantworten ist. Die motorische Aktivitäten unterbrechenden Gesprächsphasen sollten daher gut überlegt, strukturiert, möglichst knapp gehalten werden und den Lernenden klare Erkenntnisse ermöglichen.

11. Kognitive Phasen werden systematisch eingesetzt

Auch wenn die motorischen Aktivitäten der Lernenden den Mittelpunkt des Unterrichts bilden, sind kurze Gesprächsphasen in einem modernen Sportunterricht unverzichtbar, in dem die Schüler auch gedanklich aktiv an der Gestaltung des Unterrichts mitwirken sollen. Sie können einerseits Rückmeldungen und Begründungen der Lehrkraft erwarten, haben andererseits aber auch die Erwartung, eigene Überlegungen einbringen zu können.

12. Es gibt Impulse zur Förderung einer umfassenden Handlungsfähigkeit

Neben der Förderung der sportlichen Bewegungskompetenz besteht die Verpflichtung, im Sportunterricht auch einen Beitrag zur Methoden-, Selbst- und Sozialkompetenz zu leisten. Daher sind Aspekte wie Transparenz, Veranschaulichung, bewusstes Lernen, Eigen- und Mitverantwortung, Kreativität und Kommunikation in den Unterricht mit einzubeziehen.

13. Es werden sichtbare Lernerfolge erzielt

Voraussetzung dafür ist zunächst einmal, dass die Anforderungen an die Lerngruppe realistische Herausforderungen darstellen und die Lernschritte gut auf die Gruppe und den Lerngegenstand abgestimmt sind. Zu guten Lernerfolgen trägt aber auch eine stringente Unterrichtssteuerung mit effektiven Rückmeldungen, präzisen Arbeitsaufträgen und methodischen Maßnahmen bei, die auch individuelle Bedürfnisse berücksichtigen.

14. Ergebnisse und Lernerfolge werden gesichert

Die Sicherung von Ergebnissen ist nicht nur eine Aufgabe für das Stundenende. Um z. B. eine gemeinsame Basis für die Weiterarbeit in der Stunde herzustellen, müssen Zwischenergebnisse festgehalten werden (evtl. auch schriftlich). Dies kann in Form einer Demonstration von Lösungsansätzen als Ergebnis einer Gruppenarbeit erfolgen in der Formulierung von Bewegungskriterien oder z. B. in einem Erfahrungsaustausch bei der Bearbeitung von Bewegungsaufgaben.

15. Korrekturen werden konsequent und effektiv eingesetzt

Unterbrechungen der motorischen Aktivitäten wie beim Übergang zwischen zwei Lernschritten sollten konsequent zu Rückmeldungen an die Gruppe genutzt werden mit einer neuen Akzentsetzung für die nächste Aufgabenstellung. Individuelle Korrekturen sollten auch mit einem Hinweis auf die Richtung der zukünftigen Bemühungen verbunden werden. Wichtig bei Korrekturen ist vor allem, sich nicht auf das Nennen von Symptomen zu beschränken, sondern möglichst die Ursache für den Fehler zu benennen. So ist z. B. der Hinweis beim Hochsprung *„Du trippelst vor dem Absprung"* nicht hilfreich. Stattdessen muss geklärt werden, ob der Fehler durch eine falsche Anlaufabmessung hervorgerufen wird oder womöglich durch die Angst vor der Höhe oder der Latte.

16. Es werden sinnvolle Hilfen eingesetzt

Hilfen richten sich nach den Bedürfnissen der Lernenden und dienen der Erleichterung bzw. Unterstützung beim Lernprozess. Sie können bestehen aus materiellen Hilfen wie Absprunghilfen, taktilen wie die Unterstützung von Drehbewegungen, akustischen wie der Akzentuierung von Auftaktbewegungen, Orientierungshilfen wie Absprung oder Treffpunktmarkierungen oder visuellen wie Demonstrationen bzw. Bildmaterial zur Förderung von Bewegungsvorstellungen.

17. Die Verteilung von Belastung und Erholung ist der Lerngruppe angemessen

Die körperliche Belastung gehört zweifellos mit zu den wichtigen Elementen des Sportunterrichts. Allerdings ist zu berücksichtigen, dass Bewegungslernen nur in ermüdungsfreiem Zustand erfolgen sollte. Daher ist darauf zu achten, dass die

Übungszeit dem Alter der Lerngruppen gerecht wird und z. B. bei der Übungsauswahl auf eine ausgewogene Belastungsverteilung der beteiligten Muskelgruppen geachtet wird.

18. Möglichst alle Lernenden werden optimal gefördert

Da sich aufgrund der unterschiedlichen Voraussetzungen und Motivation Lernerfolge nicht bei allen Lernenden in gleichem Maß und in der gleichen Zeit erzielen lassen, müssen Lehrkräfte versuchen, über ein variantenreiches methodisches Vorgehen möglichst alle Mitglieder einer Lerngruppe zu erreichen. Dazu zählen differenzierende Maßnahmen, eigenverantwortliches Lernen mit Partnern oder in Gruppen aber auch der Einsatz von Eigen- und Fremddiagnosen.

19. Flexible Umsetzung der Unterrichtsplanung

Auch wenn man überzeugt ist, eine gute Unterrichtsplanung entwickelt zu haben, können im Unterrichtsverlauf Veränderungen erforderlich werden. Schließlich können sich unvorhergesehene Schwierigkeiten ergeben: Die Lerngruppe reagiert auf einzelne Aufgabenstellungen anders als erwartet, der Lernprozess verläuft langsamer oder auch zügiger als angenommen, die Lernenden benötigen Zusatzimpulse, Organisationsformen oder Gruppenzusammensetzungen erweisen sich als ungünstig, die vorgesehene Stationsarbeit überfordert die Lerngruppe. In all diesen Fällen wäre ein starres Festhalten an der ursprünglichen Unterrichtskonzeption nicht zu vertreten. Gefragt ist vielmehr ein flexibles Reagieren der Lehrperson auf das tatsächliche Verhalten der Lerngruppe und ein Eingehen auf die erkennbaren Bedürfnisse oder vorgetragenen Probleme.

20. Leistungsüberprüfungen erfolgen nach transparenten Kriterien

Leistungsüberprüfungen sollten nicht nur zur Notenfeststellung erfolgen, sondern in erster Linie zu diagnostischen Zwecken auf der Basis vereinbarter Kriterien. Sie sollen Auskunft geben über den erreichten Lernstand bzw. den erzielten Lernfortschritt. Auf jeden Fall sollten derartige Überprüfungen verknüpft werden mit einer Beratung im Hinblick auf den weiteren Übungsbedarf und eine zielgerichtete Schwerpunktsetzung.

Diese Zusammenstellung erhebt nicht den Anspruch auf Absolutheit oder Vollständigkeit. Guter Sportunterricht hängt vielmehr von vielen Faktoren ab, die ihn in unterschiedlich starker Weise beeinflussen können. Das Alter der Lerngruppe sowie ihre Zusammensetzung, eine bestimmte Thematik oder Zielrichtung z. B. können es erfordern, die Schwerpunkte unterschiedlich zu gewichten. Als Fixpunkte können aber auf jeden Fall die Entwicklung der individuellen Bewegungskompetenz, die Förderung eigenverantwortlichen Handelns durch bewusstes Lernen und Transparenz im unterrichtlichen Handeln angesehen werden. Die hier genannten Kriterien können aber nachvollziehbare Argumente bei der Begründung von Unterrichtsbeurteilungen sein und gleichzeitig helfen, die Qualität von Unterrichtsplanungen zu verbessern (vgl. Balz, 2010, S. 51).

Allgemeine Regeln für Sportstunden

Im Hinblick auf einen möglichst reibungslosen Sportunterricht ist die Einführung einer Reihe von allgemeinen Regeln nützlich, die Lehrkräfte beachten und konsequent umsetzen sollten.

Sie müssen allerdings auch darauf hinwirken, dass die Lerngruppen sich daran halten und deshalb gegebenenfalls immer wieder einmal daran erinnern.

- Anwesenheit kontrollieren.
- Auf Sportkleidung achten und auf das Ablegen von Uhren, Ringen, Arm- bzw. Halsbändern.
- Wertsachen z. B. in Box, Tasche oder Beutel sichern.
- Auf saubere Sportschuhe achten.
- Piercings abkleben bzw. herausnehmen lassen.
- Rituale einführen wie Handzeichen, fester Versammlungsort, etc.
- Bei Versammlungen die Schüler hinsetzen lassen (das gilt vor allem für die jüngeren Jahrgänge der Sek I).
- Bälle etc. vorher beiseite legen lassen (unter Bänke, in Kästen/Netze).
- Einen Halbkreis o. ä. bilden lassen (keine Schüler im Rücken des Lehrers!).
- Schüler die Sportstätte nicht ohne Erlaubnis verlassen lassen (Ab- und zurückmelden).
- Sicherstellen, dass bei Erklärungen/Anweisungen keine anderen „Aktivitäten" im Gange sind.
- Nach derartigen Phasen wesentliche Punkte wiederholen lassen zur Sicherung und Überprüfung, ob die Information richtig aufgenommen wurde und als Signal für die Schüler, dass aufgepasst werden muss.
- Am aktiven Unterricht nicht beteiligten Schülern eine Aufgabe geben (z. B. Beobachterfunktion, Helfer) und sie im Blickfeld haben.
- Bälle/Materialien erst ausgeben, nachdem die Aufgabe besprochen worden ist (evtl. plus Demonstration).
- Zwecks Gruppenbildung nicht wählen lassen. Das führt nur zu langwierigen Diskussionen, evtl. auch Streitereinen und zur Diskriminierung von Schwächeren.
- Die Gesamtgruppe möglichst immer im Blick haben (Standortwahl).
- Darauf dringen, dass Anweisungen auch umgesetzt werden bzw. angekündigte Sanktionen auch wahr gemacht werden.

14. Anhang

14.1 Sachstrukturanalysen

Die Bedeutung von Sachstrukturanalysen, um die Schülerperspektive erweitert, wurde bereits ausführlich dargelegt und an Beispielen veranschaulicht. Eine Sachstrukturanalyse zum **Handstandüberschlag seitwärts (Rad)** ist unter Punkt 2.2 zu finden, eine Sachstrukturanalyse zum **hohen Aufschlag** findet sich unter Punkt 4.2.

Eine Zusammenstellung einer Reihe weiterer Analysen von Bewegungsfertigkeiten, die für den Schulsport nach wie vor von Bedeutung sind, soll vor allem Lehrkräften, die bisher wenig Erfahrung mit der Vermittlung der hier behandelten Fertigkeiten haben, Hilfen für die Unterrichtsplanung anbieten, das Problembewusstsein für Vermittlungsprobleme schärfen und damit Unterrichtsentscheidungen erleichtern. Aber auch erfahreneren Lehrkräften können diese Sachstrukturanalysen eventuell Hinweise für ihren Unterricht geben oder sie in ihrem Handeln bestärken.

14.1.1 Sachstrukturanalyse Vorhand-Überkopf-Clear

Der Vorhand-Überkopf-Clear ist eine komplexe Bewegung, die sich aus mehreren gegenläufigen Teilbewegungen zusammensetzt. Sie beginnt mit einer Sidestep- oder Kreuzschrittbewegung nach hinten entgegengesetzt zur Schlagrichtung und wird mit einer Stemmbewegung in die Ausholbewegung nach vorn oben umgeleitet. Die folgende Schlagbewegung erfolgt senkrecht oberhalb des Kopfes mit langem Arm, um das Shuttle am höchsten Punkt zu treffen und wird mit dem Ausschwingen zur linken Seite beendet.

Die Rückwärtsbewegung in seitlicher Stellung mit abschließendem Stemmen über das Bein des Schlagarmes mit Fußstellung quer zur Schlagrichtung ist notwendig als optimale Vorbereitung der intensiven Ausholbewegung. Nur so kann die notwendige Rücknahme der Schlagschulter und deren Absenkung gewährleistet werden. Das Anvisieren des Shuttles mit dem Gegenarm unterstützt diesen Vorgang und schafft damit die Voraussetzung für einen optimalen Beschleunigungsweg in der Ausholphase, in der der Schlägerkopf zunächst hinter dem Kopf nach unten geführt wird. Das Absenken der nach hinten gedrehten Schlagschulter und Hüfte bei gleichzeitiger Beugung der Beine ermöglicht erst die notwendige explosive Gewichtsverlagerung aus der Stemmbewegung nach vorn oben zur dynamischen Schlagbewegung mit langem Arm und die anschließende Vorwärtsbewegung zur Zentralposition.

Neben der unabdingbaren intensiven Ausholbewegung erweist sich für Ungeübte die Antizipation des Ballfluges und die damit verbundene Koordination von Lauf- und Ballweg häufig als ein größeres Problem und kann die Ursache sein für eine zu spät angesetzte Ausholbewegung bzw. eine ungünstige Stellung zum Ball/Shuttle, so dass der Ball nicht oberhalb des Kopfes, sondern, wie häufig zu sehen, hinter dem Kopf getroffen wird.

Um die Komplexitätsanforderungen zu Beginn des Lernprozesses zu reduzieren, kann man die Antizipationsanforderungen ausschalten. Unter dem Gesichtspunkt evtl. zusätzlich notwendiger Übungserleichterungen kann anfangs auch auf die Rückwärtsbewegung verzichtet und durch einen einzelne Schritt nach hinten ersetzt werden.

Zu bedenken ist auch, dass sich die Vorerfahrungen des Federballspiels mit frontaler statt seitlicher Stellung und Schlägen vor dem Körper statt seitlich sowie eine andere Schlägerhaltung negativ auf das Bewegungsverhalten beim Badmintonspiel auswirken können. Auch ein ungenügend hohes und weites Zuspiel verhindert Lernerfolge.

Eine notwendige Schwerpunktsetzung muss auf der Basis einer genauen Lerngruppenanalyse erfolgen, die die Vorerfahrungen, das Können und noch vorhandene Defizite der Lerngruppe berücksichtigt und mit der didaktischen Zielsetzung wie anzustrebende (Teil)-Kompetenzen in Einklang bringt.

Im Zusammenhang mit der Erweiterung von Bewegungskompetenz können Teilkompetenzen wie z. B. eigenverantwortliches Handeln in Partner- und Kleingruppenarbeit, eine problemorientierte Arbeitsweise, die Schulung des Bewegungssehens, die Analyse von Bewegungen und soziale Verantwortung gefördert werden.

Die häufigsten Fehler im Überblick:

- falsche Schlägerhaltung („Bratpfannengriff"),
- frontale Stellung beim Schlag,
- fehlende seitliche Rückwärts- und Stemmbewegung,
- kein Absenken von Hüfte und Schlagschulter,
- kein Anvisieren des Shuttles mit dem Gegenarm,
- ungenügende Gewichtsverlagerung nach vorn oben beim Schlag,
- mangelnde Explosivität beim Schlag,
- der Schlag erfolgt mit stark gebeugtem Arm oder hinter dem Kopf (falsche Stellung zum Ball oder falsches Timing),
- keine Vorwärtsbewegung zur Zentralposition nach dem Schlag.

Konsequenzen:

- die Unterschiede zwischen Federball und Badminton müssen geklärt werden,
- die Wichtigkeit der seitlichen Stellung muss betont werden,

- der Funktionszusammenhang zwischen Teilbewegungen wie Rückwärts- und Stemmbewegung bzw. Absenken von Hüfte/Schlagarm und explosiver Schlagbewegung müssen erläutert werden,
- die Bedeutung des Anvisierens des Shuttles mit dem Gegenarm zur Vorbereitung des Schlages sollte verdeutlicht werden,
- Ursachen für das Schlagen mit gebeugtem Schlagarm (schlechtes Zuspiel, ungenügende Antizipation des Ballfluges) sind zu erarbeiten,
- Die Folgen einer unzureichenden Gewichtsverlagerung sollten demonstriert werden,
- Komplexitätsanforderungen bei Bedarf reduzieren.

14.1.2 Sachstrukturanalyse oberes Zuspiel im Volleyball

Das obere Zuspiel oder Pritschen ist die genauere Zuspielart der beiden Zuspieltechniken im Volleyball. Allerdings ist diese Technik für die Schüler zunächst sehr ungewohnt, da sie den zugespielten Ball, anders als im Hand- oder Basketball, ohne vorherige Ballkontrolle sofort zum Partner spielen müssen. Das Verbot des Ballhaltens oder der Führung des Balles bedingt eine sehr kurze Kontaktzeit und erschwert Anfängern daher häufig das Erfolgserlebnis einer gelungenen Ausführung mit einem genauen und hohen Zuspiel. Zusätzlich erschwert wird die Gesamtbewegung durch die notwendige Koordination der unterschiedlichen Teilbewegungen.

Im Spiel ist eine wesentliche Voraussetzung für ein genaues oberes Zuspiel die richtige Stellung zum Ball (hinter und unter dem Ball) mit gleichzeitiger Drehung des Körpers in die Abspielrichtung vor der Ballberührung. Daher erfordert diese Technik hohe koordinative Anforderungen vor allem hinsichtlich der Orientierung im Raum, der Antizipation des Ballweges und der Koordination der Teilbewegungen.

Voraussetzung für das Gelingen des oberen Zuspiels ist die rechtzeitige Einnahme der Bereitschaftsstellung mit gebeugten Armen und Beinen bei breiter Schrittstellung. Denn bereits vor der Ballberührung durch die angespannten und in Körbchenhaltung gespreizten Finger oberhalb der Stirn erfolgt eine koordinierte Ganzkörperstreckung über Knie, Hüfte und Arme unter Verlagerung des Körpergewichts vom hinteren auf das vordere Bein. Diese Streckung nach vorn oben setzt sich nach dem Abspiel bis in die Hände fort, die nach dem Ballkontakt in Flugrichtung des Balles nach vorn klappen.

Das Gewöhnen an die kurze Kontaktzeit, das bis dahin unbekannte Abklappen der Hände zur Stirn hin in Form eines offenen Dreiecks von Zeigefingern und Daumen oberhalb des Kopfes bei gleichzeitigem Anspannen der Finger vor der Ballberührung – die Daumen zeigen dabei zueinander bzw. zu den Augen, was nur gelingt, wenn die Ellenbogen deutlich nach außen zeigen – das Klappen der Hände in Ballflugrichtung nach dem Abspiel und die Ganzkörperstreckung, das alles ist zusammen mit der Drehung des gesamten Körpers in Abspielrichtung noch vor dem Ballkontakt für viele Schüler zunächst eine Überforderung, vor allem auch, weil den Schülern beim Erlernen der Bewegung ein Rückgriff auf ähnliche Vorerfahrungen kaum möglich ist (Ausnahme: Hinsichtlich des Treffpunkts oberhalb de Stirn kann auf die Ähnlichkeit mit dem Kopfball im Fußball hingewiesen werden).

Probleme bereiten am Anfang vor allem

- die richtige Stellung zum Ball auf Grund zu geringer Antizipationsfähigkeit des Ballflugweges (zu dicht am oder zu weit weg vom Ball),
- die korrekte Fingerhaltung wegen mangelhaftem Abspreizen der Ellenbogen (Daumen und Fingerspitzen zeigen fälschlicherweise zum Ball und bergen die Gefahr von Verletzungen),
- der mangelhafte Einsatz der Beine (zu geringe oder keine Beugung der Beine) – u. a. aus Unsicherheit oder Angst vor Fingerverletzungen bei deutlicher Streckung in Richtung Ball,
- die Ganzkörperstreckung in Ballflugrichtung mit Gewichtsverlagerung auf das vordere Bein,
- im Spiel die ungenügende Drehung in Abspielrichtung vor dem Ballkontakt (Ball wird in Blickrichtung gespielt aber der anzuspielende Mitspieler wird nicht angesehen).

Konsequenzen:

- eine allgemeine Ballschulung mit fliegenden Bällen sollte vorausgehen (Schwerpunkt: Antizipation von Ballflugwegen),
- die Komplexitätsanforderungen müssen anfangs reduziert werden (Hand- und Armhaltung getrennt von der Gesamtbewegung, Ausschalten der Antizipationsanforderung),
- Herausarbeiten genauer Bewegungskriterien und der Funktion der Teilbewegungen,
- Vermitteln einer genauen Bewegungsvorstellung (Demonstrationen, Beobachtungsaufgaben, bildliche Darstellung),
- die ungewohnte Handhaltung sollte durch Vorübungen gesichert werden (z. B. Ball oberhalb der Stirn auf die Hände legen, auf den Händen liegenden Ball durch Rotation der Hände und Strecken der Arme nach oben spielen, Ball im Sitzen nach oben spielen, nachdem der Partner den Ball senkrecht hat fallen lassen),
- die Wirkung von Teilbewegungen veranschaulichen (z. B. durch kontrastierende Bewegungsaufgaben),
- die Notwendigkeit des Zuspiels mit hoher Spitze begründen,
- Hemmungen bzw. Angst abbauen (z. B. indem der Übende sich den Ball mit nur kurzer Amplitude selbst stellt).

14.1.3 Sachstrukturanalyse unteres Zuspiel im Volleyball

Das untere Zuspiel im Volleyball ist eine nicht allzu komplexe Bewegung. Sie setzt sich zusammen aus den Teilbewegungen „in Stellung laufen“, der Ausholbewegung durch eine deutliche Beugung mit anschließendem Strecken der Beine im sicheren Stand und dem Spielen des Balles bei weiterer Beinstreckung auf den weit nach vorn unten gestreckten und dadurch gespannten parallelen Unterarmen (Oberkörper-Armwinkel ca. 90°). Dabei umschließt eine Hand die nach unten gebeugte Faust der anderen, wobei die Daumen parallel nebeneinander liegen.

Diese Bewegungen – relativ langsame Beinstreckung bei überdeutlicher Armstreckung – sind für Anfänger zunächst ungewohnt. Hinzu kommt, dass die Vorerfahrungen mit dem Schlagen von Bällen (Tennis, Tischtennis, Badminton/Federball) zu einem aktiven Armeinsatz verleiten. Eine weitere Schwierigkeit stellt für Anfänger mit der Antizipation des Ballfluges die notwendige Koordination von Lauf- und Ballweg dar. Dieses Problem kann aber anfangs gelöst werden, indem die Baggerbewegung nach einem genauen Zuspiel erfolgt (z. B. durch Anwerfen).

Neben der Erweiterung der Bewegungskompetenz können über kontrastierende Übungen Impulse zu entdeckendem Lernen gesetzt werden. Über Beobachtungsaufgaben kann die Beobachtungsfähigkeit entwickelt werden und über Partnerarbeit die positive Abhängigkeit voneinander durch die Notwendigkeit eines genauen Zuspiels erfahren und damit die Sozialkompetenz gefördert werden.

Häufige Fehlerquellen:	**Folgen:**
– keine parallele Haltung der Arme	› unebene Treffläche führt zu unkontrolliertem Zuspiel
– fehlende Armspannung bzw. gebeugte Arme	› Ball fliegt über Kopf nach hinten,
– aktives Ausholen und Schlagen mit den Armen	› unkontrolliertes Zuspiel
– mangelhafte Antizipation des Ballfluges	› zu dichtes Heranlaufen zum Ball fördert gebeugte Arme
– fehlender bzw. ruckartiger Beineinsatz	› zu flaches bzw. unkontrolliertes Zuspiel
– das Baggern erfolgt nicht aus dem sicheren Stand, sondern noch in der Vorwärtsbewegung	› hastige, unkontrollierte Schlagbewegung

Konsequenzen:

- Vermittlung einer genauen Bewegungsvorstellung,
- eine genaue Vorstellung von der Armhaltung und deren Funktion vermitteln,
- Ursachen und Folgen vom Spielen mit gebeugten Armen verdeutlichen,
- die Bedeutung des Beineinsatze und einer ruhigen Beinstreckung veranschaulichen,
- den Unterschied zwischen den Vorerfahrungen (Schlagen des Balles) und dem notwendigen langen Führen des Balles („Heben“) deutlich machen,
- die Notwendigkeit der Antizipation des Ballfluges zunächst ausschalten,
- bei Vorübungen auf ein hohes und genaues Zuwerfen/Zuspiel achten.

14.1.4 Sachstrukturanalyse frontaler Angriffsschlag

Der frontale Angriffsschlag im Volleyball ist eine sehr komplexe Bewegung, die sich zusammensetzt aus den Teilbewegungen Anlauf plus Ausholbewegung zum Absprung, beidbeinigem Absprung plus Bogenspannung und Ausholbewegung des Schlagarmes, Schlagbewegung nach vorn unten und beidbeiniger Landung ohne Netzberührung. Die Koordination dieser Teilbewegungen muss der Lernende gleichzeitig abstimmen auf den anfliegenden Ball und das sein Aktionsfeld begrenzende Netz und die Mittellinie, so dass von ihm eine mehrfache Koordinationsleistung verlangt wird. Zusätzlich werden erhebliche Anforderungen an die Sprungkraft gestellt, wobei hochgewachsene Spieler begünstigt sind.

Davon abgesehen können die Schüler beim Erlernen des Angriffsschlages bis auf die Rückwärtsverlagerung des Körperschwerpunkts vor dem Absprung und den Doppelarmschwung beim Hochsprung nicht auf bisher erlernte Bewegungsmuster zurückgreifen, da die Vorbereitung des Absprungs (kurzer Anlauf – flacher Stemmschritt – Doppelarmschwung) sowie die Ausholbewegung zum Schlag (hier zuerst Arm anwinkeln, dann nach oben strecken) z. B. im Gegensatz stehen zum beidbeinigen Absprung beim Gerätturnen, der einbeinigen Stemmbewegung im Hochsprung oder beim Handball bzw. der Ausholbewegung beim Schlag- oder Speerwurf. Diese gegensätzlichen Vorerfahrungen stellen ausgeprägte Fehlerquellen dar (zu langer Anlauf, – kein flacher, langer Stemmschritt, – einbeiniger Absprung, – mangelnde Stemmbewegung, – ungenügender Armeinsatz bzw. eine Ausholbewegung wie zum Schlagwurf).

Zusätzliche Probleme schaffen häufig eine fehlerhafte Ausholbewegung zum Schlag (gestreckter Arm), ein mangelhaftes Timing zwischen Ballweg und Lauf- bzw. Schlagbewegung und die fehlende Überdachung beim Schlag.

Trotz des hohen Schwierigkeitsgrades sollte der Angriffsschlag eingeführt werden, sobald ein Spiel über die Position III gelingt, da mit diesem Angriff die Notwendigkeit eines hohen Zuspiels parallel zum Netz betont wird. Neben der Erweiterung der

Bewegungskompetenz kann dabei der didaktische Schwerpunkt z. B. auch auf Selbsterfahrung, Wahrnehmungsschulung, Schulung des Bewegungssehens oder eigenverantwortliches Handeln in Partner- oder Gruppenarbeit gelegt werden. Bei der Arbeit in Kleingruppen können durch die gegenseitige Abhängigkeit gleichzeitig positive Erfahrungen im Miteinander erfahren werden.

Die häufigsten Fehler im Überblick:

- Der Anlauf erfolgt zu spät, zu früh oder zu zögerlich.
- Statt des flachen Stemmschritts erfolgt ein Hopser.
- Keine Verlagerung des Körperschwerpunkts nach hinten vor dem Absprung.
- Keine Absenkung des Körperschwerpunkts durch einen langen Stemmschritt.
- Der beidbeinige Absprung erfolgt durch mangelnde Stemmbewegung nach vorn statt nach oben.
- Der Absprung erfolgt einbeinig und dadurch nach vorn ins Netz.
- Kein Doppelarmschwung zur Unterstützung des Absprungs nach oben.
- Der Schlagarm wird zur Vorbereitung des Schlages nicht angewinkelt.
- Der freie Arm wird hängen gelassen.
- Der Schlag wird nicht mit gestrecktem Arm ausgeführt.
- Falsches Timing bei Absprung und Schlagversuch.
- Keine Überdachung beim Schlag.
- Keine beidbeinige Landung mit Hüftbeugung.

Konsequenzen:

- Die Komplexität der Gesamtbewegung muss durch Aufgliederung in Teileinheiten reduziert werden.
- Hauptmerkmale der Bewegung sollen in Vorübungen kennen gelernt werden.
- Die mehrfachen Koordinationsanforderungen sollen zunächst vermieden werden durch die Konzentration auf die Schlagbewegung bzw. auf die Kombination von Sprung- und Schlagbewegung.
- Defizite in der Körpergröße bzw. der Sprungkraft sind durch geeignete Hilfen auszugleichen (unterschiedliche Netzhöhe).
- Die Unterschiede zwischen Vorerfahrungen und zu erlernenden Bewegungsmustern müssen bewusst gemacht werden.
- Durch die Vermittlung einer genauen Bewegungsvorstellung sollen typische Fehler vermieden werden.

14.1.5 Sachstrukturanalyse Schrittweitsprung

Beim Weitsprung gilt es, eine möglichst hohe Anlaufgeschwindigkeit durch einen Absprung nach vorn oben in eine optimale Weite umzusetzen. Bestehend aus den Komponenten *Anlauf, Absprung, Flug* und *Landung* wird diese leichtathletische Disziplin von Schülern in der Regel nicht als besonders schwierig angesehen. Die größten Probleme sehen sie dabei meistens im Bereich Anlauf/Absprung (keine gleichmäßige Schrittgestaltung mit der Folge, dass mit wechselndem Sprungbein abgesprungen wird oder der Absprungbereich nicht getroffen wird). Durch die sich daraus ergebende Konzentration auf diesen Bereich des Weitsprungs werden Probleme bei Flug und Landung häufig nicht erkannt bzw. vernachlässigt.

In der Tat ist der sich aus Beschleunigungs- und Absprungvorbereitungsphase zusammensetzende Anlauf möglichst unter Beachtung weiterer Teilbewegungen (z.B. Absenken des Körperschwerpunkts beim letzten Schritt vor dem Absprung, Aufsetzen des ganzen Fußes beim Absprung) für ungeübte Schüler in dieser Form nur schwer umzusetzen. Überdies führen meist wenig ausgeprägte konditionelle Voraussetzungen zu einer schnellen Ermüdung, was einem gleichmäßigen Anlauf zusätzlich entgegensteht. Irritierend ist für die Schüler anfangs auch, dass der Anlauf als Ballenlauf erfolgen soll, der Absprung dann aber vom ganzen Fuß.

Über diesen (technischen) Schwierigkeiten werden dann die Bereiche Flug und Landung zu wenig beachtet.

Dabei ist auffällig, dass geringe Weiten sehr oft auch auf einen zu geringen Schwungbein- und Armeinsatz sowie eine unvorteilhafte Landung in Hockstellung mit aufrechtem Oberkörper zurückzuführen sind. Daraus resultiert, dass die Flugbahn zu flach ist und die Springer nach der Landung mit stark angewinkelten Beinen nach vorn fallen, wodurch ein erheblicher Teil an Weite verschenkt wird. Ein weiterer häufig zu beobachtender Fehler ist, dass die Springer beim Absprung nach unten schauen mit der Folge einer unvorteilhaften Rotationsbewegung nach vorn unten.

Durch das Ansprechen einzelner Problembereiche und damit einhergehende offene Aufgabenstellungen kann das Problembewusstsein entwickelt, die selbständige Erarbeitung in Partner- und Gruppenarbeit gefördert sowie die Analyse- und Beobachtungsfähigkeit durch Beobachtungsaufgaben und der Arbeit mit Beobachtungsbögen geschult werden. Die dabei notwendige Zusammenarbeit verbessert gleichzeitig die Kooperations- und Kommunikationsfähigkeit und kann durch einen Zugewinn in diesen Teilkompetenzbereichen auch die Selbstkompetenz stärken.

Häufige Fehler:

- Blick auf die Absprungstelle verhindert einen gleichmäßigen Anlauf,
- Blick nach unten zur Landestelle durch Senken des Kopfes führt zu Rotationsbewegung und früherer Landung,

- der Absprung erfolgt vom Ballen und nicht vom ganzen Fuß,
- unzureichende Stemmbewegung beim Absprung verhindert das deutliche Umlenkung der horizontalen in eine vertikale Bewegung,
- ungenügender Absprung nach oben durch fehlenden Schwungbein- und Armeinsatz,
- fehlendes Aufrichten des Oberkörpers nach dem Absprung verhindert die Klappbewegung.
- Anhocken der Beine führt zum Nach-vorn-Fallen bei der Landung und verschenkt Weite.

Konsequenzen:

- Anfangs deutliche Verkürzung des Anlaufs (mehr Sprünge, Vermeidung von Absprungproblemen),
- Die unterschiedliche Fußstellung zwischen Anlauf (Ballenlauf) und Absprung (Aufsetzen des ganzen Fußes) hervorheben,
- Unterstützung des Absprungs nach oben (Gerätehilfen),
- Bedeutung der Landung mit den Füßen vor dem Körperschwerpunkt bewusst machen,
- Genaue Bewegungsvorstellung vermitteln,
- Funktionszusammenhang der Teilbewegungen Schwungbeineinsatz, Armführung und Klappbewegung verdeutlichen,
- Anlauf erst nach der Schulung des Komplexes Absprung/Flug/Landung allmählich verlängern.

14.1.6 Sachstrukturanalyse Hürdenlauf

Der Hürdenlauf in der Leichtathletik wird mit der Überwindung von Hindernissen in schnellem Laufen von den meisten Schülern als eine attraktive Ergänzung oder Alternative zum Sprint angesehen, stellt aber koordinativ und technisch sehr hohe Anforderungen. Unterteilt wird der Hürdenlauf in die Phasen *Start mit Anlauf bis zur ersten Hürde, Abdruck vor der Hürde, Überquerung der Hürde, Landung nach der Hürde und Zwischenhürdenlauf.* Die wettkampfmäßige Form des Hürdenlaufs dürfte im normalen Sportunterricht allerdings kaum eine Rolle spielen, da die Wettkampfhöhen der Hürden sehr hohe Anforderungen darstellen und die Schüler nur zum Überspringen der Hürden verleiten würden. Außerdem stellen die Wettkampfhürden in ihrer starren Form für viele Schüler fast eine Bedrohung dar, so dass sich der Einsatz von in der Höhe verstellbaren Übungshürden für den Sportunterricht anbietet.

Da Schüler mit der Überwindung von Hindernissen normalerweise „Springen" assoziieren, muss ihnen gleich zu Beginn der Vermittlung als Ziel des Hürdenlaufs das **Überlaufen** der Hürden bewusst gemacht werden und der Unterschied zwischen *Überspringen* und *Überlaufen* erklärt werden.

Die Besonderheiten beim Hürdenstart können vernachlässigt werden (s. o.), der Anlauf allerdings ist von Bedeutung, da eine hohe Geschwindigkeit für die Hürdenüberquerung wichtig ist und der Abstand bis zum Abdruckpunkt vor der ersten Hürde stimmen muss. Dabei benötigen die Schüler meistens eine Orientierungshilfe, da sie erfahrungsgemäß dazu neigen, zu dicht an die Hürde heranzulaufen. Der Hinweis, dass der Abdruck vor der Hürde weiter weg liegen muss als der Landepunkt nach der Hürde (im Verhältnis 2/3 zu 1/3), genügt allein nicht. Hinzukommen sollte die Begründung, dass nur so das Schwungbein bei gleichzeitiger Körpervorlage fast gestreckt und gerade zur Hürde geführt werden kann. Dies ist die Voraussetzung dafür, dass die Hürde flach, mit gestrecktem Schwungbein und bei deutlicher Oberkörpervorlage überquert werden kann, wobei der Gegenarm stabilisierend nach vorn genommen wird. Allerdings muss für ein flaches Überlaufen das Nachziehbein deutlich abgespreizt und der Fuß angezogen werden, auch um nicht an der Hürde hängen zu bleiben. In der Praxis zeigt sich jedoch, dass die meisten Schüler der Forderung, die Hürde mit einer flachen Flugkurve zu überwinden, kaum nachkommen können, da ihnen die Beweglichkeit im Hüftbereich fehlt, so dass sie das notwendige Abspreizen des Nachziehbeins nicht in erwünschtem Ausmaß ausführen können. Das Zusammenklappen des Rumpfes über der Hürde bei gleichzeitigem Blick nach vorn erleichtert allerdings ein ansatzweises Abspreizen. Das deutliche Zusammenklappen des Rumpfes ermöglicht dem Läufer gleichzeitig, das Schwungbein nach der Hürdenüberquerung zur Landung aktiv nach unten zu drücken, um durch ein schnelles Auftreten mit dem Ballen möglichst kurz hinter der Hürde zügig den nächsten Sprintschritt einleiten zu können. Das Zusammenklappen über der Hürde erleichtert es außerdem, nach der Landung sofort wieder in eine leichte Vorlage zu kommen. Dies ist zusammen mit dem hoch nach vorn geführten Knie des Nachziehbeins (möglichst bis zur Brust) die Voraussetzung dafür, dass danach mit einem möglichst raumgreifenden ersten Schritt der Zwischenhürdenlauf zügig eingeleitet werden kann.

Wenn es den Schülern jedoch gar nicht gelingt, das Nachziehbein so weit abzuspreizen, dass dessen Knie nicht zum Boden zeigt, sind sie gezwungen, die Hürde zu überspringen, um nicht mit dem Knie oder dem Fuß an der Hürde hängen zu bleiben, wodurch sich die Flugphase deutlich verlängert und die Gefahr besteht, bei der Landung in eine Rückenlage zu geraten, was wiederum den Übergang zum Zwischenhürdenlauf verzögert.

Erfahrungsgemäß ist es eines der größten Probleme, den Lernenden die Erfahrung des Überlaufens beim Hürdenlauf zu vermitteln, da sie sich gleich mehreren Schwierigkeiten gegenüber sehen, das Springen zu vermeiden. Die Fehlerkette beginnt mit dem zu dichten Heranlaufen an die Hürde. Als Folge führt dies zum

Überspringen mit aufrechtem Oberkörper. Diese Körperhaltung erschwert bzw. verhindert das Abspreizen des Nachziehbeins. Das nach unten zeigende Knie des Nachziehbeins erfordert dann einen noch höheren Sprung über die Hürde mit einer verlängerten Flugphase. Die Landung erfolgt dadurch nicht dicht hinter der Hürde, und es besteht dabei für den Läufer die Gefahr, in eine Rücklage zu geraten, die wiederum einen zügigen Übergang in den Zwischenhürdenlauf verhindert. Als Konsequenz dieser Erkenntnisse ist den Schülern vorrangig die Bedeutung des richtigen Abstands beim Abdruck vor der Hürde zu vermitteln.

Auch wenn es den Schülern nicht auf Anhieb gelingt, alle genannten Bewegungskriterien zu beherzigen, ist es im Hinblick auf die Forderung nach bewusstem Lernen wichtig, ihnen diesen Funktionszusammenhang der Teilbewegungen zu verdeutlichen.

Im Zusammenhang mit der Vermittlung der Hürdentechnik kann neben dem Sprintvermögen vor allem entdeckendes Lernen, die Kooperation durch die Zusammenarbeit mit Partnern, die Analysefähigkeit und das Bewegungssehen beim gegenseitigen Beobachten und der Arbeit mit visuellen Mitteln gefördert werden. Die positive Erfahrung, sich beim Bewegungslernen gegenseitig helfen zu können, kann auch die Selbstkompetenz stärken.

Die häufigsten Fehler im Überblick:

- Kein rhythmischer Ballenlauf,
- zu dichtes Heranlaufen an die Hürde,
- Überspringen der Hürde,
- aufrechter Oberkörper,
- zum Boden zeigendes Knie des Nachziehbeins (kein Abspreizen),
- kein Zusammenklappen des Rumpfes über der Hürde,
- lange Flugphase mit Landung weit hinter der Hürde,
- das Schwungbein wird nicht aktiv zum Boden gedrückt,
- Rücklage bei der Landung nach der Hürde,
- Kein raumgreifender erster Zwischenhürdenschritt.

Konsequenzen:

- Die Bedeutung des Ballenlaufs für das Sprinten hervorheben.
- Den Unterschied zwischen Überspringen und Überlaufen veranschaulichen.
- Die Bedeutung des frühen Abdrucks vor der Hürde betonen.
- Auf dem Ausmessen eines stimmigen Anlaufs bestehen.
- Markierungen für den Abdruck vor der Hürde vorgeben.
- Den Funktionszusammenhang zwischen den Teilbewegungen klären.

- Für eine klare Bewegungsvorstellung sorgen.
- Bewegungskriterien mit der Lerngruppe erarbeiten.
- Über gezielte Beobachtungsaufträge Problembewusstsein schaffen für die Schwerpunkte der Hürdenbewegung.

14.1.7 Sachstrukturanalyse Hochsprung (Flop)

Obwohl sich durch die alleinige Forderung nach einem einbeinigen Absprung beim Hochsprung mehrere Techniken der Lattenüberquerung entwickelt haben, hat sich der Flop auf der Wettkampfebene und in der Schule gleichermaßen als effektivste und attraktivste Hochsprungtechnik durchgesetzt.

Die komplexe Bewegung setzt sich aus einer ganzen Reihe von z. T. gegenläufigen Teilbewegungen zusammen. Sie beginnt mit einem zügigen, zunächst geraden, am Ende bogenförmigen Anlauf mit deutlicher Kurveninnenlage und mit einer Körperrücklage auf den letzen 3 Anlaufschritten sowie einer Absenkung des Körperschwerpunkts. Dies dient als Vorbereitung zum Absprung mit einem intensiven Doppelarmschwung bis etwa in Schulterhöhe – die Ferse setzt dabei zuerst auf, um zusammen mit der Rücklage eine deutliche Stemmbewegung zu ermöglichen. Der Absprung erfolgt mit dem lattenfernen Bein, während das Schwungbein zur Körpermitte hin angezogen wird, um in der Steigphase eine Drehung zur Latte hin zu ermöglichen. Die Lattenüberquerung erfolgt mit einer leichten Überstreckung von Hüfte und Oberkörper, wobei der Kopf in der Anfängerschulung gerade gehalten und nicht, wie bei den Könnern, in den Nacken genommen werden sollte, da bei Anfängern die Gefahr besteht, dass der Kopf nicht rechtzeitig vor der Landung in Richtung Brust zurückgeführt wird. Die Landung erfolgt nach Auflösung der Körperspannung durch Anwinkeln der gestreckten Beine in L-Position auf Rücken und Schulter bei ausgebreiteten Armen.

Die Technik des Flops flößt durch die ungewöhnliche Lattenüberquerung mit dem Rücken zur Latte zunächst großen Respekt ein, findet aber im Schulbereich dennoch sehr großen Zuspruch, da diese ungewöhnliche Art des Hochsprungs eine interessante Herausforderung darstellt und erste Erfolgserlebnisse schon früh zu erzielen sind.

Da die Lernenden bei der Vermittlung des Flops außer einem rhythmischen Anlauf auf keine weiteren Vorerfahrungen zurückgreifen können, müssen sie zunächst an einen zügigen rhythmischen Bogenlauf mit Körperinnenlage gewöhnt werden, denn ohne die Sicherheit eines passgenauen Anlaufs können sich die Schüler nicht auf die Details konzentrieren, die beim Absprung und der Lattenüberquerung wichtig sind. Ein genau ausgemessener Anlauf ist auch notwendig (Absprung im ersten Drittel vor der Matte), um Verletzungsgefahren auszuschließen, die sich ergeben können, wenn die Springer erst auf Höhe der Mattenmitte oder später abspringen und dadurch womöglich nach dem Sprung neben der Mattenanlage landen. In dem

Zusammenhang ist es auch wichtig, zu Beginn der Vermittlung für eine Festlegung des Sprungbeins zu sorgen, um unnötige Fehlversuche zu verhindern. Falls die Schüler allerdings früher einmal den Schersprung kennen gelernt haben, kann auf die Erfahrung des Absprungs mit dem lattenfernen Bein hingewiesen werden, aber gleichzeitig muss dann auch der unterschiedliche Anlauf hervorgehoben werden. Daneben muss auf mögliche Ängste wie der Angst vor dem Sprung rückwärts oder der Angst vor der Latte eingegangen und mit entsprechenden Maßnahmen gegengesteuert werden.

Neben emotionalen Problemen treten häufig weitere Lernschwierigkeiten auf. Sie betreffen vor allem den Anlauf/Absprung-Komplex. Durch die Vernachlässigung des Kurvenlaufs kommt es häufig zu einem unsicheren Anlauf. Als Folge laufen viele Schüler unrhythmisch an oder an der Anlage vorbei, brechen den Sprungversuch ab, springen an einer falschen Absprungstelle oder mit dem falschen Bein ab. Durch den Verzicht auf den Kurvenlauf und eine Innenlage sowie den fehlenden Schwungbeineinsatz zur Körpermitte fehlt der nötige Drehimpuls in der Steigphase, um die Latte mit einer möglichst kurzen Flugphase überqueren zu können. Vor der Landung werden oft die Beine aktiv nach oben geschleudert, so dass die Landung nicht auf dem Rücken, sondern auf dem Nacken erfolgt.

Neben der Entwicklung der Bewegungskompetenz kann mit der Vermittlung des Flops auch zur Entwicklung der Selbst- und Sozialkompetenz beigetragen werden, indem Verständnis für Ängste und deren Bewältigung thematisiert werden. Über das Ansprechen von Möglichkeiten einer relativen Leistungsfeststellung kann ein Beitrag zur Entwicklung eines intra-individuellen Leistungsmaßstabs geleistet werden und durch das Thematisieren von Flugerfahrungen Hochsprung nicht nur unter dem Leistungsaspekt betrachtet werden. Durch die Analyse von Bewegungen und der Vermittlung von Funktionszusammenhängen kann auch die Methodenkompetenz verbessert werden.

Die häufigsten Fehler im Überblick:

- Kein rhythmischer Anlauf (Trippeln).
- Keine Kurveninnenlage.
- Gerader Anlauf schräg zur Anlage.
- Absprungpunkt mittig vor der Matte oder noch später.
- Absprung zu dicht vor der Matte (Folge: Reißen der Latte schon in der Steigphase).
- Ferse zeigt beim Absprung zur Matte.
- Absprung mit dem der Matte zugewandten Bein.
- Absprung erfolgt nicht in vertikaler Richtung (Sprung in die Weite).
- Kein Schwungbeineinsatz in Richtung Bauchnabel.

- Kein bzw. zu geringer Armeinsatz.
- Runder Rücken durch Senken des Kopfes zur Brust.
- keine Hüftstreckung bei der Lattenüberquerung (Sitzhaltung).
- beidbeiniger Absprung.
- statt vertikalem Absprung nur Umkippen nach hinten.
- aktives Hochschleudern der Beine nach der Lattenüberquerung.

Konsequenzen:

- Mögliche Parallelen und Unterschiede zu Vorerfahrungen ansprechen.
- Unterschiedliche körperliche Voraussetzungen berücksichtigen.
- Rhythmisierungshilfen anbieten.
- Thema „Ängste" bewusst ansprechen.
- Angst vor dem Sprung rückwärts durch geeignete Vorübung nehmen.
- Feste Latte durch aufblasbare Latte oder Zauberschnur ersetzen.
- Absprungbereich markieren.
- Laufweg für den Kurvenlauf vorgeben.
- Zusatzstationen z. B. für Schwungbeineinsatz und Hüftstreckung anbieten.
- Für eine genaue Bewegungsvorstellung sorgen.
- Den Funktionszusammenhang der Einzelbewegungen erläutern.

14.1.8 Sachstrukturanalyse Ballweitwurf

Während früher nahezu alle Kinder – zumindest die Jungen – z. B. durch das Werfen von Steinen oder Schneebällen beim Ballweitwurf auf Vorerfahrungen zurückgreifen konnten, kann man heute nicht mehr davon ausgehen. Das gilt vor allem für den Weitwurf aus dem Anlauf heraus, der von vielen Schülern und vor allem Schülerinnen eher als Erschwernis denn als Vorteil wahrgenommen wird.

Trotz dieser Beobachtung sollte man jedoch auf die Schulung des Anlaufs nicht verzichten, da ein fließender Übergang vom Anlauf zum Wurf deutliche Weitenvorteile bringt und der dabei vermittelte Impulsschritt später auch für den Schlagwurf im Handball oder den Speerwurf von Bedeutung ist.

Die Gesamtbewegung besteht aus einem kurzen, rhythmischen Anlauf mit Impulsschritt, einer gleichzeitig einsetzenden Ausholbewegung, der Stemmphase mit dem Abwurf und verlangt neben Rhythmisierungsfähigkeit vor allem auch eine gute Koordination von Teilimpulsen.

Um einen fließenden Übergang zwischen den Teilbewegungen zu gewährleisten, ist zumindest ein Anlauf von 3 bis 5 Schritten nötig, wobei vor allem die letzten 3 Schritte entscheidend sind, da sie die für eine große Weite notwendige Stemmbewegung einleiten. Nach zwei normalen Schritten wird der Wurfarm auf den letzten 3

Schritten zur Ausholbewegung fast gestreckt nach hinten geführt, während sich der Werfer bei diesem Auftaktschritt vom linken Bein (Rechtshänder) zum Impulsschritt leicht abdrückt zu einem flachen kurzen Schritt mit etwas zur Seite gestelltem Fuß, um durch die damit verbundene Rücklage in eine verbesserte Wurfauslage zu kommen und um die Stemmbewegung des letzen, verlängerten Schrittes mit links einzuleiten. In dieser Stemmphase sollte der linke Arm in Wurfrichtung schräg nach oben zeigen und damit sicherstellen, dass die Schulterachse vor dem Wurf in Wurfrichtung zeigt. Beim Abwurf des Balles deutlich über Kopfhöhe wird die durch die Stemmbewegung eingeleitete Bogenspannung durch Vorbringen der rechten Körperseite aufgelöst. Die Bewegung wird dann über das rechte Bein abgefangen.

Viele Schüler werden das hier beschriebene Ideal der Bewegung im Vermittlungsprozess allerdings nur ansatzweise erreichen, da ihnen die Koordination der Teilbewegungen nur unzureichend gelingt. Vor allem die Umsetzung der Anlaufgeschwindigkeit in die Wurfbewegung fällt den meisten Lernenden schwer, da sie den Impulsschritt nicht verinnerlichen und damit die Anlaufgeschwindigkeit nicht mit einer anschließenden Stemmbewegung in Wurfgeschwindigkeit umleiten können. Als Konsequenz wird der Anlauf abgebrochen, so dass der Wurf nahezu aus dem Stand erfolgt. Durch eine fehlende Rhythmisierung des Anlaufs ist auch häufig eine ungenügende Wurfauslage zu beobachten und / oder, dass beim Abwurf das Bein auf der Wurfarmseite vorn steht, so dass weder eine ausreichende Ausholbewegung, noch eine Stemmbewegung möglich ist, da die rechte Körperseite bereits vor dem Wurf vorn ist. Kontrastierende Übungsversuche können hier helfen, ein Bewusstsein für die Funktion von Aushol- und Stemmbewegung zu erzielen. Das gilt auch für die Bedeutung eines langen Beschleunigungsweges.

Neben der Entwicklung der Bewegungskompetenz kann über kontrastreiche Versuche entdeckendes Lernen entwickelt, die Wahrnehmungsfähigkeit verbessert und durch gegenseitiges Beobachten das Bewegungssehen sowie die Kommunikation in Partner- bzw. Kleingruppenarbeit gefördert werden.

Die häufigsten Fehler im Überblick (Rechtshänder):

- Kein rhythmischer Anlauf.
- Beim Ausholen keine Rücknahme und kein Absenken der Wurfschulter.
- Kein langer Arm bei der Ausholbewegung.
- Kein Impulsschritt.
- Keine Stemmbewegung.
- Abbrechen des Anlaufs.
- Das falsche Bein steht beim Abwurf vorn.
- Beim Abwurf wird der lange Beschleunigungsweg nicht genutzt, weil die rechte Körperseite hinten bleibt.

- Beim Wurf weicht der Oberkörper stark zur Seite aus.
- Der Körper richtet sich bei der Abwurfbewegung nicht ganz auf, weil das Stemmbein nicht gestreckt wird.
- Der Ball wird nicht oberhalb des Kopfes abgeworfen (der Ball wird zu lange festgehalten).
- Der linke Arm zeigt nicht die Wurfrichtung an.
- Die Flugbahn des Balles ist zu steil oder zu flach.

Konsequenzen:

- Zu Beginn Anlauf- und Wurfschulung trennen.
- Den Anlaufrhythmus durch akustische Hilfen besonders betonen.
- Den Funktionszusammenhang zwischen Einzelbewegungen klären.
- Eine genaue Bewegungsvorstellung vermitteln.
- Durch kontrastierende Bewegungen ein Gefühl für die „richtige“ Bewegung entwickeln.
- Die Bedeutung von Aushol- und Stemmbewegung veranschaulichen.
- Bodenmarkierungen als Orientierungshilfen anbieten.

14.1.9 Sachstrukturanalyse Kugelstoßen

Kugelstoßen gehört bei den Lerngruppen in der Regel nicht gerade zu den beliebtesten Disziplinen der Leichtathletik, abgesehen vielleicht von einigen kräftigeren Jungen. Der Grund für diese Vorbehalte gegenüber dem Kugelstoßen ist in dem Gewicht der eingesetzten Kugeln zu sehen, denn viele Lernende empfinden es als Überforderung, mit einer schweren Kugel „auf der Hand“ eine dynamische Bewegung ausführen zu sollen.

Die Technik des Kugelstoßens besteht aus einer komplexen Bewegung, die hohe konditionelle und koordinative Anforderungen stellt. Neben der Koordination einer Reihe von Teilbewegungen sind vor allem Maximal- und Schnellkraft Voraussetzung dafür, dass die Kugel eine hohe Abfluggeschwindigkeit erreicht, die neben dem Abstoßwinkel und der Abstoßhöhe für die Stoßweite verantwortlich und am stärksten zu beeinflussen ist.

Voraussetzung für eine hohe Abfluggeschwindigkeit ist allerdings, dass ein möglichst großer Kraftimpuls auf einem langen Beschleunigungsweg auf die Kugel einwirken kann.

Dies ist z. B. bei der Rückenstoßtechnik gegeben, die im Leistungssport sehr verbreitet ist. Für den Schulsport jedoch erscheint sie weniger geeignet, da diese Technik mit ihrer sehr starken Beinbeugung in der Ausgangsstellung und der Angleitphase koordinativ sehr anspruchsvoll ist und ein hohes Maß an Maximal- und Schnellkraft voraussetzt. Das sind aber Bedingungen, die Schüler nur selten erfüllen. Daher sollte im Sportunterricht eher die Seitstoßtechnik bevorzugt werden, da sie mit dosierterem Kraftaufwand möglich ist und dadurch, dass das Angleiten durch ein Angehen ersetzt werden kann, auch koordinativ weniger anspruchsvoll ist.

Im Gegensatz zur Rückenstoßtechnik, bei der man eine aufrechte Ausgangsstellung mit dem Rücken zur Stoßrichtung einnimmt, bevor man sich in der Auftaktbewegung tief über das Standbein beugt, um dann nach der Angleitbewegung des Standbeins das zunächst gebeugte Stemmbein direkt am Balken gestreckt aufgesetzt, nimmt man bei der Seitstoßtechnik eine seitliche Stellung ein und beugt das Standbein nur entsprechend seiner Kraftfähigkeit. Zur Verlängerung des Beschleunigungsweges kann durch die Zurücknahme des Oberkörpers – die freie Hand zeigt entgegengesetzt zur Stoßrichtung – gleichzeitig eine Verwringung erzeugt werden, die für eine zusätzliche Körperspannung sorgt. Mit Nachstellschritten wird die Stoßauslage über einen Zwischenkontakt im Rhythmus „seit – ran – seit" eingenommen und mit dem Stemmen über das gestreckte vordere linke Bein (bei Rechthändern) abgeschlossen. Das teilweise vorgeschlagene Anhüpfen statt des Angehens hat den Nachteil, dass mit dem Anhüpfen zwar meistens eine größere Geschwindigkeit verbunden ist, damit aber gleichzeitig die Gefahr des Aufrichtens besteht und die Verwringung zu früh aufgelöst wird, was in der Stoßauslage gerade vermieden werden soll, damit ein optimaler Beschleunigungsweg erhalten bleibt und die Kraft aus den Beinen optimal genutzt werden kann. Als Vorbereitung auf die Rückenstoßtechnik kann auch mit Nachstellschritten aus der Ausgangsstellung mit dem Rücken zur Stoßrichtung experimentiert werden.

Zur Ausstoßbewegung wird mit dem Vorbringen der rechten Körperseite, ausgehend von der Hüfte, die Verwringung aufgelöst, mit einer Dreh-Streckbewegung des rechten Beins nach vorn zum Balken abgeschlossen und die Bewegung dann abgefangen. Mit dem Umspringen vom linken Stemmbein auf das rechte Bein kann zusätzlich eine Verlängerung des Beschleunigungsweges erreicht werden, indem durch das deutlicheVorbringen der rechten Körperseite in Stoßrichtung der Kraftimpuls auf die Kugel länger ausgeübt werden kann.

Bei der Vermittlung des Kugelstoßens ist zu berücksichtigen, dass die Vorerfahrungen des bis dahin üblichen Weitwurfs das Erlernen der Stoßtechnik behindern können. Deshalb ist sehr deutlich auf den Unterschied zwischen Stoßen und Werfen hinzuweisen, damit die Kugel in der Stoßauslage nicht vom Hals weggenommen wird. Bei dieser Gelegenheit sollte gleichzeitig darauf hingewiesen werden, dass der Unterarm während der gesamten Stoßbewegung in Stoßrichtung hinter der Kugel gehalten werden muss, damit der ganze Kraftimpuls auf die Kugel wirken kann. Das gelingt aber nur, wenn die Kugel bis zum Ausstoßen am Hals gelassen wird. Wird der Ellenbogen dagegen zu sehr angehoben, rutscht die Kugel über den Daumen weg, zeigt der Ellenbogen jedoch zum Boden, rutscht die Kugel über die Finger ab.

Um die Komplexitätsanforderungen zu verringern, sollte das Kugelstoßen zunächst über Standstöße eingeführt werden und aus dem Angehen bzw. Angleiten erst, wenn die Stoßbewegung gefestigt ist.

Zum Verständnis der vermittelten Kugelstoßtechnik sollte den Schülern ebenso die Bedeutung eines langen Beschleunigungsweges verdeutlicht und die zu diesem Zweck eingesetzten Teilbewegungen erläutert werden sowie auf typische Fehler wie das zu frühe Aufrichten schon während der Angeh- bzw. Angleitbewegung hingewiesen werden.

Damit alle Lernenden die Dynamik des Kugelstoßens erfahren und sie ihre Vorbehalte gegenüber dem Umgang mit dem schweren Gerät ablegen können, sollte die Technik mit leichteren Kugeln eingeführt werden.

Im Zusammenhang mit der Vermittlung der Kugelstoßbewegung kann der didaktische Schwerpunkt z. B. auch gelegt werden auf Wahrnehmungsschulung und Selbsterfahrung durch kontrastierende Aufgaben, eine problemorientierte Erarbeitung durch offene Aufgabenstellungen, die Schulung des Beobachtungsfähigkeit bei der Partnerbeobachtung und die Verbesserung der Analysefähigkeit im Zusammenhang mit der bewussten Auseinandersetzung mit dem Wirkungszusammenhang der Teilbewegungen. Über die Verarbeitung der eigenen Bewegungserfahrungen zur Leistungsentwicklung, die Thematisierung der Abhängigkeit der Leistungen von körperlichen Voraussetzungen und den verantwortungsvollen Umgang mit Sicherheitsregeln können zudem Impulse zur Selbst- und Sozialkompetenz gesetzt werden.

Die häufigsten Fehler im Überblick:

- Die Kugel liegt im Handteller.
- Die Kugel liegt nicht am Hals.
- Der Unterarm zeigt nicht in Stoßrichtung.
- Die Ausgangsstellung ist zu aufrecht.
- Die freie Schulter und der freie Arm werden nicht zurückgenommen.
- Beim Angehen/Angleiten wird der Körper schon aufgerichtet.
- Die Verwringung wird bereits während der Angeh-/Angleitphase aufgehoben.
- Beim Abstoßen der Kugel fehlt die Ganzkörperstreckung.
- Der Stoß erfolgt, ohne die rechte/linke Körperseite nach vorn zu bringen.
- Der Abstoßwinkel ist nicht optimal.
- Der Ring wird nicht in der hinteren Hälfte verlassen.

Konsequenzen:

- Der Unterschied zwischen Werfen und Stoßen muss geklärt werden.
- Zur Vermittlung der Technik anfangs leichtere Kugeln einsetzen in Abhängigkeit von den körperlichen Voraussetzungen.

- Über kontrastierende Aufgaben ein Gefühl für die Kugelstoßbewegung erzeugen.
- Eine genaue Bewegungsvorstellung über Demonstrationen und Bildmaterial vermitteln.
- Den Wirkungszusammenhang von Teilbewegungen verdeutlichen.
- Ein Bewusstsein schaffen für den Zusammenhang von Beschleunigungsweg und Stoßweite.
- Den Zusammenhang von Abstoßhöhe, Abstoßwinkel und Abstoßgeschwindigkeit vermitteln.
- Die Bedeutung der Sicherheitsregeln hervorheben.

14.1.10 Sachstrukturanalyse Sprunghocke

Die Sprunghocke ist ein komplexes turnerisches Element und besteht aus *Anlauf mit einbeinigem Aufsatzsprung, beidbeinigem Absprung, 1. Flugphase, Stütz- bzw. Abdruckphase, 2. Flugphase und beidbeiniger Landung*. Bei einem großen Teil der Schüler ist dieses Turnelement trotz hoher koordinativer Anforderungen sehr beliebt, da es einen hohen Aufforderungscharakter hat und durch das Flugerlebnis attraktiv ist. Ein nicht unerheblicher Teil der Lernenden verbindet mit der Sprunghocke aber negative Erfahrungen wegen eines Gefühls der Überforderung und aufgrund von Misserfolgserlebnissen. Die Ursachen für diese negativ besetzte Einstellung sind teilweise zu sehen in einem gefühlten Kontrollverlust in der ersten Flugphase, was dazu führt, dass die betroffenen Schüler sofort nach bzw. mit dem Absprung die Hände auf dem Gerät aufsetzen wollen. Dieses Bestreben verhindert nicht nur die notwendige Flugphase nach dem Absprung, sondern führt auch zu einem zögerlichen Anlauf und unzureichenden Absprung. Andere Lernende entwickeln eine negative Einstellung zur Sprunghocke erst im Verlauf des Übungsprozesses aufgrund von Unsicherheitsgefühlen, die entstehen, wenn sie den Sprung nicht kontrolliert beenden können. Dieser Kontrollverlust entsteht, wenn nach der ersten Flugphase der Abdruck vom Gerät nicht ausreicht, um den Oberkörper in der zweiten Flugphase zur Vorbereitung einer kontrollierten Landung aufzurichten. Einen negativen Einfluss auf das Erlernen der Sprunghocke können auch solche Vorübungen haben, die eine lange Stützphase oder das Durchhocken beinhalten, da in diesen Fällen ein kräftiger Abdruck vom Gerät verhindert wird. Dieser ist aber Voraussetzung für das Einleiten der notwendigen Rückwärtsrotation und die damit verbundene aktive Körperstreckung in der zweiten Flugphase. Eine allgemeine Sprungschule, die vor allem Wert legt auf einen rhythmischen Steigerungslauf zur Erhöhung der Anlaufgeschwindigkeit und den beidbeinigen Absprung sowie Vorübungen, die sukzessiv die Flugphase zwischen Absprung und dem Aufsetzen der Hände auf dem Gerät vergrößert sowie einen deutlichen Abdruck fördern, können dazu beitragen, dass die Lernenden bei ihren Sprüngen Sicherheit gewinnen und Selbstvertrauen aufbauen. Dabei kann auch das Vertrauen in eine verlässliche

Hilfestellung helfen, weshalb einer sorgfältigen Einweisung in die Hilfestellung große Bedeutung zukommt.

Über die Erweiterung von Bewegungserfahrungen hinaus können auch Themen aus anderen Kompetenzbereichen angesprochen werden. Durch die Einweisung in Helfergriffe und die Übertragung des Helfens und Sicherns an die Schüler wird deren Mitverantwortung für einen sicheren Unterricht und die Mitschüler gefördert und ein Beitrag zur Entwicklung ihrer Methodenkompetenz geleistet. Das Thema Angstbewältigung kann zum gegenseitigen Verständnis beitragen, und mit der Bewältigung von Ängsten kann die Selbstkompetenz ebenso gestärkt werden wie durch die positive Erfahrung, beim Helfen und Sichern einen nützlichen Beitrag zum Unterrichtserfolg leisten zu können. Durch die Beobachtung und Analyse der Bewegung können Impulse zur Verbesserung der Analyse- und Beobachtungsfähigkeit gesetzt werden.

Die häufigsten Fehler im Überblick:

- Der Anlauf ist kein Steigerungslauf und zu zögerlich.
- Keine Rücklage beim Einspringen zum Absprung.
- Der Absprung ist zu schwach.
- Durch den Absprung wird der Anlauf so stark abgebremst, dass am Ende der Absprungbewegung keine Vorlage entsteht.
- Keine Körperstreckung in der Flugphase.
- Die Hände setzen zu früh auf dem Gerät auf.
- Der fehlende Abdruck von den Händen führt zum Durchhocken.
- Kein Aufrichten des Oberkörpers in der 2. Flugphase wegen des fehlenden Abdrucks.
- Der Blick ist vor und bei der Landung auf den Boden gerichtet.
- Kein Nachgeben im Knie- und Hüftgelenk bei der Landung.

Konsequenzen:

- Eine allgemeine Sprungschulung sollte der Einführung der Sprunghocke vorausgehen.
- Vorübungen zum Anlauf – Absprungkomplex mit sukzessiv verlängerter Flugphase 1 sollen den Springern helfen, Vertrauen auf- und Hemmungen abzubauen.
- Durch den Einsatz visueller Mittel für eine klare Bewegungsvorstellung sorgen.
- Die Funktion der Teilbewegungen erläutern.
- Markierungen auf dem Gerät als Orientierung für das Aufsetzen der Hände anbringen.

- Durch Übungen zum kräftigen Abdruck für die 2. Flugphase das Gefühl für die Rückwärtsrotation und das Aufrichten des Körpers entwickeln (z.B. Bockspringen).
- Für eine sichere Hilfestellung sorgen.
- Die Bedeutung einer verlässlichen Hilfestellung für die Reduzierung von Ängsten hervorheben.

14.1.11 Sachstrukturanalyse Aufschwung am Reck

Der Aufschwung am Reck sieht zwar für den Betrachter recht einfach aus, ist aber für die Lernenden mit einigen erheblichen Schwierigkeiten verbunden. Denn als Voraussetzung für eine eigenständige Bewältigung der Aufgabe sind neben koordinativen Fähigkeiten wie die Orientierung im Raum, Körperspannung, Halte-, Zug- und Stützkraft sowie eine ausgeprägte Bauchmuskulatur erforderlich. Körperspannung ist notwendig für die Körperkontrolle während der gesamten Bewegung, Haltekraft beim Halten der gebeugten Arme während der Phase des Schwungholens, Zugkraft beim Heranziehen der Hüfte an die Reckstange und beim Umschwung, Stützkraft beim Aufrichten des Körpers nach dem Schwingen der Beine um die Reckstange und Bauchmuskelkraft beim Heranführen der Beine an die Reckstange. Außerdem müssen Teilbewegungen koordiniert werden die z.T. gleichzeitig, teilweise aber auch nacheinander ausgeführt werden.

Zum Gelingen der Bewegung müssen die Übenden dicht an die Reckstange herantreten und mit gebeugten Armen die Reckstange im Ristgriff umfassen. Das Standbein befindet sich dabei direkt unterhalb der Reckstange. Das Schwungbein wird zum Ausholen zunächst nach hinten und dann nach vorn oben in Richtung Reckstange geführt. Durch Impulsübertragung folgt das Standbein, so dass die Hüfte dicht an die Stange herangeführt werden kann. Durch eine gleichzeitig erfolgende Zugbewegung der gebeugten Arme wird die Hüfte so weit angehoben, dass die gebeugte Hüfte auf die Stange gelegt werden kann und die Beine auf der anderen Seite der Reckstange abgesenkt werden können. Dies kann aber nur gelingen, wenn die Arme bis zum Ablegen der gebeugten Hüfte auf der Reckstange ständig stark gebeugt werden und der Blick zur Stange gerichtet bleibt. Mit der Fixierung der Hüfte in gestreckter Körperhaltung wird die Bewegung abgeschlossen.

Insbesondere die Folgen von gestreckten Armen (die Hüfte kann nicht angehoben und an die Reckstange herangeführt werden) und der Zurücknahme des Kopfes (der Körper wird gestreckt und entfernt sich von der Stange) sind den Lernenden vor Augen zu führen.

Da vielen Schülern die Kraft fehlt, die gesamte Bewegung selbständig auszuführen, sind Gerätehilfen wie eine schiefe Ebene und taktile Hilfen zu Beginn des Übungsprozesses nötig. Durch das Hochlaufen auf der schiefen Ebene werden die Ausholbewegung und die unzureichende Bauchmuskulatur ersetzt. Ein Schub der Hilfestellung an der Hüfte garantiert, dass die Hüfte dicht an der Stange bleibt und die Hüfte bis auf die Höhe der Stange angehoben werden kann. Gleichzeitig wird den Übenden damit das Gefühl vermittelt, wann sie mit der Zugbewegung beginnen sollen. Solange den Schülern noch die räumliche Orientierung fehlt, kann die Hilfestellung auch die Hüftbeugung und das Absenken der Beine durch Druck auf die Oberschenkel einleiten.

Ohne den Einsatz einer schiefen Ebene (z. B. schräg gestelltes Kastenoberteil) oder eines kleinen Kastens neigen die meisten Lernenden aufgrund mangelnder Kraftfähigkeiten dazu, das Standbein nach vorn zu verlagern und die Arme zu strecken. Durch beide Hilfsmittel werden Schüler aber zum dichten Herantreten an die Reckstange und zur Beugung der Arme gezwungen. Gleichzeitig wird die Aufschwungbewegung verkürzt, so dass die Hilfestellung entlastet wird.

Im Zusammenhang mit der Vermittlung des Aufschwungs am Reck können neben der Entwicklung der Bewegungskompetenz durch die notwendige Hilfestellung deutliche Impulse zu Förderung von Mitverantwortung gesetzt werden aber auch zur Wahrnehmungs-, Beobachtungs- und Analysefähigkeit, wenn die Schüler zu einer bewussten Auseinandersetzung mit der Bewegung angeleitet werden.

Die häufigsten Fehler im Überblick:

- Die Schüler treten nicht dicht an die Reckstange heran.
- Die Arme werden beim Fassen der Reckstange nicht genügend gebeugt.
- Das Standbein steht nicht unterhalb der Reckstange.
- Bei der Ausholbewegung geht der Kopf in den Nacken.
- Die Arme werden dabei gestreckt.
- Die Hüfte wird nicht zur Reckstange geführt.
- Der Körper wird gestreckt, wenn die Hüfte zur Stange geführt wird.
- Nach dem Ablegen der gebeugten Hüfte auf der Reckstange erfolgt keine Fixierung in gestreckter Haltung (fehlende Körperspannung).

Konsequenzen:

- Dem Gerätturnen sollte eine Kraftschulung vorausgehen.
- Übungserleichterungen durch Gerätehilfen anbieten.
- Unterschiedliche Reckhöhen anbieten.
- Taktile Hilfen durch Hilfestellungen geben.
- Die Übenden auf die Wahrnehmung von Intensität und Zeitpunkt der Hilfen hinweisen.
- Eine Bewegungsvorstellung z. B. durch Demonstrationen mit Beobachtungsschwerpunkten vermitteln.
- Die Folgen von Fehlhandlungen verdeutlichen.

14.1.12 Sachstrukturanalyse Korbleger

Obwohl der Korbleger im Basketball aus einer sehr komplexen Bewegung besteht, ist er zumindest im Schulbasketball neben dem Standwurf der am häufigsten eingesetzte Wurf. Er erfolgt aus der Bewegung und kommt in Korbnähe zum Einsatz. Für Schüler ist er sehr attraktiv, da durch die Nähe zum Korb eine relativ hohe Trefferquote wahrscheinlicher ist. Durch das dem Wurf meistens vorausgehende Dribbling ergibt sich eine hohe Dynamik, die bei vielen Schülern für zusätzliche Attraktivität sorgt.

Die Bewegung des Korblegers lässt sich gliedern in eine *Anlauf-*, *Absprung-* und *Wurfbewegung*. Für Rechtshänder beginnt das Dribbling von der rechten Seite des Basketballfeldes aus mit der rechten Hand. Gleichzeitig mit einer Prellbewegung macht der Spieler einen Schritt mit links und nimmt den Ball nach einer Absprungbewegung vom linken Bein während des ersten Schritts mit dem rechten Bein in beide Hände. Danach erfolgt der zweite Kontakt mit dem Absprung vom linken Bein in Richtung Korb. Unterstützt wird die Sprungbewegung durch einen aktiven Schwungbeineinsatz mit dem rechten Bein.

Während dieser Sprungphase wird der Ball mit beiden Händen vor dem Körper nach oben geführt bis in Augenhöhe. Dabei liegt die rechte Hand wie beim einhändigen Standwurf unter dem Ball, während die linke Hand den Ball von vorn sichert. Im höchsten Punkt des Sprunges wird der Ball durch Armstreckung und eine Klappbewegung der Wurfhand in Richtung Ziel gegen das Brett gelegt. Anvisiert werden sollte dabei die rechte obere Ecke des eingezeichneten Rechtecks.

Bei der Vermittlung des Korblegers müssen die Lernenden besonders an den für Basketball typischen Zweierrhythmus und die damit verbundene Schrittfolge gewöhnt werden. Vor allem der Zweierrhythmus fällt den Schülern oft schwer, insbesondere, wenn sie vorher im Handballspiel den Dreierrhythmus kennen gelernt haben. Außerdem können die Vorerfahrungen aus der Wurfschulung den Lernprozess behindern, da der Ball beim Korbleger nicht mit einer Ausholbewegung geworfen werden darf, da er sonst zu stark vom Brett zurückspringt. Als weitere Schwierigkeit kommt die Koordination von Arm- und Beinbewegung beim Dribbling hinzu. Um den Lernenden über diese Probleme hinwegzuhelfen, bieten sich akustische Rhythmisierungs- und visuelle Orientierungshilfen an. Damit die Übenden nicht überfordert werden, sollte die Vermittlung von Rhythmus und Schrittfolge in Kombination mit dem Wurf zunächst verlangsamt und mit nur einmaligem Prellen erfolgen. Erst mit zunehmender Sicherheit kann dann die Dynamik gesteigert werden und schließlich das Dribbling hinzugenommen werden. Da die Lernenden erfahrungsgemäß diese komplexe Bewegungsfolge unterschiedlich schnell lernen, sollten Differenzierungsmöglichkeiten von vorn herein mit eingeplant werden.

Eine weitere Schwierigkeit zeigt sich, wenn die Lernenden den Korbleger aus dem Dribbling heraus ausführen sollen. Vielen Übenden fällt es schwer, beim Wurf die optimale Entfernung und den günstigsten Winkel zum Korb einzuschätzen. Bodenmarkierungen können hier Abhilfe schaffen oder auch der Hinweis, beim Absprung durch eine intensivere Stemmbewegung mit Absenkung des Körperschwerpunkts vor dem Sprung mehr in die Höhe als in die Weite zu springen. Diese Schwierigkeit tritt besonders beim Wurf aus höherer Geschwindigkeit auf. Ein weiteres Problem für die Schüler ist oft, den optimalen Treffpunkt am Brett zu finden. Teilweise ist die Ursache dafür, dass der Ball seitlich in Schulterhöhe nach oben geführt wird, wodurch ein Anvisieren des Ziels nicht möglich ist. Außerdem verleitet diese seitliche Armführung die Lernenden zum Werfen gegen das Brett mit der bereits erwähnten Folge. Der Hinweis *Einfallswinkel gleich Ausfallswinkel* ist meistens wenig hilfreich. Erfolgversprechender dagegen ist eine Markierung am Brett.

Im Zusammenhang mit der Vermittlung des Korblegers kann neben der Bewegungskompetenz u. a. die Kooperation durch die Zusammenarbeit mit Partnern, die Analyse- und die Beobachtungsfähigkeit beim gegenseitigen Beobachten sowie der Arbeit mit visuellen Mitteln und evtl. auch entdeckendes Lernen gefördert werden.

Die häufigsten Fehler im Überblick:

- Schrittfehler durch Interferenz mit dem Dreischrittrhythmus im Handball.
- Fehlendes Gefühl für den Zweierrhythmus.
- Zu dichtes Heranlaufen an den Korb.
- Ungenügende Stemmbewegung beim Absprung.
- Keine akzentuierte letzte Prellbewegung vor dem Absprung.
- Der Ball wird nicht vor dem Körper nach oben geführt.
- Es fehlt die Klappbewegung der Wurfhand.
- Der Ball wird ans Brett geworfen statt gelegt.
- Das Brett wird an der falschen Stelle getroffen.

Konsequenzen:

- Der Unterschied zwischen dem Dreischrittrhythmus im Handball und dem Zweierrhythmus im Basketball muss deutlich gemacht werden.
- Den Zweikontaktrhythmus im Zusammenhang mit dem Wurf schulen.
- Die Gewöhnung an den Zweischrittrhythmus durch akustische und Orientierungshilfen unterstützen.
- Zur Vermittlung einer genauen Bewegungsvorstellung sollten wiederholte Demonstrationen eingesetzt werden.
- Mit Bodenmarkierungen anfangs die optimale Absprungstelle vorgeben.
- Eine Markierung am Brett – möglichst in Signalfarbe – hilft, den richtigen Treffpunkt zu finden.

- Deutlich machen, dass das Anvisieren des optimalen Treffpunkts nur möglich ist, wenn der Ball vor dem Kopf nach oben geführt wird.
- Den Unterschied zwischen „werfen“ und „legen“ veranschaulichen.

14.1.13 Sachstrukturanalyse Positions- oder Standwurf

Auch wenn der Wurf aus dem Stand im Basketball nicht die Attraktivität des dynamischeren Korblegers hat, spielt er im Schulbasketball doch eine wichtige Rolle, obwohl die im Wettkampfsport bedeutenden 3-Punkte- und Freiwürfe in der Anfängerausbildung der Schule keine große Bedeutung haben. Als Alternative zum Korbleger und aufgrund der deutlich weniger aggressiven Abwehr in der Schule hat dieser Wurf auf jeden Fall seine Berechtigung. Hinzu kommt, dass die mit ihm verbundene Wurftechnik durch die Koordination aufeinander abzustimmender Teilbewegungen und des gefühlvollen, wohldosierten Krafteinsatzes eine interessante Herausforderung für die Lernenden darstellt. Diese Bewegungserfahrung bildet gleichzeitig einen Gegensatz zu bisherigen Wurferfahrungen wie dem leichtathletischen Wurf oder dem Wurf im Handball, bei denen es durch eine ausgeprägte Ausholbewegung auf möglichst kraftvolle Würfe ankommt.

Der Positionswurf erfolgt aus einem sicheren Stand mit leicht gebeugten Knien, wobei der Fuß auf der Wurfarmseite etwas vorgestellt ist, damit beim Wurf kein Drehimpuls entsteht und der Wurf dadurch verzogen wird. Der Ball wird mit beiden Händen vor dem Körper bis über Kopfhöhe nach oben geführt, so dass der Korb im Blickfeld ist. Die Wurfhand befindet sich hinter und unter dem Ball, wobei der Ellenbogen zum Korb zeigen soll, während die andere Hand den Ball seitlich abstützt. Durch eine Ganzkörperstreckung in Richtung Korb, die nacheinander über Beine, Rumpf, Arm und Hand erfolgt, wird der Ball einhändig auf den Korb geworfen. Bevor der Ball jedoch die Hand verlässt, werden Handgelenk und Finger nach vorn in Wurfrichtung abgeklappt, wodurch der Ball im Flug einen Rückwärtsdrall erfährt.

Erfahrungsgemäß werden bei der Vermittlung des Positionswurfes einige Lernschwierigkeiten offenbar. Neben dem Problem der Koordination der Teilbewegungen – insbesondere das Nacheinander bei der Körpersteckung –, das bei vielen Schülern zu einem seitlichen Ausweichen der ballführenden Hand zum Schwungholen führt, stellen vor allem die bisherigen Wurferfahrungen deutliche Fehlerquellen dar. Während bei Würfen bisher darauf geachtet wurde, dass das dem Wurfarm entgegengesetzte Bein vorn steht, muss nun der Fuß auf der Wurfarmseite nach vorn gestellt werden. Ebenso muss jetzt auf die bisher übliche Ausholbewegung nach hinten verzichtet werden und nicht mit möglichst großer Kraft, sondern mit wohldosiertem Krafteinsatz geworfen werden. Diese Unterschiede müssen nachdrücklich angesprochen werden. Dabei kann aber gleichzeitig auf die Parallelen zum Korbleger hinsichtlich der Armführung und der Handbewegung hingewiesen werden, falls dieser vorher eingeführt wurde.

Insbesondere in den jüngeren Jahrgängen und bei nicht so groß gewachsenen Kindern kann auch der beidhändige Standwurf eine sinnvolle Alternative sein. Der Vorteil dieses Wurfes ist, dass das Anvisieren des Korbes unter dem Ball hindurch leichter fällt, eine seitliche Ausholbewegung unwahrscheinlich ist und eine Ausholbewegung wie beim einhändigen Werfen ausgeschlossen werden kann.

Im Zusammenhang mit der Vermittlung des Positionswurfs können über die Bewegungskompetenz hinaus mit offenen Aufgabenstellungen auch Impulse in den Bereichen Wahrnehmungsschulung und entdeckendes Lernen gesetzt werden. Durch partnerschaftliches Agieren beim Erproben unterschiedlicher Bewegungen und gegenseitigem Beobachten kann die Beobachtungsfähigkeit geschult und mit der notwendigen Kooperation damit auch die Sozialkompetenz gefördert werden.

Die häufigsten Fehler im Überblick:

- Der Fuß auf der Wurfarmseite steht nicht vorn.
- In der Ausgangsstellung werden die Beine nicht gebeugt.
- Der Ball wird seitlich vom Körper nach oben geführt.
- Der Ball wird durch eine Ausholbewegung von vor der Brust oder seitlich gestoßen.
- Der Ball wird zu einer Ausholbewegung bis hinter den Kopf geführt.
- Der Einsatz der Teilbewegungen erfolgt simultan und nicht nacheinander.
- Der Ellenbogen zeigt seitlich vom Körper weg.
- Es erfolgt keine Klappbewegung von Handgelenk und Fingern.
- Die Körperstreckung erfolgt nicht in Richtung Korb.

Konsequenzen:

- Der Unterschied zwischen den Würfen mit Ausholbewegung und den basketballspezifischen Wurfbewegungen muss deutlich gemacht werden.
- Der Grund für die für die Schüler ungewöhnliche Beinstellung muss erläutert werden.
- Eine genaue Bewegungsvorstellung muss vor allem über Demonstrationen vermittelt werden, damit die optimale Koordination der Teilimpulse deutlich wird.
- Die Schüler müssen über spezifische Teilaufgaben das Gefühl für den dosierten Krafteinsatz erfahren.
- Sie müssen durch geeignete Aufgabenstellungen ein Gespür für die Koordination der Krafteinsätze entwickeln.
- Die Folgen fehlerhafter Bewegungen müssen geklärt werden.

- Auf die durch die lernhemmenden Vorerfahrungen hervorgerufenen Fehler sollte besonders geachtet werden.
- An die Ähnlichkeiten mit der Wurfbewegung beim Korbleger erinnern.

14.1.14 Sachstrukturanalyse Sprungwurf im Handball

Obwohl der Sprungwurf aufgrund der Ähnlichkeit der Ausholbewegung mit zu den Schlagwürfen gezählt wird, unterscheidet er sich in einigen Punkten wesentlich. Während die Stemmbewegung beim Schlagwurf die Vorwärtsbewegung abbremst und die für einen kräftigen Wurf notwendige Körperspannung erzeugt, muss beim Sprungwurf die horizontale Anlaufbewegung durch die Stemmbewegung in eine Sprungbewegung nach oben umgelenkt werden. Der Anlauf erfolgt dabei schräg zum Tor (Rechtshänder von links) und begünstigt damit die Zurücknahme von Wurfarm und Wurfschulter. Bis etwa in Brust- oder Schulterhöhe wird der Ball zur Ballsicherung bis zum Absprung in beiden Händen gehalten, bevor der Wurfarm gebeugt zur Ausholbewegung nach hinten geführt wird, während der freie Arm in Wurfrichtung zeigt und damit die Zurücknahme der Wurfschulter unterstützt. Die damit erzielte Verwringung im Oberkörper in der Wurfauslage, durch einen deutlichen Schwungbeineinsatz noch verstärkt, wird durch das Vorbringen der Wurfarmseite und das Absenken des Schwungbeins vor dem Wurf im Scheitelpunkt des Sprungs aufgelöst, wodurch eine leichte Bogenspannung entsteht. Der Wurf erfolgt deutlich über Kopfhöhe, die Landung erfolgt mit einer Beugung der Hüfte in der Regel beidbeinig.

Positiv auf den Lernerfolg können sich die Stemmbewegungserfahrungen aus den leichtathletischen Sprüngen, vor allem dem Hochsprung, auswirken, wo auch eine horizontale Bewegung in eine vertikale umgelenkt werden muss.

Durch die Erfahrungen vom Ballweit- und Schlagwurf können sich allerdings bei der Umsetzung der beim Sprungwurf notwendigen Stemmbewegung nach oben auch Lernschwierigkeiten ergeben, da bisher die Anlaufbewegung durch das Stemmen zum Zweck einer Impulsübertragung nur abgebremst wurde. Dieses Problem ist nicht zu unterschätzen, denn wenn der Sprung nicht in eine vertikale Bewegung umgelenkt werden kann, besteht die Gefahr, dass der Spieler in Abwehrspieler hineinspringt und sich oder den Abwehrspieler verletzt oder zumindest beim Wurf behindert wird. U.a. deshalb muss auch darauf geachtet werden, dass das Knie des Schwungbeins im Verlauf des Sprungs nicht gebeugt bleibt. Das Strecken des Schwungbeins ist aber auch notwendig, um die Verwringung auflösen zu können. Ein weiteres Lernproblem kann eine mangelnde Koordinationsfähigkeit hervorrufen, die sich in einer fehlerhaften Koordination von Absprung, Ausholbewegung und Wurf zeigt, wenn der Absprung vom falschen Fuß erfolgt oder das Timing beim Wurf nicht gelingt – der Wurf wird zu früh oder zu spät eingeleitet oder er geht in eine Stoßbewegung über. Diese unzureichende Koordinationsfähigkeit kann auch zu Problemen mit dem handballspezifischen Dreischritt-Rhythmus bei der Anlaufgestaltung führen.

Bei der Thematisierung des Sprungwurfs kann neben der Erweiterung der Bewegungskompetenz die Wahrnehmungsfähigkeit im Zusammenhang mit der erforderlichen Koordinationsleistung verbessert werden, durch Partnerarbeit und den Rückgriff auf Beobachtungsbögen die Beobachtungsfähigkeit ausgebaut und gleichzeitig in der Zusammenarbeit mit Mitschülern die Sozialkompetenz gefördert werden, indem die Lernenden ihre Beobachtertätigkeit verantwortungsvoll wahrnehmen und sich gegenseitig beim Lernprozess unterstützen. Zusammen mit dem Gewinn an Bewegungskompetenz kann die Erfahrung, anderen in ihrem Lernprozess helfen zu können, das Vertrauen in die eigenen Fähigkeiten steigern und damit zur Entwicklung der Selbstkompetenz beitragen.

Die häufigsten Fehler im Überblick

- Der Dreischritt-Rhythmus beim Anlauf wird nicht beachtet.
- Der Anlauf erfolgt nicht schräg zum Tor.
- Der Absprung erfolgt mit dem falschen Bein.
- Die Stemmfunktion des Absprungbeins ist ungenügend (Sprung in die Weite statt Höhe).
- Wurfarm und Wurfschulter werden nicht zurückgenommen.
- Der freie Arm zeigt nicht in Wurfrichtung.
- Das Schwungbein bleibt beim Wurf angewinkelt (Verwringung kann nicht aufgehoben werden).
- Der Wurf erfolgt nicht am Scheitelpunkt des Sprungs.
- Der Wurf erfolgt zu dicht an der Abwehr.
- Die Wurfhand bleibt beim Wurf nicht hinter dem Ball.
- Der Wurf erfolgt nicht über Kopfhöhe (Wurfarm bleibt beim Wurf stark angewinkelt).
- Vor der Landung erfolgt keine Hüftbeugung (Rücklage bei der Landung).

Konsequenzen:

- Den Dreischritt-Rhythmus zusammen mit dem Wurf schulen (Bodenmarkierungen, Absprunghilfen).
- Die Stemmfunktion des Absprungbeins betonen (erhöhte Absprungstelle wie Kastenoberteil).
- Auf einen schrägen Anlauf zum Tor und Abstand zur Abwehr achten (Verletzungsgefahr bzw. Behinderung durch Abwehr).
- Für eine genaue Bewegungsvorstellung sorgen.

- Den Funktionszusammenhang von Teilbewegungen erläutern und erfahren lassen (Kontrastbewegungen).
- Die Bedeutung der Schwungbeinabsenkung vor dem Wurf besonders hervorheben.
- Die Wichtigkeit der Hüftbeugung vor der Landung für eine sichere Landung erläutern.

14.2 Diagnosebögen

Ein Diagnosebogen zum hohen Aufschlag im Badminton ist unter 10.3 zu finden.

Wie unter 10.3 bereits angesprochen eignen sich detailierte Diagnosekriterien eher für den Einsatz in höheren Klassen der Sekundarstufe I und der Sekundarstufe II. Vor allem bei jüngeren Lerngruppen empfiehlt es sich, die gegenseitige Beobachtung auf einige wenige Beobachtungsschwerpunkte zu beschränken (zunächst 1 – 2) und diese nacheinander zu bearbeiten. Es ist auch zu berücksichtigen, wie erfahren die Schüler im Umgang mit Beobachtungsaufträgen sind. Deshalb ist es vollkommen ausreichend, wenn bei der Beobachtung zunächst als Unterscheidungskriterien nur „vorhanden" (+) und „nicht vorhanden" (-) angegeben werden. Mir fortschreitender Beobachtungserfahrung ist dann eine weitergehende Differenzierung z. B. mit (++), (+), (0) und (-) denkbar.

In Absprache mit dem Partner können zeitweise auch ausgewählte Beobachtungsschwerpunkte festgelegt werden.

14.2.1 Diagnosebogen Schrittweitsprung

Springer A und B beobachten sich mehrfach im Wechsel, bis sie genügend Informationen für ihre Diagnose gesammelt haben.

Schrittweitsprung **Datum:** **Name (A):** **Name (B):**	**A** (+/-)	**B** (+/-)
Verläuft der Steigerungslauf rhythmisch?		
Erfolgt der Anlauf per Ballenlauf?		
Schaut der Springer geradeaus und neigt er den Kopf nicht zur Absprungzone/zum Balken?		
Ist der letzte Anlaufschritt etwas verkürzt?		
Springt der Springer mit aktivem Fußaufsatz (ganze Sohle) ab?		
Wird das Schwungbein kräftig eingesetzt (Oberschenkel ist waagerecht)		
und wird der Gegenarm angewinkelt etwa in Kopfhöhe fixiert?		
Wird die aufrechte Körperhaltung in der Flugphase beibehalten?		
Wird mit dem Schwungbein ein großer Schritt nach vorn oben gemacht?		
Wird die Schrittstellung bis kurz vor der Landung beibehalten?		
Klappen der Oberkörper und beide Beine vor der Landung nach vorn?		
Schwingen die Arme am Körper vorbei nach hinten?		
Landen die Füße deutlich vor dem Körper?		

Bei der Arbeit mit dem Diagnosebogen zum Schrittweitsprung ist es ratsam, zunächst mit verkürztem Anlauf zu üben, da so mehr Versuche möglich sind, ohne die Lernenden früh zu ermüden. Wenn mit vollem Anlauf geübt werden soll, ist zuerst auf einen sicheren Anlauf hinzuarbeiten, denn erfahrungsgemäß führt die fehlende Sicherheit beim Anlauf dazu, dass die Übenden sich vornehmlich auf den Anlauf und das richtige Absprungbein konzentrieren. Erst wenn sie diese Sicherheit erlangt haben, ist der Blick frei für andere Schwerpunktsetzungen und die Koordination der Teilbewegungen bei der erhöhten Geschwindigkeit. Wichtig ist auch, darauf zu achten, dass die Lernenden nicht den Blick nach unten richten, denn die Neigung des Kopfes führt zur Einleitung einer Rotationsbewegung, die wiederum zu einer früheren Landung führt.

Armbewegung **Name (A):**	**Datum:** **Name (B):**	**A** (+/-)	**B** (+/-)
Den Arm auf der Sprungbeinseite bis in Augenhöhe heben			
Dann auf der Schwungbeinseite den Arm hinter dem Kopf nach oben heben			
Den Arm mit einer kreisenden Bewegung nach vorn führen			
Die Arme treffen sich dann vor dem Kopf auf gleicher Höhe			
Beide Arme werden bei der Klappbewegung des Rumpfes zu den Füßen geführt			
Die Arme schwingen kurz vor der Landung an den Füßen vorbei nach hinten			

Eine Fokussierung auf die Armbewegung bietet sich in der Regel erst an, wenn die zuvor angesprochenen Kriterien weitgehend erfüllt sind bzw. die Schüler ansprechen, dass ihnen die Klappbewegung schwer fällt oder ihnen die Stabilisierung in der Flugphase nicht so richtig gelingen will. In dem Zusammenhang sollte ihnen der Funktionszusammenhang zwischen einem aufrechten Oberkörper, den Armbewegungen und der Klappbewegung verdeutlicht werden.

14.2.2 Diagnosebogen Hochsprung (Flop)

Während Springer A je nach Anlauflänge drei- bis fünfmal die Latte überquert, beobachtet ihn Springer B. Danach erfolgt ein Wechsel der Aufgaben. Dieser Vorgang wird wiederholt, bis beide die benötigten Informationen für ihre Diagnose bekommen haben.

Hochsprung (Flop) **Datum:** **Name (A):** **Name (B):**	**A** (+/-)	**B** (+/-)
Mit zügigem Steigerungslauf anlaufen		
Vor dem Absprung bogenförmig anlaufen		
dabei eine Innenlage einnehmen		
Eine Rücklage beim letzten Schritt vor dem Absprung einnehmen		
Der bogeninnere Absprungfuß zeigt zum entfernten Ständer		
Der Absprung erfolgt 2–3 Fuß von der Latte entfernt		
etwa 1m hinter dem vorderen Ständer (d. h. deutlich vor der Mitte der Hochsprunganlage)		
Deutlicher Absprung nach oben durch Hochführen des Schwungbeins zur Körpermitte		
und Hochziehen des Armes auf der Sprungbeinseite		
Körperspannung erzeugen durch Anheben der Hüfte		
Den lattennahen Arm über Kopfhöhe nach oben führen		
Die Unterschenkel bis zur Lattenüberquerung abgewinkelt hängen lassen		
Nach der Lattenüberquerung die Körperspannung aufgeben durch Einknicken in der Hüfte		
Das Kinn vor der Landung zur Brust nehmen		
Landung in L-Position auf dem Rücken		
die Arme dabei ausbreiten		

Schwerpunkte der Beobachtung sollten anfangs ein sicherer, am Ende bogenförmiger Anlauf mit Innenlage, ein Absprung im vorderen Drittel der Anlage in angemessenem Abstand zur Latte, das Heben der Hüfte bei der Lattenüberquerung und die Landung in L-Position sein.

Ein sicherer Anlauf ist die Voraussetzung dafür, dass sich die Springer auf den Absprung und die Lattenüberquerung konzentrieren können, das bogenförmige Anlaufen setzt einen wichtigen Impuls zur Drehung mit dem Rücken zur Latte und die Innenlage bewirkt ein Absenken des Körperschwerpunkts vor dem Absprung. Die besondere Aufmerksamkeit auf das Absprungverhalten und die Landung sollen sicherstellen, dass Verletzungsgefahren vermieden werden können.

14.2.3 Diagnosebogen Hürdenlauf

Während Hürdenläufer A je nach Anlauflänge drei- bis fünfmal die Hürde überquert, beobachtet ihn Läufer B. Danach erfolgt ein Wechsel der Aufgaben. Dieser Vorgang wird wiederholt, bis beide die benötigten Informationen für ihre Diagnose bekommen haben.

Hürdenlauf **Datum:** **Name (A):** **Name (B):**	**A** (+/-)	**B** (+/-)
Der Sprint zur Hürde erfolgt mit Ballenlauf		
Der Abdruck liegt etwa 1,5–2m vor der Hürde		
Das Schwungbein ist an der Hürde nahezu gestreckt		
Die Hürde wird mit deutlicher Oberkörpervorlage überquert		
Der Arm auf der Seite des Abdruckbeins wird gleichzeitig nach vorn genommen		
Das Nachziehbein wird etwas abgespreizt		
Die Hürde wird möglichst flach überquert		
Das Schwungbein wird nach der Hürde aktiv auf den Boden gedrückt		
Der Körperschwerpunkt ist dabei senkrecht über dem Aufsetzpunkt des Fußes (keine Rücklage)		
Das Knie des Nachziehbeins wird nach der Hürdenüberquerung hoch nach vorn gebracht (bis zur Brust)		
Nach der Landung werden bis zur nächsten Hürde 3 Schritte gemacht		
Der erste Schritt ist dabei raumgreifend		

Zu Beginn der Vermittlung sollte besonders auf den ausreichend weiten Abdruck vor der Hürde geachtet werden, da sonst ein Überspringen der Hürde unvermeidlich ist. Ein weiterer Beobachtungsschwerpunkt sollte die deutliche Oberkörpervorlage sein, da sie ein Abspreizen des Nachziehbeins erleichtert, das schnelle Trittfassen nach der Hürde begünstigt und einer Rücklage bei der Landung entgegenwirkt.

14.2.4 Diagnosebogen Kugelstoßen (Rechtshänder)

B beobachtet mehrere Stöße von A (maximal 5) und dokumentiert die gewonnenen Informationen. Danach erfolgt ein Wechsel. Wenn die bis dahin gesammelten Informationen noch nicht ausreichen, kann noch einmal gewechselt werden. Es ist darauf zu achten, dass die Versuche in einem ermüdungsfreien Zustand erfolgen, da sonst die Bewegungsqualität abnimmt.

Seit- bzw. Rückenstoßtechnik Datum: **Name (A): Name (B):**	**A** (+/-)	**B** (+/-)
Die Kugel liegt auf den Fingerwurzeln, nicht im Handteller		
Die Kugel liegt am Hals oberhalb des Schlüsselbein		
Der Unterarm wird in Stoßrichtung gehalten (Ellenbogen zeigt vom Körper weg)		
Ausgangsstellung ist eine Schrittstellung seitlich oder mit dem Rücken zur Stoßrichtung		
Der Körperschwerpunkt wird dabei über das rechte gebeugte Knie verlagert		
Der Oberkörper wird entgegen der Stoßrichtung gedreht		
Der linke Arm zeigt dabei in Blickrichtung		
Die gebeugte Haltung wird beim Angehen mit Nachstellschritten bzw. Angleiten beibehalten		
Die Verwringung wird bis zum Aufrichten zum Stoß beibehalten		
Die Stemmbewegung erfolgt über das linke Bein		
Die rechte Körperseite wird beim Aufrichten vorgebracht		
Eine dynamische Ganzkörperstreckung erfolgt nach vorn oben		
mit Umspringen vom linken Stemmbein auf das rechte Abfangbein		
Der Abstoßwinkel beträgt 40 °		
Der Ring wird in der hinteren Hälfte verlassen		

Auch dieser Beobachtungsbogen mit seinen detaillierten Diagnosekriterien eignet sich eher für den Einsatz in der Sekundarstufe II. Jüngere Lerngruppen sollten die gegenseitige Beobachtung auf wenige Beobachtungsschwerpunkte beschränken und diese nacheinander bearbeiten.

Zu Beginn der Vermittlung ist besonders darauf zu achten, dass die Kugel bis zum Stoß am Hals bleibt und der Unterarm in Stoßrichtung zeigt, da sonst kein optimaler Kraftimpuls auf die Kugel wirken kann und die Bewegung zu einer Wurfbewegung wird. Damit wäre der Versuch im Wettkampf ungültig.

Weiterer Beobachtungsschwerpunkte sind vor allem die Beibehaltung des gebeugten Knies und der Verwringung in der Angeh- bzw. Angleitphase, das Vorbringen von Hüfte und Schulter des Stoßarms vor dem Stoß und die Ganzkörperstreckung, denn diese Aspekte sind notwendig für einen optimalen Beschleunigungsweg und großen Kraftimpuls.

Bei einer falschen Unterarmhaltung kann kein optimaler Kraftimpuls auf die Kugel ausgeübt werden, und es besteht die Gefahr, dass die Kugel über den Daumen (Ellenbogen zu hoch) oder über die Finger abrutscht (Ellenbogen zeigt zur Erde). Beim Angleiten / Angehen besteht oft die Tendenz, sich zu früh aufzurichten und die seitliche bzw. rückwärtige Körperhaltung aufzulösen, wodurch sich der Beschleunigungsweg verkürzt und ein zu geringer Kraftimpuls aus den Beinen die Folge ist.

Geschieht das Aufrichten bereits während des Angleitens bzw. Angehens, kann zum Zeitpunkt des Abstoßes der Impuls nicht mehr aus den Beinen erfolgen. Wird die rechte Körperseite während der Stoßbewegung nicht nach vorn gebracht, wird auf einen Teil des möglichen Beschleunigungsweges verzichtet. Auf diese möglichen Fehler sollten die Lernenden aufmerksam gemacht werden, Ursache und Wirkung jeweils erklärt werden.

14.2.5 Diagnosebogen Vorhand-Überkopf-Clear

Spieler A spielt mehrere hohe Aufschläge auf die Vorhandseite von Spieler B, der jeweils mit einem Überkopf-Clear reagiert. Dann wechseln beide ihre Rollen. Spieler C beobachtet die beiden bei ihren Überkopf-Clear Aktionen. Danach wechseln B und C ihre Aufgaben als Beobachter bzw. Spieler, bevor schließlich Spieler A seine beiden Mitspieler beobachtet.

Vorhand-Überkopf-Clear **Datum:** **Name (A):** **Name (B):** **Name (C):**	**A** (+/-)	**B** (+/-)	**C** (+/-)
Der Spieler bewegt sich rückwärts			
in seitlicher Stellung			
Linke/rechte Hand zeigt schräg nach oben zum Ball			
Schlagschulter wird zurückgenommen			
– und abgesenkt			
Gewicht wird dabei auf das zur Seite gestellte hintere Bein verlagert.			
Schlägerkopf wird hinter dem Rücken abgesenkt			
(Ellenbogen zeigen dabei nach oben)			
Die Kante des Schlägers zeigt zum Rücken			
Schläger schwingt mit einer Streckbewegung des Armes nach oben			
Durch Abdruck vom hinteren Bein Gewichtsverlagerung nach oben aufs vordere Bein			
Ball oberhalb des Kopfes			
– mit nahezu gestrecktem Arm treffen			
Schlagarm schwingt zur linken Körperseite aus			

Im Anfängerbereich ist es ratsam, dass die Spieler und die Beobachter ihre Aufmerksamkeit zunächst auf wenige zentrale Bewegungskriterien konzentrieren. Dazu zählen die Einnahme der seitlichen Stellung, das Anvisieren des Balles mit der gehobenen freien Hand, die Absenkung des Schlägerkopfes hinter dem Rücken und das Treffen des Balles deutlich oberhalb des Kopfes bei nahezu gestrecktem Arm.

Die seitliche Stellung und das Anvisieren des Balles mit der freien Hand ermöglichen die Rücknahme und Absenkung der Schlagschulter und erleichtern das Absenken des Schlägerkopfes und die Gewichtsverlagerung auf das hintere Bein. Damit ist die Voraussetzung für eine dynamische Schlagbewegung nach vorn oben gegeben.

14.2.6 Diagnosebogen kurzer Aufschlag

Spieler A macht kurze Aufschläge, die Spieler C beobachtet. Spieler B nimmt die gespielten Bälle auf und spielt sie zurück zu A. Danach übernimmt B die Aufgabe von A, während C die Funktion von B übernimmt und Spieler A Beobachter wird. Schließlich macht Spieler C die kurzen Aufschläge, B beobachtet und A spielt die Bälle zurück zu C.

Diagnosebogen kurzer Aufschlag **Datum:** **Name (A):** **Name (B):** **Name (C):**	**A** (+/-)	**B** (+/-)	**C** (+/-)
Schrittstellung			
mit dem hinteren Fuß zur Seite			
Kurze Ausholbewegung			
mit Auswärtsdrehung des Schlagarms			
Der Arm wird gebeugt			
sehr eng am Körper geführt			
Die Gewichtsverlagerung erfolgt aufs vordere Bein			
Die Schlagschulter wird in der Ausholphase angehoben			
Der Armeinsatz wird stark abgebremst			
Der Schwung erfolgt fast nur aus dem Handgelenk (Wischbewegung)			
Der Ball wird unterhalb von Hüfte			
und Hand getroffen			
Der Ball wird seitlich vor dem Körper getroffen			
Der Schlag erfolgt mit einer weichen Streckung des Handgelenks (Heben statt schlagen)			
Rückkehr zur Zentralposition			

Es empfiehlt sich, die Aufmerksamkeit der Lernenden zunächst wieder auf nur einige zentrale Bewegungskriterien zu lenken. Dazu zählen die seitliche Ausgangsstellung, die kurze Ausholbewegung mit der Auswärtsdrehung des Schlagarms, wobei der Schlägerkopf nach hinten zeigt und das „Heben“ des Balles seitlich vor dem Körper. Diese gebremste Bewegung des Handgelenks ist Voraussetzung für einen erfolgreichen kurzen Aufschlag und ist nur bei einer seitlichen Ausgangsstellung möglich.

14.2.7 Diagnosebogen Vorhand-Unterhand-Clear (Rechtshänder)

A spielt mehrere kurze Aufschläge auf die Vorhandseite von B., der jeweils mit Unterhand-Clear reagiert. Dann wechseln beide ihre Funktion. C beobachtet die beiden. Danach wechseln B und C ihre Aufgaben als Beobachter und Spieler, bevor schließlich Spieler A seine beiden Mitspieler beobachtet.

Vorhand-Unterhand-Clear **Datum:** **Name (A):** **Name (B):** **Name (C):**	**A** (+/-)	**B** (+/-)	**C** (+/-)
Lauf zum Netz			
mit seitlichem Ausfallschritt rechts			
Der Schlagarm (leicht gebeugt) wird während des Laufs nach hinten geführt			
und das Handgelenk nach hinten abgeknickt			
Der Oberkörper bleibt dabei aufrecht			
Mit dem Aufsetzen des rechten Fußes schwingt der Schlagarm nach vorn			
mit schnellem Strecken des Handgelenks			
Der Schläger schwingt zur linken Körperseite aus			
Mit Abdruck vom rechten Bein zurück zur Zentralposition			

Im Anfängerbereich empfiehlt es sich, die Aufmerksamkeit der Lernenden zunächst auf nur einige zentrale Bewegungskriterien zu lenken. Dazu zählen der seitliche Ausfallschritt schräg nach vorn, die Ausholbewegung und das Treffen des Balles seitlich vor dem gebeugten Knie. Der Ausfallschritt zur Seite und nach vorn sorgt zusammen mit dem Beugen des Knies für die Absenkung des Körperschwerpunkts, die eine Voraussetzung ist für das Erreichen des Balles noch bevor dieser den Boden berührt.

Gleichzeitig erleichtert dieser Ausfallschritt die Ausholbewegung, indem der Körper in der Vorwärtsbewegung den Schlagarm überholt.

14.2.8 Diagnosebogen Rückhand Überhand-Clear (Rechtshänder)

Spieler A spielt hohe Aufschläge auf die Rückhandseite von Spieler B, der jeweils mit einem Clear reagiert. Dann erfolgt der Wechsel der Aufgaben. Spiele rC beobachtet beide Spieler jeweils bei ihrem Rückhand Überhand-Clear. Danach wechsel B und C ihre Funktionen. Abschließend beobachtet Spieler A die Spieler B und C.

Rückhand Überhand-Clear **Datum:** **Name (A):** **Name (B):** **Name (C):**	**A** (+/-)	**B** (+/-)	**C** (+/-)
Laufe in die Rückhandecke			
Die rechte Schulter zeigt zum linken Netzpfosten			
Der Schlagarm ist im Ellenbogengelenk angewinkelt			
Der Ellenbogen ist schulterhoch angehoben			
Der Schlägerkopf zeigt nach hinten			
und ist bis zur Hüfte abgesenkt			
Durch Streckung des Arms wird der Schläger nach oben beschleunigt			
Der Ball wird über der Hand			
bei fast gestrecktem Arm getroffen			
Die Bewegung wird nach einem Schritt auf das rechte Bein			
durch Nachgeben im Kniegelenk abgestoppt			
Nur der Unterarm schingt aus			
Zurück zur Zentralposition			

Für einen erfolgreichen Lernprozess ist zu Beginn besonders auf die Drehung der Schulterachse beim Lauf an die Rückhandecke zu achten, denn ohne die Ausdrichtung der rechten Schulter zum linken Netzpfosten ist die folgende Ausholbewegung nicht möglich. Ein weiterer Beobachtungsschwerpunkt sollte die ungewöhnliche Ausholbewegung mit dem Absenken des Schlägerkopfes nach hinten und dem Schlag oberhalb der Hand bei gleichzeitiger Gewichtsverlagerung auf das vordere Bein sein.

14.2.9 Diagnosebogen oberes Zuspiel (Pritschen)

Während sich Spieler A und B den Ball per Pritschen fortlaufend zuspielen, beobachtet Spieler C die beiden. Wenn er genügend Informationen gesammelt hat, wechseln B und C ihre Aufgaben. Schließlich geht die Beobachtungsaufgabe auf Spieler A über.

Oberes Zuspiel (Pritschen) **Datum:** **Name (A):** **Name (B):** **Name (C):**	**A** (+/-)	**B** (+/-)	**C** (+/-)
In Stellung laufen (Schrittstellung)			
Deutlich in die Knie gehen			
Genau in Abspielrichtung blicken			
Die Ellenbogen zeigen dabei schräg vom Körper weg			
Die Belastung vom hinteren aufs vordere Bein verlagern			
Die Hände vor der Ballberührung nach hinten klappen			
Die Daumen zeigen parallel zueinander			
Sich dem Ball vor der Ballberührung entgegenstrecken			
Den Ball oberhalb der Stirn abspielen			
mit Streckung der Handgelenke			
Hinter dem Ball her strecken			

Neben dem Spielen des Balles im Verlauf einer Ganzkörperstreckung ist besonders auf die Drehung mit Blick zum Abspielpartner zu achten, da dies eine Voraussetzung für ein genaues Zuspiel ist. Besondere Aufmerksamkeit verdient auch das deutliche Abspreizen der Ellenbogen schräg vom Körper weg, denn ohne diese Bewegung ist das Abklappen der Hände nach hinten mit der parallelen Daumenhaltung nicht möglich.

14.2.10 Diagnosebogen unteres Zuspiel (Baggern)

Während sich Spieler A und B den Ball fortlaufend per Bagger zuspielen, beobachtet Spieler C die beiden. Wenn er genügend Informationen gesammelt hat, wechseln B und C ihre Aufgaben. Abschließend übernimmt dann Spieler A die Beobachterfunktion.

Unteres Zuspiel (Baggern) **Datum:** **Name (A):** **Name (B):** **Name (C):**	**A** (+/-)	**B** (+/-)	**C** (+/-)
In Stellung laufen			
Den Ball in breiter Schrittstellung erwarten			
Die Knie stark beugen			
Die Arme in Bereitschaft gestreckt nach vorn führen			
Den Körper gegen den anfliegenden Ball strecken			
Die Schultern dabei weit nach vorn strecken			
Körper und Blick in Richtung Abspielpartner richten			
Das Gewicht beim Spielen des Balles vom hinteren aufs vordere Bein verlagern			
Den Ball mit fast waagerecht gestreckten Armen			
auf den Unterarmen treffen			
Den Ball durch Beinstreckung zum Partner spielen			
In Abspielrichtung hinter dem Ball her strecken			

Ein Schwerpunkt der Beobachtung sollte anfangs die optimale Stellung zum Ball sein, denn erfahrungsgemäß laufen Anfänger zu dicht an den Ball heran, so dass sie den Ball nicht mit gestreckten Armen spielen können. Ein weiterer Beobachtungsschwerpunkt muss das Spielen des Balles aus der Beinstreckung heraus sein mit einer Fixierung der fast waagerecht gestreckten Arme im Schultergelenk sowie die Gewichtsverlagerung in Abspielrichtung, denn nur dann ist ein kontrolliertes Zuspiel möglich.

14.2.11 Diagnosebogen Korbleger

Spieler A und B unternehmen abwechselnd immer 5 Korblegerversuche, die vom Partner beobachtet werden, bis sie für ihre Diagnose genügend Informationen gesammelt haben.

Korbleger (Rechtshänder) **Name (A):**	**Datum:** **Name (B):**	**A** (+/-)	**B** (+/-)
Der Lauf erfolgt schräg zum Brett			
Der Blick ist zum Brett gerichtet			
Der Ball wird gleichzeitig mit dem Aufsetzen des linken Fußes kräftig aufgetippt			
Der Werfer macht einen langen flachen Schritt mit rechts			
und springt mit dem linken Bein nach oben ab (ca. 1 – 1,5m vom Brett entfernt)			
Der Sprung erfolgt mit deutlichem Schwungbeineinsatz			
Der Ball wird vor der Stirn nach oben geführt (rechte Hand ist unter, linke Hand ist vor dem Ball)			
Der Ball wird im höchsten Punkt des Sprunges gegen das Brett gelegt			
Der Arm ist dabei gestreckt			
Das Handgelenk wird beim Wurf nach vorn abgeklappt			
Der Ball trifft die rechte obere Ecke des Rechtecks am Brett			
Die Landung erfolgt auf beiden Beinen			

Im Anfängerbereich sollten sich die Schwerpunkte der Beobachtung anfangs auf den Zweikontakt-Rhythmus, den optimale Absprungpunkt, das Hochführen des Balles vor dem Körper und das Legen des Balles ans Brett beschränken. Die Sicherheit im rhythmischen Ablauf gewährleistet das Finden des optimalen Absprungpunkts und ermöglicht die Konzentration auf die Wurfbewegung. Das Hochführen des Balles vor dem Körper ist die Voraussetzung für ein Erfolg versprechendes Zielen auf die Ecke des Rechtecks und die Betonung des Legens soll das Werfen verhindern.

14.2.12 Diagnosebogen Positions- oder Standwurf

Spieler A und B führen abwechselnd jeweils 5 Standwürfe durch, die vom Partner beobachtet werden, bis beide für ihre Diagnose genügend Informationen gesammelt haben.

Positions- oder Standwurf **Datum:** **Name (A):** **Name (B):**	**A** (+/-)	**B** (+/-)
Der Fuß auf der Wurfarmseite steht vorn		
Die Beine sind in der Ausgangsstellung leicht gebeugt		
Der Ball wird aus Brusthöhe		
vor dem Körper auf der Wurfarmseite nach oben geführt		
Der Korb wird vor dem Wurf unter dem Ball hindurch anvisiert		
Die Wurfhand befindet sich dabei unter dem Ball		
Der Ellenbogen zeigt dabei zum Korb		
Die 2. Hand stützt den Ball seitlich ab		
Die Ganzkörperstreckung erfolgt nacheinander über Knie, Hüfte, Arm und Hand		
Das Handgelenk der Wurfhand wird in Wurfrichtung abgeklappt		
Der Ball erfährt durch die abklappenden Finger einen Rückwärtsdrall		
Die Körperstreckung erfolgt in Richtung Korb		
Der Wurf erfolgt mit dosiertem Krafteinsatz		

Zu Beginn der Vermittlung sollten Schwerpunkte der Beobachtung vor allem die Beinstellung, das Hochführen des Balles vor dem Körper und bei der Ganzkörperstreckung der fließende Übergang zwischen den Teilbewegungen sein.

Die Beinstellung stellt anfangs einen sehr häufigen Fehlerschwerpunkt dar, da bei den bisher kennen gelernten Würfen gerade nicht das Bein auf der Wurfarmseite vorn stehen durfte. Das Hochführen des Balles vor dem Körper ist zu betonen, da das seitliche Hochführen des Balles zu einer Stoßbewegung oder zu einer Wurfbewegung mit Ausholbewegung verleitet.

14.2.13 Diagnosebogen Rebound

Während Angreifer A Standwürfe gegen das Brett macht, versucht der Verteidiger B nach dem Aussperren von A den Rebound zu erreichen. Spieler C beobachtet die Bewegungen von B, während Spieler A zum Passempfänger für Spieler B wird. Nach 5 Rebounds werden die Aufgaben gewechselt. Spieler A wird Verteidiger, B wird Beobachter und C wird Werfer. Nach 5 weiteren Rebounds wird Spieler A Beobachter, B wird Werfer und C wird Verteidiger.

Rebound **Name (A):** **Name (B):** **Datum:** **Name (C):**	**A** (+/-)	**B** (+/-)	**C** (+/-)
Der Laufweg des Werfers wird vom Verteidiger beobachtet			
Zum Aussperren des Werfers wird dicht an den Werfer herangegangen			
Nach dem Wurf wird der Rücken zum Werfer gedreht			
mit dem Bein auf der Seite des möglichen Durchbruchsversuchs des Angreifers			
Der Verteidiger schaut zum Ball			
Er springt zum Ball			
und ergreift ihn mit beiden Händen am höchsten Punkt			
Er passt sofort zum Mitspieler			
oder dribbelt nach außen, um dann zu passen			
Er startet danach zum Schnellangriff			

Die ersten Beobachtungsschwerpunkte sollten die Aktionen zum Aussperren des Angreifers betreffen. Wenn der Wurf nicht verhindert werden kann, ist eine möglichst dichte Stellung zum Angreifer die Voraussetzung dafür, dass der Angreifer nicht problemlos am Verteidiger vorbei zum Korb starten kann. Allerdings kann dies nur verhindert werden, wenn sich der Verteidiger mit dem Rücken zum Werfer über das Bein auf der Seite dreht, auf der der Durchbruch des Werfers zu erwarten ist. Im anderen Fall würde der Verteidiger dem Angreifer den Weg frei machen. Danach sind der Blick und Sprung zum Ball für die Balleroberung entscheidend.

14.2.14 Diagnosebogen Sprungwurf im Handball

Spieler B beobachtet 5 Sprungwürfe von Spieler A. Danach erfolgt ein Wechsel der Aufgaben. Wenn die Informationen noch nicht vollständig sind, kann ein erneuter Wechsel vorgenommen werden.

Sprungwurf im Handball **Datum:** **Name (A):** **Name (B):**	**A** (+/-)	**B** (+/-)
Maximal drei Schritte Anlauf		
Bis zum Absprung den Ball bis zur Schulter in beiden Händen halten		
Wurfarm und Wurfschulter stark zurückführen / Verwringung)		
Der Wurfarm ist in der Ausholphase angewinkelt		
Der Gegenarm zeigt in Wurfrichtung		
Kräftig nach oben abspringen		
und das Schwungbein dabei stark beugen		
Erst am Scheitelpunkt des Sprunges werfen		
Schwungbein dabei strecken		
Verwringung durch Vorbringen der Wurfarmseite auflösen		
Die Wurfhand beim Wurf hinter dem Ball lassen		
Durch Schulter- und Rumpfeinsatz eine Hüftbeugung vor der Landung erzeugen		
Nach dem Wurf auf beiden Beinen landen		

Als zentrale Beobachtungsschwerpunkte bieten sich anfangs die deutliche Zurücknahme von Wurfarm und Wurfschulter an, die für einen festen Wurf als Vorbedingung anzusehen sind.

Besonders zu beachten ist auch, dass zur Auflösung der Verwringung das Schwungbein gestreckt wird und die Wurfhand beim Wurf hinter dem Ball bleibt, da sonst nicht der volle Kraftimpuls auf den Ball ausgeübt werden kann. Um Stauchungen im Rückenbereich zu vermeiden, ist auch auf die Hüftbeugung vor der Landung zu achten.

14.2.15 Diagnosebogen zum individualtaktischen Angriffs- und Abwehrverhalten im Handball (Anfängerbereich)

Individualtaktisches Verhalten im Angriff Name: Datum:	immer	oft	selten	nie
Blickverbindung zum Mitspieler wird hergestellt				
Zum Anspiel wird zwischen Gegner und Ball gelaufen				
Die Hände werden fangbereit gehalten				
Die Ballerwartung erfolgt nach Anlaufen in Richtung Abwehr				
Der Spieler läuft auf die Lücke zwischen zwei Abwehrspielern				
Der Anlauf zum Sprungwurf erfolgt schräg zum Tor				
Der Wurf bzw. Absprung zum Wurf erfolgt etwa 1–1,5m vor der Abwehr				
Die Reaktion der Abwehr und des Torwarts wird beobachtet				
Auf Aktionen der Mitspieler wird angemessen reagiert				

Individualtaktisches Abwehrverhalten Name: Datum:	immer	oft	selten	nie
Die Wurfarmseite wird abgedeckt				
Der Spieler verschiebt sich zur Ballseite				
Der Spieler bewegt sich mit Nachstellschritten				
Der Spieler tritt ballorientiert dem Angreifer entgegen				
Der Spieler läuft nach dem Heraustreten schräg zurück zur Ballseite				
Der Spieler hilft dem Nebenspieler durch Schließen der Lücken				

Für eine Bewertung nach diesen beiden Diagnosebögen kann man für ***immer*** 3 Punkte vergeben, für ***oft*** 2 Punkte und für ***selten*** 1 Punkt. Das Ergebnis dividiert durch 3 ergibt dann eine Punktzahl von maximal 15 Punkten.

14.2.16 Diagnosebogen zum gruppentaktischen Angriffsverhalten im Handball (Fortgeschrittene)

Gruppentaktisches Verhalten im Angriff Name: Datum:	immer	oft	selten	nie
Einnahme von verschiedenen Positionen				
Anlaufen von Nahtstellen				
Parallelstoß				
Freilaufen in Lücken				
Kurzzeitiger Positionswechsel				
Einleiten von Kreuzungen				
Reagieren auf das Einleiten von Kreuzungen				
Einleiten von Übergängen				
Stellen von Sperren				
Ausnutzen von Sperren				
Anspiel an den Kreis				
Anspiel an den Außenspieler				
Torwurfvarianten				
Täuschungshandlungen zum Durchbruch oder Anspielen eines Mitspielers				
Schnelles Umschalten von Abwehr auf Angriff				

Falls nach diesem Diagnosebogen bewertet werden soll, kann man für ***immer*** 3 Punkte vergeben, für ***oft*** 2 Punkte und für ***selten*** 1 Punkt. Das Ergebnis dividiert durch 3 ergibt dann eine Punktzahl von maximal 15 Punkten.

14.2.17 Diagnosebogen zum gruppentaktischen Abwehrverhalten im Handball (Fortgeschrittene)

Gruppentaktisches Abwehrverhalten Name: Datum:	immer	oft	selten	nie
Einnahme verschiedener Positionen				
Stören beim Heraustreten				
Einordnen zur Ballseite hin				
Helfen von Mitspielern bei Durchbruchsversuchen				
Übergeben von Angreifern				
Übernehmen von Angreifern				
Absprachen mit Mitspielern				
Schnelles Umschalten von Angriff auf Abwehr				

Wenn nach diesem Diagnosebogen eine Bewertung in Frage kommt, kann man für ***immer*** 3 Punkte vergeben, für ***oft*** 2 Punkte und für ***selten*** 1 Punkt. Das Ergebnis dividiert durch 1,5 ergibt dann zwar eine Punktzahl von maximal 16 Punkten, wenn man aber jeweils bei der errechneten Punktzahl abrundet, ergeben sich realistische Punktzahlen. Beispiel 1: 17:1,5=11,33 – das entspricht 11 Punkten. Beispiel 2: 10:1,5=6,66 – das entspricht 6 Punkten.

14.2.18 Diagnosebogen zum individuellen Angriffs- und Abwehrverhalten und zu grundlegenden Techniken im Fußball (fortgeschrittene Anfänger)

Schwerpunkt	**Name:**	**Datum:**	**immer**	**oft**	**selten**	**nie**
Technik	**Verhalten**					
Passen	Die Pässe kommen an					
	Die Passschärfe ist der Situation angepasst					
	Der Doppelpass erreicht den Mitspieler					
Ballkontrolle	Annahme flacher Bälle gelingt					
	Annahme hoher Bälle gelingt					
Individuelles Angriffsverhalten	Freilaufen (in den Raum) geschieht					
	Anbieten (zum Ballführenden) geschieht					
	Der Blick für den freien Mitspieler ist vorhanden					
	Positionswechsel erfolgen					
	Chancen zum Abschluss werden genutzt					
Individuelles Abwehrverhalten	gegnerische Aktionen werden antizipiert					
	Das Sichern des Raums vor dem Tor erfolgt					
	Das Übernehmen von Angreifern erfolgt					
	Das Übergeben von Angreifern erfolgt					
	Das schnelle Umschalten in den Angriff (Konter) erfolgt					

Wenn man nach diesem Diagnosebogen eine Bewertung vornehmen will, kann man für ***immer*** 3 Punkte vergeben, für ***oft*** 2 Punkte und für ***selten*** 1 Punkt. Das Ergebnis dividiert durch 3 ergibt dann eine Punktzahl von maximal 15 Punkten.

Literaturverzeichnis

Achtergarde, F. (2008). Selbstständiges Arbeiten im Sportunterricht, (2. Aufl.). Aachen: Meyer & Meyer

Achtergarde, F. (2008). Merkmale eines guten Sportunterrichts, (S. 39). In: ders. Selbstständiges Arbeiten im Sportunterricht. (2. Aufl.). Aachen: Meyer & Meyer

Auras, T. (2010). Reflektieren im Sportunterricht. In: sportpädagogik 34 (5), 32–35

Balz, E. (1995). Inhaltsauswahl im Schulsport. In: Borkenhagen, F./Scherler, K. (Hrsg.). Inhalte und Themen des Schulsports. Jahrestagung der dvs-Sektion Sportpädagogik vom 12.–14.5.1994 in Hamburg (S. 35–46). Sankt Augustin: Academia

Balz, E. (2007). Wie wird Sportunterricht ausgewertet? In: Bielefelder Sportpädagogen (Hrsg.). Methoden im Sportunterricht. Ein Lehrbuch in 14 Lektionen, (5. Aufl.), (S. 203–217). Schorndorf: Hofmann

Balz, E. (2008). Welche Standards für den Schulsport? In: sportpädagogik 32 (3), 14–18.

Balz, E. (2009). Fachdidaktische Konzepte *update* oder: Woran soll sich der Schulsport orientieren? In: sportpädagogik 33 (1), 25–32

Balz, E. (2010). Guter Sportunterricht – Merkmale und Beispiele. In: sportpädagogik 34 (2), 50–53

Balz, E. (2011). Zur Kompetenzorientierung im Sportunterricht. In: sportpädagogik 35 (6), 52–56

Balz, E./Neumann, P. (2007). Erziehender Sportunterricht. In: Laging, R. (Hrsg.). Neues Taschenbuch des Sportunterrichts (Kompaktausgabe), (S. 47–77). Baltmannsweiler: Schneider

Balz, E./Neumann, P. (2007). Schulsport im Saldo: Differenzen prüfen. In: sportunterricht 56 (11), 324–328

Bell, F. et al. (2012). Aufbruch zu mehr Bildung: Vom Ende der Kompetenzorientierung. In: Blickpunkt Schule, Heft 2, 12–14

Bielefelder Sportpädagogen (Hrsg.), (2007). Methoden im Sportunterricht. Ein Lehrbuch in 14 Lektionen, (5. Aufl.). Schorndorf: Hofmann

Bietz, J. (1994). Die spielgemäße Vermittlung des Handballspiels. In: sportunterricht 43 (9), 372–381

Bietz, J. (1998). Sportspielvermittlung – Konzepte, Probleme, Perspektiven. In: sportunterricht 47 (7), 267–274

Bietz, J. (2001). Handball spielend entwickeln. In: sportpädagogik 25 (4), 15–17

Bietz, J./Laging, R. (2013). Lehren und Lernen von Bewegungen. In: sportunterricht 62 (12), 354

Bildungsserver Berlin-Brandenburg (2012). › Unterricht › Unterrichtsentwicklung › Diagnose http://bildungsserver.berlin-brandenburg.de/diagnose.html Zugriff am 27.4.2012

Bohner, S. (2007). Das Kompetenzraster und die Bewegungsschatzkiste. In: sportpädagogik 31 (1), 28–31

Bonsen, E./Hey, G. (o.J.). Kompetenzorientierung – eine neue Perspektive für das Lernen in der Schule. Kronshagen: IPTS-Regionalseminar Mitte

Bräutigam, M. (2006). Sportdidaktik. Ein Lehrbuch in 12 Lektionen (2. Aufl.). Aachen: Meyer & Meyer

Bräutigam, M. (2006). Was ist nach dem Unterricht zu tun? Auswerten und Bewerten. In: ders. Sportdidaktik. Ein Lehrbuch in 12 Lektionen (2. Aufl.), (S. 193–213). Aachen: Meyer & Meyer

Brehm, W. (2007). Wie lehrt man offene Fertigkeiten? In: Bielefelder Sportpädagogen (Hrsg.). Methoden im Sportunterricht. Ein Lehrbuch in 14 Lektionen. (5. Aufl.), (S. 47–64). Schorndorf: Hofmann

Brettschneider, W.D. u.a. (2005). Sportunterricht in Deutschland (Sprint). In: sportunterricht 54 (8), 227–230

Brettschneider, W.D. (2005). Vonnöten: Eine strukturelle und inhaltliche Neuorientierung des Sportunterrichts. In: sportunterricht 54, (11), 321

Brettschneider, W. D. / Westphal, U. und G. (1980). Sportspiel trainieren. In: sportpädagogik 4 (1), 39–42.

Brodtmann, D. (Hrsg.), (1984). Unterrichtsmodelle zum problemorientierten Sportunterricht. Reinbek: Rowohlt

Brodtmann, D. (1986). In Gruppen lernen. In: sportpädagogik 10 (6), 12–17

Brodtmann, D. / Klupsch-Sahlmann, R. (1999). Unterricht vorbereiten. In: sportpädagogik 23, (1), 21–28

Brodtmann,D. / Landau, G. (1982). An Problemen lernen. In: sportpädagogik 6 (3), 16–22

Bundesministerium für Familie, Senioren, Frauen und Jugend (2005). 12. Kinder- und Jugendbericht. Drucksache 15/6014 v. 10.10.2005. Zugriff: 17. Juni 2011 http://www.bmfsfj.de/doku/Publikationen/kjb/data/download/kjb_060228_ak3.pdf

Crum, B. (1982). Planen zwischen Alltagsroutine und pädagogischem Anspruch. In: sportpädagogik 6 (5), 14–21

DHB (Hrsg.) (1991). Handball Handbuch, Bd. 1: Spielen und Üben mit Kindern. (3. Aufl.), Münster: Philippka

DHB (Hrsg.) (1992). Handball Handbuch , Bd. 2: Grundlagentraining für Kinder und Jugendliche (2. Aufl.). Münster: Philippka

Diegel, H. (1996). Schulsport wie ihn Schüler sehen, (Teil 1) In: sportunterricht 45 (8), 324–339.

Dietrich, K. (1995). Leistungen individuell ermitteln und bewerten. In: sportpädagogik 19 (3), 40–41

Dietrich, K. / Landau, G. (Hrsg.) (1974). Beiträge zur Didaktik der Sportspiele, (Teil 1). Schorndorf: Hofmann

Dudenredaktion, (Hrsg.) (1996). Duden. Die deutsche Rechtschreibung. (21. neu bearb. u. erw. Aufl.) S. 420. Mannheim: Bibliographisches Institut

Fessler, N. / Müller, M. / Woll, E. (2010). Selbstevaluation als Selbstvergewisserung. – Hintergründe, Möglichkeiten, Grenzen. In: sportunterricht 59 (2), 47–51

Fisette, J. (2006). Spielverständnis lehren durch das „Taktik-Spiel-Modell" – Beispiel Basketball. In: sportunterricht 55 (9), 267–272

Friedrich Jahresheft XIV (1996). Prüfen und Beurteilen. Seelze

Frommel, H. (2006). Belastung und Beanspruchung von Sportlehrer/-innen in der Schule. Teil 2: Was Sportlehrkräfte leisten. In: sportunterricht 55 (8), 242–245

Funke-Wienecke, J. (1995). Vermitteln – Schritte zu einem „ökologischen" Unterrichtskonzept. In: sportpädagogik 19 (5), 10–17

Funke-Wienecke, J. (1997). Soziales Lernen. In: sportpädagogik 21 (2), 28–39

Funke-Wienecke, J. (2007). Bewegungsdiagnose – eine neue Aufgabe für Sportlehrerinnen und Sportlehrer. In: sportpädagogik 31 (1), 4–9

Gebken, U. (2003). Gütekriterien des Sportunterrichts. In: http://www.sportpädagogik-online.de/guetekriteriendessportunterrichts.html (Zugriff 16.9.2007)

Gebken, U. (2013). Auf Körbe werfen. In: sportpädagogik 37 (1), 2–7

Geist, S. (2004). Ein gemeinsames Ziel individuell verfolgen. In: sportpädagogik 28 (2), 4–9

Geese, R. (2001). Werfen – Motivation und Methodik. In: Sportpraxis. Sonderheft *Spielerische Leichtathletik*. Wiebelsheim: Limpert, 41–46

Geßmann, R. (2013). Sportpraxis als Magd der Theorie? Ein Plädoyer für die Entwicklung von Bewegungskönnen als Kernaufgabe des Sportunterrichts. In: sportunterricht 62 (4), 118–122

Geßmann, R. (2014). Sportunterricht – ohne Bewegungsfreude ist alles nichts! In: sportunterricht 63 (7), 215–216

Gerlach, E. / Herrmann, S. / Leyener, S. (2014). „Wissen wir, was wir messen?" Zur Frage der Output-Diagnostik im Sportunterricht mit Hilfe von motorischen Tests. In: sportunterricht 63 (7), 194–200

Gissel, N. (2010). Leitidee „sportive Bewegungskompetenz". In: sportunterricht 59 (5), 141–148

Gissel, N./Flemming, S. (2004). „Erziehender Sportunterricht". Vorschlag für ein Schema zur Planung von Unterrichtseinheiten. In: sportunterricht 53 (12), 355–362

Gogoll, A. (2011). Sport und bewegungskulturelle Kompetenz. In: sportpädagogik 35 (5), 46–51

Gogoll, A. (2014). Kompetenzmodellierung in den Fachdidaktiken. In: sportunterricht 63 (6), 163–167

Von der Groeben, A. (2003). Lernen in heterogenen Gruppen. Chancen und Herausforderungen. In: Pädagogik 55 (9), 6–9

Groth, K./Kuhlmann, D. (1989). Integrative Sportspielvermittlung in Theorie und Praxis. In: sportunterricht 38 (10), 386–393

Günzel, W. (2001). Die soziale Organisation, Differenzierung und Individualisierung des Sportunterrichts. In: Günzel, W./Laging, R. (Hrsg.). Neues Taschenbuch des Sportunterrichts Bd. 2 (2., korr. Auflage), (S. 31–58). Baltmannsweiler: Schneider

Hatesaul, H. (2012). Theorie im Sportunterricht? Ja, aber ... In: sportunterricht 61 (2), 52/53

Heim, R. (2009). Bewegung, Spiel und Sport im Kontext von Bildung. In: Schmidt, W. (Hrsg.). 2. Deutscher Kinder- und Jugendsportbericht (S. 21–42). Schorndorf: Hofmann

Hessisches Kultusministerium (2011). Bildungsstandards und Inhaltsfelder. Das neue Kerncurriculum für Hessen. Sekundarstufe I – Gymnasium. www.iq.hessen.de, Zugriff 28.2.2013

Hessisches Kultusministerium (2011). Kerncurriculum Hessen Sekundarstufe 1 – Gymnasium http://www.stshef.de/html/kerncurr/PDF/FB_I/Sport/KC_Sport_ÜSekII_201: Zugriff: 22.3.2016

Hofmann, J. (2014). Klug spielen. In: sportpädagogik 38 (2), 2–5

Hönl, M./Adolph, H./Böttcher, G./Pollmann, E. (1992). Integrative Sportspielvermittlung am Beispiel der Zielschussspiele. In: sportunterricht 41 (9), 361–371

Horn, A. (1999). Grundlagen schaffen zur Spielfähigkeit, (Teil 1). In: Lehrhilfen für den Sportunterricht 48 (10), 151–155.

Horstkemper, M. (2006). Fördern heißt diagnostizieren. In: Friedrich Jahresheft XXIV, 4–7

Hübinger, B. (2006). Sportspiele unterrichten – ein pädagogisches Sportspielkonzept. In: sportunterricht 55 (9), 273–278

Hübinger, B. (2010). Sportspiele unterrichten – Leistungen bewerten. In: sportunterricht 59 (3), 76–81

Hummel, A./Rausch, L. (1995). Vom Kulturgut zum Unterrichtsinhalt – Probleme der Abbreviatur und Brechung sportiver Bewegungskultur. In: Borkenhagen, F./Scherler, K. (Hrsg.). Inhalte und Themen des Schulsports. Jahrestagung der dvs-Sektion Sportpädagogik vom 12.–14.5.1994 in Hamburg (S. 75–88). Sankt Augustin: Academia

Humpert, V. (2013). Spielend zum Volleyball. In: sportpädagogik 37 (3+4), 22–26

Jansson, R./Moorkamp, J. (2001). Spielkompetenzen fördern – Spielsituationen bewältigen. In: sportpädagogik 25 (4), 12–14

Jost, E. (1980). Zensieren. In: sportpädagogik (Nachdruck) 4 (6), 213–219

Käsler, H. (1976). Handball. Schorndorf: Hofmann

Kastrup, V. (2007). Wahrnehmung von Differenzen im Sportunterricht – wie gehen Sportlehrkräfte damit um? In: sportunterricht 56 (11), 329–333

Kastrup, V. (2011). Was halten Sportlehrkräfte von Theorieanteilen im Sportunterricht? In: sportunterricht 60 (12), 376–380

Klingberg, L. (1997). Lernen – Lehren – Unterricht: Über den Eigensinn des Didaktischen. info.ub.uni-potsdam.de/zsr/IIf/LLF_PDF/_17/Klingberg.PDF Zugriff: 18.2.2014

Klingen, P. (2002). Veränderter Unterricht – veränderte Kommunikation. In: sportunterricht 51 (10), 305–310

Klingen, P. (2003). Das Unterrichtsgespräch –gut gemacht. In: sportunterricht 52 (3), 67–73

Klingen, P. (2005). Schüler motivieren. In: sportunterricht 54 (4), 99–104

Koch, T./Böhm, S./HVV (Hrsg.) (1998). Volley meets School. Broschüre zum Minivolleyball in Schule und Verein. Frankfurt: HVV

Kolb, M./Siegmon, H. (1997). Eine Beurteilungskriterienliste für den Sportunterricht. In: sportpädagogik 21 (4), 43–45

König, S. (1997). Zur Vermittlung von Spielfähigkeit in der Schule. In: sportunterricht 46 (11), 476–486

König, S. (1999). Handball unterrichten – Schul- statt Wettkampfhandball in Klasse 5 und 6. In: Lehrhilfen für den Sportunterricht 48 (7), 97–104

König, S./Memmert, D. (2005). Akzeptanz, Machbarkeit und Output – drei zentrale Merkmale für die Evaluation von Unterrichtskonzepten. In: sportunterricht 54 (11), 323–330

König, S./Zentgraf, K. (1999). Handball als Schulsport – Fragen über Fragen. In: sportunterricht 48 (7), 269–279

Kretschmer, J. (1987). Differenzieren im Sportunterricht. In: sportpädagogik 11 (5), 14–21

Kröger, C./Roth, K. (1999). Ballschule – ein ABC für Spielanfänger. Schorndorf: Hofmann

Kuhlmann, D. (2007). Wie führt man Spiele ein? In: Bielefelder Sportpädagogen (Hrsg.). Methoden im Sportunterricht. Ein Lehrbuch in 14 Lektionen. (5. Aufl.), (S. 135–147). Schorndorf: Hofmann

Kuhlmann, D. (2007). Zur Vermittlung von Sportspielen. In: Laging, R. (Hrsg.). Neues Taschenbuch des Sportunterrichts (Kompaktausgabe), (S. 184–203). Baltmannsweiler: Schneider

Kuhlmann, D. (2013). Handball in der Schule – ein Auslaufmodell? Für eine (neue) fachdidaktische Verankerung. In: sportunterricht 62 (1), 2–7

Kursawe, H. G./Pflugrath, M. (1986). Vom Basisspiel zum Sportspiel. In: Lehrhilfen für den Sportunterricht 35 (8), 113–117.

Kurz, D. (2007). Worum geht es in einer Methodik des Sportunterrichts? In: Bielefelder Sportpädagogen (Hrsg.). Methoden im Sportunterricht. Ein Lehrbuch in 14 Lektionen (5. Aufl.), (S. 9–24). Schorndorf: Hofmann

Kurz, D. (2007). Wie offen soll und darf der Sportunterricht sein? In: Bielefelder Sportpädagogen (Hrsg.). Methoden im Sportunterricht. Ein Lehrbuch in 14 Lektionen (5. Aufl.), (S. 219–235). Schorndorf: Hofmann,

Laging, R. (2000). Methoden im Sportunterricht. In: sportpädagogik 24 (5), 2–9

Laging, R. (2001). Sportunterricht offen gestalten und inszenieren – ein Beitrag zur Methodendiskussion in der Sportdidaktik. In: Günzel, W./Laging, R. (Hrsg.). Neues Taschenbuch des Sportunterrichts, Bd. 2, (2., korr. Aufl.), (S. 2–30). Baltmannsweiler: Schneider

Laging, R. (2002). Bewegungsaufgaben. In: sportpädagogik 26 (5), 4–11

Laging, R. (2004). Differenzieren im Sportunterricht. In: sportpädagogik 28 (2), 4–9

Laging, R. (2007). Sportunterricht offen gestalten und inszenieren. In: ders. (Hrsg.). Neues Taschenbuch des Sportunterrichts (Kompaktausgabe), (S. 123–151). Baltmannsweiler: Schneider

Laging, R. (2013). Didaktische Prinzipien des Lehrens und Lernens von Bewegungen. In: sportunterricht 62 (12), 355–359

Lange, H. (2004). Das Erfahren der Differenz lehrt. Sich Abdrücken und Gleiten im Wasser. In: sportpädagogik 28 (2), 30–33

Loibl, J. (1995), Basketball vermitteln – und erfahren lassen. In: sportpädagogik 19 (1), 30–32

Loibl, J. (2009). Anregen statt verordnen. Zum Problem der Sportspielvermittlung In: sportunterricht 58 (5), 137–142

Martin, D. (Red.) (2001). Handbuch Trainingslehre, (3. Aufl.). Schorndorf: Hofmann

Martin, D. (Red.) (2001). Methoden im Techniktraining. In: ders. Handbuch Trainingslehre (3. Aufl.), (S. 68–86). Schorndorf: Hofmann

Meyer, H. (1999). UnterrichtsMethoden. I: Theorieband (10. Aufl.). Berlin: Cornelsen

Meyer, H. (1999). UnterrichtsMethoden. II: Praxisband (10. Aufl.). Berlin: Cornelsen

Meyer, H. (2003). Zehn Merkmale guten Unterrichts. In: Pädagogik 55 (10), 110

Miethling, W. D. (1997). Bewerten und Zensieren. In: sportpädagogik 21 (4), 20–27

Miethling, W. D. (2000). Zwischen Traum und Alptraum. In: sportpädagogik 24 (1), 41–47

Miethling, W. D. (2007). Leisten, Bewerten, Zensieren. In: Laging, R. (Hrsg.). Neues Taschenbuch des Sportunterrichts (Kompaktausgabe), (S. 152–165). Baltmannsweiler: Schneider

Miethling, W.-D. / Volkamer, M. (2010). Bildungsstandards im Alltagsbewusstsein von Sportlehrern. In: sportunterricht, 59 (5), 136–140

Müller, B. (1997). Ball-Grundschule: Förderung von Ball-Fertigkeiten und koordinativen Fähigkeiten. In: Lehrhilfen für den Sportunterricht 46 (1), 1–7

Neuber, N. (2004). Unterschiede erfahren, verstehen und einschätzen. Differenzieren im Basketball. In: sportpädagogik 28 (2), 39–41

Neumann, P. (2006). Wieviel Reflexion muss sein? In: sportpädagogik 30 (5), 54–55

Neumann, P. (2009). Sportunterricht problemorientiert gestalten. In:sportpädagogik 33 (1), 4–7

Neumann, P. (2010). Kompetenzorientierung – Chance oder Schimäre? In: sportpädagogik 34 (3+4), 62–65

Pfeilschifter, J. (2017). Landarztkompetent – wie wird man das? In: Frankfurter Allgemeine Zeitung Nr. 120 (24. Mai) N4. Frankfurt am Main

Pfitzner, M. / Neuber, N. (2012). Individuelle Förderung. In: sportpädagogik 36 (5), 2–8

Roth, K. (2007). Wie lehrt man schwierige geschlossene Fertigkeiten? In: Bielefelder Sportpädagogen (Hrsg.). Methoden im Sportunterricht. Ein Lehrbuch in 14 Lektionen (5. Aufl.), (S. 27–46). Schorndorf: Hofmann

Roth, B. (2015). Leben ist Bewegung – die physische Dimension der Bildung. In: sportunterricht 64 (1), 21–22

Schaarschmidt, U. (2005). Psychische Belastung im Lehrerberuf. Und wie sieht es für Sportlehrkräfte aus? In: sportunterricht 54 (5), 132–140

Schaller, H-J. (1970). Vermittlungsmodelle großer Sportspiele. In: Die Leibeserziehung 19 (4), 109–111

Scherer, H-G. (2001). Zwischen Bewegungslernen und Sich-Bewegen-Lernen. Heftbeilage. In: sportpädagogik 25 (4), 1–24

Scherler, K. (1995). Sport unterrichten – Anspruch und Wirklichkeit. In: A. Zeuner, G. Senf, S. Hofmann (Hrsg.). Sport unterrichten – Ansprüche und Wirklichkeit, (S. 7–18). Sankt Augustin: Academia

Scherler, K. (2006). Sportwissenschaft und Schulsport: Trends und Orientierungen (2). Sportdidaktik. In: sportunterricht 55 (10), 291–297

Schierz, M. / Thiele, J. (2003). Qualitätsentwicklung im Schulsport. In: sportunterricht 52 (8), 229–234

Schlüter, D. (2005). Offene Lernkultur – ein Brückenschlag zwischen Sportpädagogik und Bewegungspädagogik. In: sportunterricht 54 (7), 206–209

Schneider, F. J. (2015). Zur Standardisierung schulischer Leistungsbewerteung im Sportbereich Leichtathletik in der Sekundarstufe I. In: sportunterricht 64 (7), 200–206

Schneider, M. / Ziemainz, H. (2015). Burnout im Sportlehrerberuf. Ursachen und Präventions-Maßnahmen. In: sportunterricht 64 (1), 15–20

Schröter, R. (2001). Überlegungen zur Sportspielvermittlung in der Schule. In: sportunterricht 50 (11), 332–338

Schüller, I. (2014). Kreativ spielen im Handball. In: sportpädagogik 38 (2), 30–33

Schulz, N. (2007). Schulsport zwischen Anspruch und Wirklichkeit. In: sportunterricht 56 (11), 323

Schulz, N. (2013). Reflektierte Praxis methodisch inszenieren – auf der Suche nach Umsetzungsstrategien. In: sportunterricht 62 (4), 104–109

Schumacher, C. (2011). Kompetenzorientierung im Sportunterricht. Zwischen bildungspolitischer Utopie und unterrichtlicher Realität. Impulsvortrag auf der 2. Fachtagung Berliner Schulsport, Institut für Sportwissenschaft der Humboldt- Universität in Berlin

Seele, A. (2013). Den Korb angreifen. In: sportpädagogik 37 (1), 30–34

Söll, W. (2008). Sportunterricht – Sport unterrichten, (7.,überarb. Aufl.). Schorndorf: Hofmann

Söll, W. (2008). Sportunterricht planen und durchführen. In: ders. Sportunterricht – Sport unterrichten. (7., überarb. Aufl.), (S. 107–192). Schorndorf: Hofmann

Söll, W. (2008). Spielvermittlungsmodelle. In: ders. Sportunterricht – Sport unterrichten. (7., überarb. Aufl.), (S. 239–248). Schorndorf: Hofmann

Söll, W./Kern, U. (1999). Alltagsprobleme des Sportunterrichts. Schorndorf: Hofmann

Stibbe, G. (2011). Kompetenzorientierung – Vom Nutzen einer neuen Leitidee. In: sportunterricht 60 (11), 337

Thiel, A. (2002). Gesprächsführung im Sportunterricht. In: sportpädagogik 26 (1), 52–55

Thiel, A.(2002). Gesprächsführung im Sportunterricht: Rückmeldung und Fragetechniken. In: sportpädagogik 26 (2), 50–54

Thiel, T. (2017). Klären Sie Ihre Schreibabsicht, prüfen Sie Ihre Gefühle! In: Frankfurter Allgemeine Zeitung Nr. 159 (12. Juli) N 4. Frankfurt am Main

Timmers, E. et al. (2009). Aktives und selbstständiges Lernen eines Sportspiels. In: sportunterricht 58 (8), 240–243

Volkamer, M. (1998). Die Sportzensur ist und bleibt ein Dauerbrenner. In: sportpädagogik 22 (2), 4–5

Volle, K./Zentgraf, K. (1999). Techniktraining im Handball – (k)ein Dilemma für die Schule!? In: Lehrhilfen für den Sportunterricht 48 (7), 105–107

Weichert, W. (2003). Mit den Unterschieden spielen – Sportunterricht in heterogenen Gruppen. In: sportpädagogik 27 (4), 26–31

Weiß, H. (2005). Schulvorschriften – Last oder Hilfe? In: sportunterricht 54 (6), 178–184

Wohlers, J. (2007). Bewegungsdiagnose im Volleyball. In: sportpädagogik 31 (1), 36–41

Wolters,P./Ehni,H./Kretschmer,J./Scherler,K. H./Weichert, W. (2000). Didaktik des Schulsports. Schorndorf: Hofmann

Wolters, P. et al. (2009). Was ist nach unseren Vorstellungen guter Sportunterricht? In: sportunterricht 58 (3), 67–72

Woznik, T. (1997). Individuelle Leistungsbewertung beim Kugelstoßen. In: sportpädagogik 21 (4), 38–42

Wurzel, B. (1994). Offenheit und Planung. In: sportunterricht 43 (3), 99–106

Wurzel, B. (2005). Als Abschlussspiel der Volleyballstunde pritschen wir den Ball in den Basketballkorb. (Brennpunkt). In: sportunterricht 54 (6), 161.

Zeuner, A. (2015). Zum Auftrag des Schulsports. Erziehung zum und durch Sport. In: sportunterricht 64 (3), 86–89

Zeuner, A. (2015). „Wissen“ im Sportunterricht. Ein Diskussionsbeitrag. In: sportunterricht 64 (5), 130–133

Zeuner, A./Hummel, A. (2006). Ein Kompetenzmodell für das Fach Sport als Grundlage für die Bestimmung von Qualiltätskriterien für Unterrichtsergebnisse. In: sportunterricht 55 (2), 40–44

Ziegenspeck, J. (1980). Zensur und Zeugnis: Anmerkungen – Fragen. In: sportpädagogik (Nachdruck) 4 (6), 220–224

Ziener, G. (2008). Kompetenzorientiert unterrichten. Vortrag auf den Modulkonferenzen des AfL Hessen, Lehramt für Gymnasien in Frankfurt/Main